AF553270

आल्हा-ऊदल की वीरगाथा

आल्हा-ऊदल की वीरगाथा

आचार्य मायाराम 'पतंग'

प्रतिभा प्रतिष्ठान, नई दिल्ली

प्रकाशक : प्रतिभा प्रतिष्ठान,
694–बी (निकट अजय मार्केट), चावड़ी बाजार, दिल्ली–110006
 / संस्करण : 2025 / मूल्य : चार सौ रुपए
मुद्रक : आर–टेक ऑफसेट प्रिंटर्स, दिल्ली ISBN 978-93-87980-00-6

ALHA-UDAL KI VEERGATHA

by Acharya Mayaram 'Patang' ₹ 400.00

Published by **PRATIBHA PRATISHTHAN**

694-B (Near Ajay Market), Chawri Bazar, Delhi-110006

प्रस्तावना

एक बार किसी टी.वी. चैनल ने 'अर्धसत्य' में दिखाया कि मैहर माता मंदिर में कोई अज्ञात व्यक्ति या देव पूजा करने आता है। प्रातः जब मंदिर के द्वार खुलते हैं तो पत्र, पुष्प, जल को देखकर इस विश्वास को बल मिलता है। पुजारी एवं आस-पास में पूछताछ से टी.वी. ऐंकरों को पता चलता है कि यहाँ आल्हा पूजा करने आता है। आल्हा सामान्य जन से अधिक लंबा है। वह वीर वेश में आता है, परंतु किसी-किसी भाग्यवान को ही दिखाई पड़ता है। उसके आने से पहले जोर की आँधी चलती है। चैनल के द्वारा दिखाया गया सत्य आधा है या पूरा, यह तो अलग प्रश्न है, परंतु मेरे पास बैठी पोती संस्कृति एवं प्रकृति, धेवती वत्सला और वंशिका, धेवते तेजस्वी और त्वरित; सभी ने मुझसे प्रश्न कर दिया, "यह आल्हा कौन है, क्या यह देवता है या मनुष्य? इसके बारे में जानकारी कराइए।" मैंने बताया कि "मेरे पिताजी आल्हा की पुस्तक गा-गाकर सारे लोगों को सुनाया करते थे। मैंने भी अपनी माता, चाची, भाभी आदि को आल्हा पढ़कर सुनाई है। अब तो मैं इतना ही बता सकता हूँ कि आल्हा-ऊदल दो वीर राजकुमार थे, जो महोबा के रहनेवाले थे।" कुछ पंक्तियाँ याद आईं—

बड़े लड़इया महोबेवाले इनकी मार सही ना जाय,
एक को मारे दो मर जाएँ, मरै तीसरा दहशत खाय।

बच्चों की जिज्ञासा और बढ़ गई। कैसे अनुपम वीर थे। एक को मारने पर तीन मर जाते थे। उनके युद्ध का क्या कारण था, वे किससे लड़ते थे, क्यों लड़ते थे?

सच तो यह है कि बचपन में पढ़ी आल्हा की कथा अब मैं भी भूल चुका था, परंतु इतना ध्यान में था कि वे पुस्तकें मेरठ के 'मटरूमल अत्तार' प्रकाशन से छपी थीं। किसी मित्र को भेजकर पता किया तो ज्ञात हुआ कि वह प्रकाशन बंद हो चुका है, फिर अग्रवाल प्रकाशन, खारी बावली, दिल्ली से एक पुस्तक प्राप्त हुई।

दोनों पुस्तकें आल्हा छंद या वीर छंद में ही हैं। भाषा भी बुंदेलखंडी है। बारहवीं पास वत्सला भी उससे पूरा अर्थ नहीं निकाल पाई। तब मैंने विचार किया कि ऐसी महान् शौर्य गाथा लुप्त न हो जाए, इसका संक्षिप्त रूपांतर खड़ी बोली प्रचलित गद्य में किया जाना चाहिए। आनेवाली पीढ़ी को भी आल्हा-ऊदल की वीरगाथा की जानकारी प्राप्त हो सके।

अत: मैंने यह पावन कार्य स्वयं किया। आशा करता हूँ कि पुस्तक पाठकों को पसंद आएगी तथा आल्हा-ऊदल की वीरगाथा की सही जानकारी आगामी पीढ़ी तक पहुँचाएगी। सर्वे भवन्तु सुखिन: !

—आचार्य मायाराम पतंग

अनुक्रम

महाभारत से नाता

कवि जगनिक रचित 'परिमाल रासो' में वर्णित आल्हा-ऊदल की इस वीरगाथा को प्रत्यक्ष युद्ध-वर्णन के रूप में लिखा गया है। बारहवीं शताब्दी में हुए वावन (52) गढ़ के युद्धों का इसमें प्रत्यक्ष वर्णन है। स्वयं कवि जगनिक ने इन वीरों को महाभारत काल के पांडवों-कौरवों का पुनर्जन्म माना है। बुंदेलखंड, मध्य प्रदेश, उत्तर प्रदेश एवं राजस्थान में इनकी कथाएँ गाँव-गाँव गाई जाती हैं। पश्चिमी उत्तर प्रदेश और राजस्थान के कुछ भागों में तो आल्हा को 'रामचरित मानस' से भी अधिक लोकप्रियता प्राप्त है। गाँवों में फाल्गुन के दिनों में होली पर ढोल-नगाड़ों के साथ होली गाने की परंपरा है तो सावन में मोहल्ले-मोहल्ले आल्हा गानेवाले रंग जमाते हैं।

महाभारत का युद्ध समाप्त हुआ और पांडव विजयी हुए; कौरव हार गए, बल्कि समाप्त ही हो गए। अर्जुन ने एक भी कौरव नहीं मारा; सभी सौ भाई भीम ने ही मारे। युधिष्ठिर तो लड़े, पर किसी महत्त्वपूर्ण वीर को नहीं मार सके। अत: पांडवों ने श्रीकृष्ण से कहा, ''भगवन्! युद्ध तो हम आपकी कृपा से ही जीत गए, परंतु हमारी युद्ध की प्यास तृप्त नहीं हुई। लड़ने की प्रबल इच्छा मन में बची रह गई।''

भगवान् बोले, ''तुम्हारी यह इच्छा कलियुग में पुन: योद्धा-जीवन देकर पूर्ण कर देता हूँ।'' भगवान् श्रीकृष्ण अपने भक्तों के मन में उपजे अहंकार को कभी नहीं रहने देते। अहंकार मिटाने के लिए कोई-न-कोई लीला रच देते हैं। उन्होंने सोचा, कलियुग में उन्हें लड़ने का पूरा अवसर देता हूँ और हारने का भी अनुभव करवाता हूँ।

भगवान् श्रीकृष्ण की कृपा से कलियुग में इन पाँचों पांडवों ने जन्म लिया। पिछले जन्म की युद्ध की प्यास को तृप्त करने के लिए प्रभु ने युद्ध का बार-बार अवसर दिया। युधिष्ठिरजी आल्हा बने, भीम ने ऊदल का जन्म लिया। अर्जुन

ब्रह्मानंद बने, नकुल लाखन तथा सहदेव वीर मलखान कहलाए। कौरवराज दुर्योधन दिल्ली के राजा पृथ्वीराज चौहान कहलाए। दु:शासन का नाम धाँधू हुआ। राजा कर्ण ताहर कहलाए। द्रोणाचार्य इस जन्म में चौंडा ब्राह्मण बने। इस प्रकार एक बार पुन: इन्हें युद्ध की प्यास बुझाने का अवसर दिया गया। सबने वीरता दिखाई, परंतु सब नष्ट हो गए। फिर भी विधिवत् बताता हूँ कि कहानी कब, कैसे आगे बढ़ी?

चंदेल वंश में परिमाल का जन्म

चंदेली नगर में चंद्रवंशी राजा चंद्रब्रह्म राज्य किया करते थे। वे बड़े धर्मात्मा थे। स्वयं चंद्र देवता ने उन्हें पारसमणि प्रदान की थी। पारसमणि लोहे को सोना बनाने में सक्षम होती है। राज चंद्रब्रह्म पारसमणि से सोना बनाकर प्रजा का कल्याण करते थे। उन्होंने अनेक यज्ञ करके प्रजा का प्रेम और यश प्राप्त किया। बहुत से राजाओं को जीतकर अपने राज्य का विस्तार भी किया। तोमरवंशी क्षत्रिय चिंतामणि उनके मंत्री थे। चंद्रब्रह्म के वंश में ही सूर्यब्रह्म हुए, जिन्होंने सूर्यकुंड बनवाया। इसी वंश में कीर्तिब्रह्म हुए, जिन्होंने कीर्ति सागर झील बनवाई। इन्हीं कीर्तिब्रह्म के पुत्र परिमाल हुए।

राजा परिमाल ने भी यज्ञ किए तथा ब्राह्मणों को पर्याप्त दान दिया। कालांतर में अपने गुरु अमरनाथ के आदेश पर अपनी तलवार को सागर में धोकर फिर कभी शस्त्र न उठाने की शपथ ली। कुछ विरोधी राजा सिर उठाने लगे। तब राजा के दो सेनापति ही युद्ध का संचालन कुशलतापूर्वक किया करते थे।

राजा परिमाल के विवाह की भी एक अलग कहानी है। महोबे में माल्यवंत नामक राजा का राज था। उन्हीं का एक नाम वासुदेव भी था। उनके दो पुत्र थे—माहिल और भूपति; एक अत्यंत रूपवती कन्या थी, जिसका नाम था मल्हना। महोबे पर युवा परिमाल ने आक्रमण किया। अपने पराक्रम से विजय प्राप्त की। राजा माल्यवंत ने अपनी पुत्री मल्हना का विवाह राजा परिमाल से कर दिया तथा अपना राज्य वापस ले लिया। मल्हना चंदेली की रानी बन गई। सुंदरी मल्हना को राजा परिमाल बहुत प्रेम करते थे। उसकी हर बात मानी जाती थी। मल्हना को चंदेरी का महल रुचिकर नहीं लगा। उसने इच्छा व्यक्त की कि वह अपने महोबा के महल में ही रहना चाहती है। अत: परिमाल ने अपने ससुर और सालों को महोबे से उरई के महल में जाने का आदेश दिया। परिमाल और रानी मल्हना महोबा में आ गए। मल्हना के भाई माहिल को यह व्यवहार भीतर तक घायल कर गया। रिश्तेदार और ऊपर से मृदुभाषी दिखाई देनेवाला माहिल भीतर से परिमाल की प्रसिद्धि से जलने लगा।

माहिल ने अनुज भूपति को जगनेरी का किला दे दिया और माहिल स्वयं उरई में राज करने लगा। प्रगट में माहिल और भूपति राजा परिमाल की अनुमति से ही सब कार्य करते थे, परंतु माहिल भीतर से सदैव बहन के परिवार से ईर्ष्या रखता था। राजा परिमाल जान गए थे कि माहिल का चुगली करने का स्वभाव है, अत: वे माहिल की बातों पर अधिक ध्यान नहीं देते थे। माहिल अवसर पाकर अहित करने का कोई अवसर नहीं छोड़ता था। भूपति को जगनेरी दुर्ग का राजा बनाया था, अत: उसका नाम 'जगनिक' भी पड़ गया। जगनिक वीर तो था ही, कवि भी था। वह युद्ध में साथ रहकर अपनी कविता से सैनिकों का उत्साहवर्धन करता था। राजा परिमाल तथा आल्हा–ऊदल की वीरता का मूल वर्णन 'परिमाल रासो' में मिलता है।

□

आल्हा-ऊदल का जन्म

गुरु के आदेश पर राजा परिमाल ने युद्ध करना छोड़ दिया था, तो भी कोई राजा उनका बाल-बाँका नहीं कर सकता था। उनके पास जस्सराज और बच्छराज नामक के दो योद्धा थे। इनके पराक्रम से परिमाल के राज्य की पूर्ण सुरक्षा होती थी। एक बार मांडौगढ़ के राजकुमार करिया राय गढ़गंगा पर स्नान करने गए। उन दिनों गढ़ मुक्तेश्वर के गंगास्नान मेले में स्नानार्थी राजाओं के शिविर लगा करते थे। वहीं सब प्रकार के सामान भी बिकने के लिए लाए जाते थे। एक महीने तक बड़ा आकर्षक बाजार लगा रहता था। राजा करिया राय मेले में नौलखा हार (हीरों का जड़ा) खोज रहे थे, जो उन्हें अपनी बहन को उपहारस्वरूप देना था। हार बिकने ही नहीं आया था, तो मिला भी नहीं। हार तो नहीं मिला, पर करिया राय को माहिल मिल गया। माहिल ने कहा, ''हार तो मिल जाएगा, परंतु खरीद नहीं सकते, लूटना पड़ेगा।'' करिया राय के पूछने पर माहिल ने बताया, ''मेरी बहन मल्हना के पास असली हीरों का नौलखा हार है। तुम्हारी हिम्मत है तो महोबा जाकर लूट लो।'' करिया राय माहिल के उकसावे में आ गया और हार लूटने के लिए महोबा पहुँच गया, लेकिन महोबा में जस्सराज, बच्छराज, ताल्हन सैयद ने उसे युद्ध में बुरी तरह परास्त कर भगा दिया।

कुछ दिन बाद ताल्हन सैयद किसी काम से काशी गए थे। माहिल ने फिर चुगली खाई। उसने करिया राय को जाकर बताया कि अब अवसर है। महोबे जाकर नौलखा हार लूट लो। करिया राय ने मौके पर मिली सूचना का पूरा लाभ उठाया। उसने आधी रात को छापा मारा। जस्सराज और बच्छराज दोनों वीरों को सोते हुए ही पकड़ लिया। दिवला रानी के गले से नौलखा हार झपट लिया। अनेक स्वर्ण-आभूषण, पचसावत नामक हाथी तथा पपीहा नामक घोड़ा आदि लूटकर मांडौगढ़ लौट गया। जस्सराज और बच्छराज दोनों भाइयों की वीरता के कारण ही परिमाल

राजा पर कोई आक्रमण नहीं करता था। उनको बंदी बनाकर करिया राय ने उन्हें बहुत कष्ट दिए। माहिल की सलाह पर दोनों के सिर काटकर बड़ के पेड़ पर लटका दिए, जिसकी सूचना लोगों ने राजा परिमाल तक पहुँचाई। जस्सराज के पुत्रों को परिमाल अपने ही महल में ले आए। उनकी रानी ने उन बच्चों का पालन-पोषण किया। जस्सराज और बच्छराज को तो परिमाल वन से लाए थे। वे वनवासी थे, अत: बाद में उनका गोत्र ही 'बनाफर राय' प्रसिद्ध हुआ। आल्हा-ऊदल ही जस्सराज के पुत्र थे, जिनका पालन-पोषण परिमाल राजा की रानी मल्हना ने किया था।

पात्रों का संक्षिप्त परिचय

आल्हा खंड की कथा में जिन-जिन का नाम तथा वर्णन आएगा, उन पात्रों का संक्षिप्त परिचय देने से पाठकों को सरलता से कहानी समझ में आती रहेगी। अभी तक यह बताया गया है कि आल्हा-ऊदल जस्सराज के पुत्र थे। उनको करिया राय (मांडौगढ़ का राजा) ने धोखे से पकड़कर मरवा दिया। माहिल राजा परिमाल का साला था, अत: आल्हा का मामा था। माहिल मन का दुष्ट, ईर्ष्यालु तथा चुगलखोर था। उसे महोबा से निकालकर उरई भेज दिया गया था। अत: वह ऊपर से खुश दिखाई देता था, पर अपने बहनोई तथा भानजों से बदला लेने का कोई अवसर चूकता नहीं था। अपनी ही बहन के नौलखा हार की लूट माहिल ने करवाई थी।

पृथ्वीराज की जन्म-कथा

पृथ्वीराज भारतीय इतिहास का प्रसिद्ध पात्र है, परंतु उसके जन्म की कथा इतिहास के छात्रों के लिए भी अज्ञात है। साहित्य भी ऐतिहासिक शोध के लिए एक प्रमुख स्रोत होता है। 'पृथ्वीराज रासो', 'परिमाल रासो' तथा 'बलभद्र विलास' नामक ग्रंथों से ज्ञात होता है कि हस्तिनापुर (दिल्ली) के राजा अनंगपाल तोमर का राजा कामध्वज से युद्ध हुआ। अजमेर के राजा सोमेश्वर ने राजा अनंगपाल की सहायता की। तब अनंगपाल ने अपनी पुत्री इंद्रावती का विवाह राजा सोमेश्वर से करके उनका एहसान चुकाया। रानी इंद्रावती का ही एक नाम कमला भी था। एक बार इंद्रावती अपने मायके (दिल्ली) आई। ज्ञात हुआ कि वह गर्भवती है। अनंगपाल ने पंडित चंदनलालजी से गर्भस्थ शिशु का भविष्य जानना चाहा। यों तो जन्म के समय एवं नक्षत्र से ही भविष्य बताया जा सकता है, परंतु जन्म होने के समय की गणना करके भी अनुमान लगाया जा सकता है। पंडितजी ने बताया कि 'जातक बहुत बलशाली होगा। प्रतापी राजा बनेगा। आपके हस्तिनापुर का राजा भी

यही बनेगा।' जब कुटुंब के अन्य जनों को यह ज्ञात हुआ तो उन लोगों ने साजिश रची। रानी इंद्रावती को बताया गया—"तुम्हारे प्रतापी पुत्र होनेवाला है, परंतु यदि मायके में बनी रही तो गर्भ गिरने की संभावना है, अतः तुम परिवार और सैनिक साथ लेकर तीर्थाटन पर चली जाओ।" इंद्रावती ने अपने पिता की बात का भरोसा किया और तीर्थाटन को चली गई। जिनको साजिश की जिम्मेदारी दी गई थी, उन लोगों ने एक रात को सोती हुई इंद्रावती को कुएँ में फेंक दिया और लौटकर यह खबर फैला दी कि इंद्रावती की मृत्यु हो गई।

इंद्रावती की जब नींद खुली और वह चीखी-चिल्लाई, तब वन में रहनेवाले एक साधु ने उसे कुएँ से बाहर निकाला। इंद्रावती ने अपने पिता अनंगपाल तथा पति सोमेश्वर का परिचय दिया। योगी अश्वत्थामा ने रानी को पतिगृह या पितृगृह जाने की इच्छा पूछी तो इंद्रावती ने कहा, "महाराज! आपने मुझे जीवन दान दिया है। अब आप ही मेरी रक्षा करें। मैं कहीं और नहीं जाना चाहती।" योगी संन्यासी तो स्वभाव से ही परोपकारी होते हैं। इंद्रावती की प्रार्थना स्वीकृत हुई। पृथ्वीराज का जन्म संवत् 1132 में वन में ही हुआ। अश्वत्थामा संन्यासी ने ही पृथ्वीराज का नामकरण तथा पालन-पोषण किया। गुरु बनकर धनुष-बाण चलाने सिखाए तथा अच्छे संस्कार भी दिए।

एक दिन शिकार की खोज में राजा सोमेश्वर उसी जंगल में आ निकले। वहाँ एक बालक को वन में विचरण करते देखकर चकित हुए। बालक से परिचय पूछा तो उसने माता का नाम कमला बताया, परंतु पिता का नाम नहीं बताया। उसने कहा, "मैं और मेरी माता एक ऋषि के आश्रम में रहते हैं। आप मिलना चाहें तो मेरे साथ चलें।" राजा सोमेश्वर के मन में बालक के प्रति मोह उमड़ रहा था। वे बालक पृथ्वीराज के साथ ऋषि अश्वत्थामा के आश्रम में पहुँच गए। राजा ने प्रथम अपना परिचय दिया और यह भी बताया, "मेरी रानी इंद्रावती अपने मायके से तीर्थाटन के लिए गई थी। मार्ग में उसकी मृत्यु हो गई। वह गर्भवती थी। यदि उसके भी पुत्र होता तो इतना ही बड़ा होता।" इतना कहकर राजा रुआँसा हो गया। रानी इंद्रावती भी पति को पहचान चुकी थी, उसकी गाथा सुनकर वह भी रो पड़ी। तब अश्वत्थामा मुनि ने बताया कि रानी के साथ साजिश रची गई थी। उसे जीवित ही कुएँ में फेंक दिया गया था। जो उसे मारना चाहते थे, परमात्मा ने उसे बचाने के लिए मुझे भेज दिया। किसी को मारने की इच्छा रखनेवाले स्वयं मर जाते हैं, परंतु जिसे ईश्वर बचाना चाहे, उसे कोई नहीं मार सकता।

ऋषि ने अपनी आँखों देखी एक घटना सुनाई। एक कबूतर-कबूतरी पेड़ की

डाल पर मौज से बैठे थे। तभी एक शिकारी की निगाह उनपर पड़ी। उसने अपने धनुष-बाण उठाए। वह निशाना साधनेवाला था, तभी ऊपर से एक बाज उन्हें झपटने के लिए मँडराने लगा। बाज कबूतरों को अपना भोजन बनाना चाहता था। कबूतरों ने सोचा, अब तो ईश्वर ही बचा सकता है। यहाँ से उड़े तो बाज झपट्टा मारेगा। इधर कुआँ, उधर खाई। बचने की राह नहीं दिखाई देती। तभी पेड़ की जड़ से सर्प निकला और शिकारी को डस लिया। शिकारी का निशाना हिला और बाण बाज को जाकर लगा। बाज धरती पर आ गिरा। तब तक शिकारी भी धरती पर लोट-पोट हो चुका था। कबूतर का जोड़ा उड़ गया। मारने आए शिकारी और बाज दोनों मर गए। कथा सुनकर सोमेश्वर मुनि की बात समझ गए कि सबकुछ ईश्वर की इच्छा से ही होता है। मुनि ने इंद्रावती और पृथ्वीराज को सोमेश्वर के साथ विदा कर दिया। पृथ्वीराज अजमेर का राजकुमार बन गया।

पृथ्वीराज का दिल्ली का राजा बनना

पृथ्वीराज की कहानी हमारा लक्ष्य नहीं है, परंतु वह अजमेर से दिल्ली कैसे आया तथा पंडित चंदन लाल की भविष्यवाणी कैसे पूर्ण हुई, यह बताना आवश्यक है। अतः प्रसंगवश जान लीजिए। एक बार गजनी का बादशाह भारत पर आक्रमण करने आ गया। उसने अटक नदी के पार डेरा डाल दिया और राजा अनंगपाल को संदेश भेज दिया कि वे लड़ना चाहते हैं या बिना लड़े ही मुझे अपना राज्य सौंप देंगे। राजा अनंगपाल ने सभासदों से चर्चा की। निर्णय लिया गया कि वे अपने नाती पृथ्वीराज को बुलवा लें। उसे यहाँ कुछ दिनों के लिए राजा बना दें, फिर गजनी के बादशाह से युद्ध करने जाएँ। पृथ्वीराज को बुलाया गया। उस समय वह सोलह वर्ष का नवयुवक था। अनंगपाल का प्रस्ताव उन्होंने मान तो लिया, परंतु शर्त रख दी कि आपके परिवारजन तथा सभा के दरबारी सब मुझे राजा स्वीकार करें। आप भी लौटकर आएँ तो मुझसे अनुमति लें। शर्त स्वीकार कर ली गई। इस तरह पृथ्वीराज दिल्ली के शासक बन गए। राजा अनंगपाल युद्ध करने चले गए।

पृथ्वीराज के विवाह

उस काल में विवाह बिना युद्ध के नहीं होते थे। पृथ्वीराज ने गुजरात के राजा भोलाराम की पुत्री इच्छा कुमारी से विवाह किया। फिर दाहिनी नामक सुंदरी (जो चंडपुडार की कन्या थी) से विवाह किया। इसके पश्चात् पद्मसेन की पुत्री पद्मावती से विवाह किया। हर विवाह-युद्ध में अन्य राजाओं के साथ हुआ। हाँ,

राजा माहिल की बहन अगया से बिना युद्ध के विवाह हुआ। वह रूपवती ही नहीं, बुद्धिमती भी थी। सब पर उसी का शासन चलता था। उसकी बेटी का नाम बेला था। ऐसा माना जाता है कि बेला ही द्रौपदी का अवतार थी।

मुख्य विवाह संयोगिता से हुआ। संयोगिता कन्नौज के राजा जयचंद की पुत्री थी। पृथ्वीराज इतनी पत्नियों के रहते हुए भी संयोजिता को युद्ध से अपहरण करके ले आए। इसी कारण भीषण युद्ध में दोनों ओर के अनेक योद्धा मारे गए। जयचंद और पृथ्वीराज की शत्रुता बढ़ी। जयचंद्र जाकर शहाबुद्दीन मोहम्मद गोरी से मिल गया। पृथ्वीराज को हरवाने और मरवाने में जयचंद ने सहायता की। साधारण प्रेम और वैर के कारण से देश यवनों-मुसलमानों के अधीन हो गया। हिंदुस्तान का गौरवमय इतिहास राजाओं की आपसी लड़ाई ही गुलामी का कारण बना।

□

आल्हा का परिचय

जस्सराज ही दस्सराज कहलाता था। वनवासी होने के कारण उन्हें 'बनाफर' कहकर भी पुकारा जाता था। जस्सराज का विवाह देव कुँवर से हुआ था। उसी की प्रथम संतान होने पर राजा परिमाल ने पंडितों को बुलाकर उसका नामकरण करवाया तथा भविष्य पूछा। पंडितों ने कहा कि बालक सिंह लग्न में जनमा है। सिंह के समान निर्भय वीर होगा। वीरता एवं धर्मपालन में सबसे उत्तम होगा, अत: इसका नाम 'आल्हा' रहेगा। राजा परिमाल ने प्रसन्न होकर पंडितों को दक्षिणा और पुरस्कार दिए।

आल्हा का विवाह नैनागढ़ के राजा नेपाल सिंह की सुंदर कन्या सुलक्षणा के साथ हुआ था, जिसका एक नाम 'मछला' भी था। आल्हा ने अनेक युद्ध किए, परंतु कभी हार का मुँह नहीं देखा। आल्हा को युधिष्ठिर का अवतार माना जाता है। आल्हा ने कभी अधर्म तथा अन्याय नहीं किया।

ऊदल वीर

दस्सराज और देव कुँवरि का दूसरा पुत्र था ऊदल। राजा परिमाल ने इसके लिए भी पंडित बुलवाकर भविष्य पुछवाया। वह महान् वीर होगा, यह जानकर राजा प्रसन्न हुआ, परंतु माँ देव कुँवरि ऊदल के जन्म से दु:खी थी। चूँकि उसके जन्म से पहले ही दस्सराज और बच्छराज को करिया राय चुराकर ले गया था और उनके सिर काटकर वटवृक्ष पर टाँग दिए थे। इस तरह ऊदल का जन्म पिता की मृत्यु के पश्चात् हुआ था, तभी वह इसका जन्म अशुभ मान रही थी। इस बालक को उसने अपनी दासी को पालने के लिए दे दिया था, क्योंकि वह उस बालक को देखना नहीं चाहती थी। दासी ने ऊदल को ले जाकर महारानी मल्हना को सौंप दिया। रानी ने ही बड़े प्रेम से आल्हा, ऊदल दोनों का पालन-पोषण किया। ऊदल को भीम का

अवतार माना जाता है। उसमें भी शारीरिक बल सैकड़ों हाथियों के बराबर बताया गया है। ऊदल भी युद्धों में केवल जीतने के लिए जनमा था।

ब्रह्मानंद का जन्म

राजा परिमाल की रानी मल्हना के गर्भ से भी एक पुत्र का जन्म हुआ। अधेड़ अवस्था में पुत्र जन्म से राजा का प्रसन्न होना स्वाभाविक था। राजकुमार के जन्म से पूरे महोबा में ही प्रसन्नता की लहर दौड़ गई। ज्योतिषियों ने बताया कि मेष लग्न में सूर्योदय के समय रोहिणी नक्षत्र में तथा वृष राशि में जनमा यह बालक अत्यंत तेजस्वी होगा। इसी अक्षय तृतीया के दिन ऋषि परशुराम का भी जन्म हुआ था। अरिष्ट ग्रह पूछने पर ज्योतिषी बोले, ''संसार में कोई व्यक्ति ऐसा नहीं है, जिसके सब ग्रह श्रेष्ठ हों। एक-आध नेष्ट ग्रह तो हो ही जाता है।'' उन्होंने बताया कि स्त्री पक्ष नहीं है। स्त्री के कारण ही इसका प्राणांत भी हो सकता है। बालक का नाम ब्रह्मानंद रखा गया। इसे वेदज्ञ पंडितों ने अर्जुन का अवतार माना है। पृथ्वीराज की पुत्री बेला कुँवरि से इसका विवाह होना तय हुआ था। पृथ्वीराज के सब वीर मिलकर भी ब्रह्मानंद को नहीं हरा सके, तब माहिल ने अपनी दुष्टता का परिचय दिया और पृथ्वीराज को बचपन में प्राप्त अश्वत्थामा मुनि के दिए उस अर्ध-चंद्राकार बाण की याद दिलाई, जिसका वार कभी खाली नहीं जा सकता था। वही तीर ब्रह्मानंद की मृत्यु का कारण बना। इस प्रकार श्रीकृष्ण भगवान् ने अर्जुन को पृथ्वीराज रूपी दुर्योधन के द्वारा युद्ध में मरवाकर दोनों की पिछले जन्म की युद्ध-पिपासा को तृप्त किया।

लाखन राठौर

कन्नौज के राजा वीरवर जयचंद्र का अनुज रतिभानु भी महान् वीर था। युद्ध में उसका कौशल देखते ही बनता था। उसी का सुपुत्र विशाल नेत्रों तथा सुंदर मुखवाला हुआ। लाखों में एक होने के कारण उसका नाम 'लाखन' रखा गया। बूँदी शहर के राजा गंगाधर राव की राजकुमारी कुसुमा से इनका विवाह हुआ था। उसकी मृत्यु पृथ्वीराज के बाणों से हुई। लाखन को नकुल का अवतार माना जाता है।

मलखान का जन्म

जस्सराज के भाई बच्छराज की रानी तिलका ने बच्छराज की मृत्यु के पश्चात् मलखान को जन्म दिया। राजा परिमाल ने पंडितों से पूछा तो ज्ञात हुआ कि यह

बालक भी सिंह लग्न में उत्पन्न हुआ है। सिंह के समान निर्भय तथा वीर होने की तो भविष्यवाणी थी ही, एक विशेष बात और थी कि इसके पाँव में पद्‌म का चिह्न है। यह किसी अन्य के शस्त्रों से नहीं मरेगा। जब इसके पाँव का पद्‌म फटेगा, तभी इसकी मृत्यु होगी। यह बालक देवी का सच्चा भक्त होगा तथा देवी से वरदान भी प्राप्त करेगा। वास्तव में मलखान बड़ा वीर और देवीभक्त हुआ। मलखान को सहदेव का अवतार माना जाता है।

ढेवा का परिचय

महोबा के राज पुरोहित चिंतामणि का पुत्र देव कर्ण ही 'ढेवा' नाम से जाना जाता था। रानी मल्हना इसे बहुत स्नेह करती थी। इसकी ऊदल से गहरी मित्रता थी। एक बार ढेवा ने युद्धभूमि में मूर्च्छित पड़े पृथ्वीराज की रक्षा की थी।

धाँधू का परिचय

दस्सराज की पत्नी देवकुँवरि ने ही इस शिशु को जन्म दिया था, परंतु यह अभुक्त मूल नक्षत्र में जनमा था। पंडितों ने बताया था कि इसका मुख देखकर पिता जीवित नहीं रहेगा। यह अपने ही वंशवालों से युद्ध करेगा। ऐसा सुनकर राजा परिमाल ने इस बालक को एक दासी (धाय) को दे दिया। उसे नगर के बाहर एक मंदिर में रहने और बालक को पालने-पोसने का आदेश दिया। एक बार वह धाय गंगास्नान के कार्तिक मेले में गई। वहाँ पृथ्वीराज ने इस तेजस्वी बालक को देखा तो अपने गुप्तचरों से शिशु को चुराकर मँगवा लिया। पृथ्वीराज के भाई कान्ह कुमार के कोई संतान नहीं थी। उसने प्रार्थना करके यह बालक पृथ्वीराज से माँग लिया। बालक का पालन-पोषण राजघराने में होने लगा। उसका नाम 'देवपाल' रखा गया। बालक मोटा-ताजा और मस्त था, अतः उसको प्यार से 'धाँधू' कहा जाने लगा। धाय ने महोबा जाकर बालक के चोरी होने का समाचार दिया। परिवार को संतोष हुआ। बाद में परिमाल राजा को यह ज्ञात भी हो गया कि कान्ह कुमार ने एक बालक को गोद लिया है, वह बालक हमारा ही है। अतः उसके अशुभ होने का भय भी समाप्त हो गया।

कुँवरि चंद्रावलि

महोबा के महाराज परिमाल की महारानी मल्हना ने एक पुत्री को भी जन्म दिया, जिसका नाम चंद्रावलि रखा गया। अपनी माता मल्हना से भी अधिक सुंदर

इस कन्या की ख्याति सुगंध के समान चारों ओर फैल गई। अभी सोलह वर्ष की भी नहीं हुई थी कि बौरीगढ़ के राजा वीर सिंह ने महोबा को घेर लिया। दूत के हाथ संदेश भिजवाया कि महोबा को तहस-नहस होने से बचाना चाहते हो तो अपनी पुत्री चंद्रावलि का विवाह राजा वीरसिंह के साथ कर दो। राजा परिमाल ने अपनी पत्नी मल्हना से सलाह ली। मल्हना सुंदर ही नहीं, बुद्धिमती भी थी। उसने कहा, "राजन! आपने तो शस्त्र उठाना छोड़ दिया। हमारे वीर जस्सराज, बच्छराज को सोते में अपहरण करके मौत के घाट उतार दिया। सैयद ताल्हन वाराणसी में जाकर बस गए। आल्हा-ऊदल अभी छोटे हैं तो युद्ध करेगा कौन? भलाई इसी में है कि वीरसिंह से बेटी चंद्रावलि का विवाह कर दिया जाए। विवाह तो किसी-न-किसी से करना ही होगा। तब राजा परिमाल ने संदेश भिजवाया कि विवाह तो चंद्रावलि का आपके साथ ही करेंगे, परंतु युद्ध से नहीं, प्रेम से करेंगे। आप वापस जाओ। हम तिलक (सगाई) लेकर सम्मान सहित आपके यहाँ आएँगे। तिथि, वार शुभमुहूर्त निश्चित कर देंगे, तब आप सादर बरात लेकर हमारे द्वार पधारें। हम वैदिक विधि से विवाह करेंगे। चंद्रावलि को आदर तथा प्रेम से अपनी रानी बनाइएगा।"

समय पर धूमधाम से चंद्रावलि और वीर शाह का विवाह बिना युद्ध के ही संपन्न हुआ। चंद्रावलि का पुत्र जगनिक हुआ, जिसे बाद में माहिल के भाई भौपतिवाला जगनेरी का राज्य दे दिया गया। जगनिक वीर और सुंदर तो था ही, कवि भी था। जगनिक कवि ने ही 'परिमाल रासो' नाम से काव्य लिखा, जो आल्हा खंड का मूल ग्रंथ है।

तत्कालीन राज समाज

राजा हर्षवर्द्धन के पश्चात् भारत में एकछत्र राज किसी सम्राट् का नहीं रहा। छोटी-छोटी रियासतें बन गईं। सभी ने अपनी राजधानियाँ बना लीं। अपने-अपने गढ़ (किले) बना लिये। एक-दूसरे के शादी-संबंध और उत्सवों में सभी आते-जाते थे। बात बारहवीं शताब्दी की है। दिल्ली में राजा अनंगपाल का शासन था। उनकी एक पुत्री कन्नौज में ब्याही थी तथा दूसरी अजमेर में। अजमेर में पृथ्वीराज तथा कन्नौज के राजा जयचंद के अनंगपाल नाना लगते थे। अनंगपाल के पुत्र नहीं हुआ था। उन्होंने पृथ्वीराज को गोद ले लिया और दिल्ली का युवराज बना दिया। इसीलिए जयचंद और पृथ्वीराज में वैमनस्य हो गया। जस्सराज और बच्छराज की मृत्यु के पश्चात् सिरसा पर पृथ्वीराज ने कब्जा कर लिया। बच्छराज के वीर पुत्र मलखान ने युद्ध जीतकर सिरसागढ़ वापस छीन लिया।

कुछ घायल वीरों सहित पृथ्वीराज एक उद्यान में ठहरे। माली ने विरोध किया तो एक घायल सैनिक ने माली का सिर काट डाला। परिमाल ने आल्हा-ऊदल को बुलाया। उन्होंने राजा को समझाया कि घायलों पर हमें वार नहीं करना चाहिए, परंतु मामा माहिल ने अपनी आदत के अनुसार राजा को भड़काया तथा उनकी चुगली की। आल्हा ने ऊदल को जाने के लिए कह दिया। ऊदल ने जाकर पृथ्वीराज के उन घायल सैनिकों को मार दिया। पृथ्वीराज को दिल्ली में समाचार मिला कि घायल सैनिक मार दिए गए। चुगलखोर माहिल ने इधर तो परिमाल को भड़काकर सैनिक मरवाए थे, उधर दिल्ली पहुँचकर पृथ्वीराज को राजा परिमाल के विरुद्ध भड़काया। ऐसी घटनाओं से सभी राजा एक-दूसरे के शत्रु बन गए। उनमें देशभक्ति की जगह अपनी राजगद्दी का लोभ और स्वार्थ बढ़ता गया। इसी आपसी फूट का लाभ उठाकर मुसलिम आक्रमणकारियों ने बार-बार आक्रमण किए। पहले लूटपाट की, फिर यहीं बसकर स्थायी लूट में लग गए। ऐसे महान् वीर योद्धाओं के होते हुए आपसी फूट के कारण हिंदुस्तान बारह सौ वर्ष गुलाम रहा। आज भी हिंदू यदि आपसी कलह छोड़कर संगठित हो जाएँ तो विश्व में अपनी प्रतिभा का प्रभाव स्थापित कर सकते हैं।

□

परिमाल राय का विवाह

चंद्रवंशी राजाओं की राजधानी सिरसागढ़ थी। किले का नाम कालिंजर था। चंद्रवंशी क्षत्रिय अब चंदेले कहलाते थे। उनकी राजधानी को चंदेरी भी कहा जाता था। चंदेले राजा कीर्ति राय का प्रतापी पुत्र था परिमाल राय। यह बारहवीं शताब्दी की घटना है।

उन दिनों महोबा में राजा वासुदेव का शासन था। उनके दो पुत्र थे—माहिल और भोपति। तीन पुत्रियाँ थीं—मल्हना, दिवला और तिलका। मल्हना अनुपम सुंदरी थी। उसके अंग-अंग में तेज और सौंदर्य था। सिंह के समान कटि और हंस के समान चाल। उसके विशाल और चंचल नयनों के मृग समान होने से मल्हना को मृगनयनी कहा जाता था। वासुदेव राजा का ही एक नाम माल्यवंत भी था। वासुदेव की अनिंद्य सुंदरी पुत्री मल्हना की चर्चा चंदेले राजकुमार परिमाल देव राय के कानों तक पहुँची। देखे बिना सुनने मात्र से ही उसने निश्चय कर लिया कि मल्हना को ही अपनी रानी बनाऊँगा।

राजा परिमाल का विद्वान् मंत्री था पंडित चिंतामणि। मंत्री को बुलाकर परिमाल राय ने पूछा, ''पंडितजी ! अपना पंचांग देखिए और शोध करके ऐसा मुहूर्त निकालिए कि हमारी मंशा सफल हो जाए।'' पंडित चिंतामणि ने श्रेष्ठ मुहूर्त निकाला और बरात सजाने को कहा। उन दिनों क्षत्रियों की बरात वीरों की सेना होती थी। अत: सेना को तैयार होने का आदेश दे दिया गया। तोपें तैयार कर ली गईं। रथ भी सजाए गए। हाथियों पर हौदे सजाए गए। ऊँटों पर बीकानेरी झूलें डाल दी गईं। घोड़ों पर जीन और लगाम कसी गईं। जो-जो बहादुर जिस सवारी के लिए निश्चित थे, वे अपनी-अपनी सवारी पर चढ़ गए। एक दाँतवाले हाथी अलग तथा दो दाँतवाले हाथी अलग सजाए गए। घोड़ों की तो अलग सेना ही सज गई। कुछ तुर्की घोड़े थे, कुछ काबुली-कंधारी। कुछ घोड़े रश्की, मुश्की, सब्जा, सुर्खा घोड़े और कुछ

नकुला नसल के घोड़े सजाए गए। काठियावाड़ी घोड़ों की तो तुलना ही नहीं थी। उन पर मखमलवाली जीन सजाई गई थी। मारवाड़ के सजीले ऊँट, अरबी ऊँट तथा करहल के ऊँट तैयार किए गए, जिन पर चंदन की बनी काठी और काठी पर गद्दे सजाए गए।

चंदेले राजा परिमाल के आदेश पर सारी तोपें तुरंत साफ करवाई गईं। उनके साथ गोला-बारूद के छकड़े भी लाद दिए गए। सभी सैनिकों को आदेश दिया गया कि अपने-अपने काम के अनुसार अपना लिबास (वर्दी) पहनकर शीघ्र तैयार हो जाओ। लाल कमीज के साथ चुस्त पायजामा पहन लो। छाती पर बख्तर (बुलैट प्रूफ जैकट, जो धड़ पर पहनी जाती है) बाँध लो। उस पर झालरदार कोट डालो, जिसमें छप्पन छुरियाँ तथा गुजराती कटार टाँगी जाती हैं। दोनों तरफ दो पिस्तौलें टाँग लो और दाहिनी ओर तलवार लटका लो। सिर पर टोप (हैल्मेट) पहन लो, जिस पर गोली लगे तो भी असर न कर पाए। चंदेली सेना के जवानों ने सब गहनों और हथियारों सहित स्वयं को सजाकर तैयार कर लिया। इसके पश्चात् वीर राजा परिमाल के मंत्री नवल चौहान ने हाथ उठाकर सभी जवानों को संबोधित किया—“हे वीर क्षत्रियो! ध्यान से मेरी बात सुनो। जिनको अपनी पत्नियों से बहुत प्यार हो या जिसकी पत्नी अभी मायके से विदा होकर आई है, वे सब अपने हथियार वापस रख दें, परंतु जिन्हें अपनी मर्यादा प्यारी है, वे युद्ध में हमारे साथ चलें। उनको हम दुगुनी पगार (तनख्वाह) देंगे। वे रणभूमि में खुलकर अपने शस्त्रों का प्रदर्शन कर वीरता दिखाएँ।”

इसके पश्चात् सैनिक समवेत स्वर में बोले, “हे नवल चौहान! हम राजा के मन-प्राण से साथ हैं। जहाँ राजा परिमाल का पसीना गिरेगा, हम अपना खून बहा देंगे। अगर हमारे सिर भी कटकर धरती पर गिर जाएँगे तो भी बिना सिर का धड़ खड़े होकर तलवार चलाएगा।” इतनी बात सुनकर मुंशी नवल चौहान राजा परिमाल के पास गए और पूरी सेना के तैयार होने की सूचना दी। राजा ने अपने मंत्री चिंतामणि से कहा कि जितने राजा दरबार में हैं तथा जिनकी हमसे मित्रता है, उन सबको भी साथ चलने का आग्रह कर दो। फिर राजा ने स्वयं मिसरूवाला चुस्त पायजामा पहना। कवच सहित कमर पर अँगरखा (अचकन) पहना। दोनों ओर पिस्तौलें लटकाईं। बाईं ओर मूठवाली तलवार लटकाई। सिर पर सुनहरी पगड़ी पहनी, जिस पर मोतियोंवाली कलगी सुशोभित थी। युद्ध के लिए सजकर वीर चंदेला राजा बाहर आया तो वह इंद्र के समान सुशोभित हो रहा था। राजा के लिए वीरभद्र नाम के हाथी को भी ऐरावत हाथी के समान सजाया गया। उस पर मखमल से बनी

झूलें लटकाई गईं तथा सोने का बना हुआ हौदा रखा गया। इसके पश्चात् हाथियों, ऊँटों तथा घोड़ों पर सभी सवार हो गए। आगे-आगे नौ सौ सैनिक सुनहरे भगवा झंडे लेकर चलने लगे। फिर कूच करने का बिगुल बजा तथा ढोल-नगाड़े बजने लगे। जब चंदेलों की भारी सेना चली तो मार्ग की ईंटें घिस-घिसकर कंकड़ बन गईं। जो रोड़े और कंकड़ थे, वे सभी धूल बन गए। धूल आसमान में चढ़ गई और आकाश में अँधेरा छा गया। इसी प्रकार चंदेली सेना महोबा की सीमा पर पहुँच गई।

महोबा के पहले ही खेतों में तंबू गाड़ दिए गए और सेना ने डेरा डाल दिया। राजा परिमाल ने मंत्री को बुलाकर महोबा के राजा वासुदेवजी को पत्र लिखा। सादर प्रणाम लिखकर अपना परिचय लिखा। तब आग्रहपूर्वक निवेदन किया, "महाराज आपकी सुपुत्री मल्हना से हम विवाह करने के लिए बरात लेकर आए हैं। आप धूमधाम से प्रसन्नतापूर्वक विवाह कर दीजिए, अन्यथा महोबा को हम तहस-नहस कर देंगे। फिर भी मल्हना को हम ले ही जाएँगे। ब्याह के इरादे से आए हैं, अब खाली लौटकर नहीं जा पाएँगे।"

पत्र को धामन (पत्रवाहक) के हाथ महोबे के राजदरबार में भेज दिया गया। ऊँट सवार जब दरबार में पत्र लेकर पहुँचा तो वहाँ की शोभा देखकर दंग रह गया। बड़े-बड़े सजीले क्षत्रिय वीर वहाँ बैठे थे। राजा माल्यवंत (वासुदेव) सोने के सिंहासन पर विराजमान थे। इंद्र की तरह दरबार में नृत्य-संगीत चल रहा था। पत्रवाहक ने सात कदम दूर से झुककर प्रणाम किया और पत्र राजा के सामने रख दिया। राजा वासुदेव ने बिना देरी किए तत्काल पत्र को उठा लिया। पत्र को खोलकर जैसे ही पढ़ा, राजा का मुख क्रोध से लाल हो गया। राजकुमार माहिल ने पूछा, "पिताजी! पत्र किसका है, इसमें क्या लिखा है ? खुलकर बताइए।"

राजा ने पत्र की पूरी बात सुना दी। फिर माहिल से बोले, "चंदेले राजा परिमाल की सेना से युद्ध करने की तैयारी करो।" फिर पत्र उठाकर माहिल ने पढ़ा। तुरंत ही कागज पर उत्तर लिखा—"महोबे में भी वीर रहते हैं। इस धमकी से विवाह की आशा छोड़कर वापस लौट जाओ।" पत्र को लिखकर हरकारे (पत्रवाहक) को दे दिया। माहिल ने उपस्थित दरबारियों तथा सेनापतियों को युद्ध के लिए तैयार होने को कहा। युद्ध का डंका बजा दिया गया। हाथी, घोड़े और पैदल सभी सैनिक अपनी तैयारी में लग गए। माहिल राजकुमार की आज्ञा से तोपें तैयार कर ली गईं। कुछ तोपों के नाम थे 'बिजली तड़पन' और कुछ 'लक्ष्मणा' नाम की तोपें थीं। 'भवानी' और 'कालिका' नामक की बड़ी-बड़ी तोपें भी, जिनका एक-एक गोला दो-दो मन का होता था। संकटा तोप और भैरव तोप भी तैयार कर ली गईं।

हाथी भी अनेक नामवाले थे। एक दंत और दो दंत तो थे ही। मैनकुंज, मलयागिरि, धौलागिरि और भौरागिरि हाथी, भूरा, सब्जा और अंगाद गज, मुड़िया और मुकमा हाथी भी तैयार हो गए। उन पर चाँदी-सोने के हौदे रखवा दिए गए। हर हौदे में चार-चार जवान शस्त्रों सहित चढ़ गए।

इसी प्रकार घोड़े सजाए गए। हरियल घोड़े, मुशकी घोड़े, स्याह घोड़े, सफेद घोड़े, तुर्की और अरबी घोड़े, कच्छी-मच्छी और समुद्री घोड़े, लक्खा, गर्रा और कमैता घोड़े, श्याम कर्ण और दरियाई घोड़े, सब युद्ध के लिए तैयार कर लिये गए। मारवाड़ी, मेवाड़ी ऊँट, करहल के ऊँट और बीकानेरी ऊँटों पर गद्दे बिछाकर काठी लगा दी गई।

महोबे में जितने योद्धा थे, रघुवंशी, सूर्यवंशी, चंद्रवंशी, यादव, तोमर, भदावरवाले और मैनपुरीवाले चौहान सब तैयार होकर अपनी-अपनी सवारियों पर चढ़ गए। राजा वासुदेव की सारी सेना केवल दो घंटे में ही लड़ने के लिए तैयार हो गई। ढोल-नगाड़े बजने लगे। इधर से राजकुमार माहिल ने कमान सँभाली और उधर परिमाल पहले ही तैयार होकर आया था। शूरवीर दोनों ओर से गरजने लगे। राजा परिमाल बोले, "माहिल! हम चंदेलवंशी राजकुमार हैं। तुम्हारी बहन मल्हना से विवाह करने आए हैं। जल्दी इस शुभ कार्य को संपन्न करवाओ।" माहिल ने कहा, "विवाह नहीं, तुम्हारा काल ही तुम्हें यहाँ खींचकर ले आया है।" फिर माहिल के आदेश से तोपें गरजने लगीं। पहले दोनों ओर से सलामी तोपें चलीं और फिर आग बरसने लगी। तोपों के बाद बंदूकें चलीं। गोलियाँ बारिश की बूँदों की तरह बरसने लगीं। हाथियों के गोली लगती तो तीन कदम पीछे हट जाते। तीर भी सनसनाते निकल जाते। गोली और गोलों से ऊँट-घोड़े भी हिनहिना उठते। सैनिक गोलों की चपेट में आ जाते तो कपड़ों के समान फटकर उड़ जाते।

दोनों सेनाएँ आमने-सामने केवल पाँच कदम के अंतर पर रह गईं। बंदूकें और तोपें चलनी बंद हो गईं। अब भाले, बरछी चलने लगे। सांग (भारी पत्थर) उठाकर सामनेवाले पर फेंककर वार करने लगे। चार घंटे तक ऐसा भयानक युद्ध हुआ, खून के फव्वारे छूटने लगे। कोई बरछी से बिंध गया तो कोई सांग से दब गया। फिर दोनों ओर की फौजें एक हाथ की दूरी पर पहुँच गईं, तब जवानों ने अपनी तलवारें खींच लीं। चुनव्वी और गुजराती तलवारें खटाखट बजने लगीं। घुड़सवार घुड़सवारों से भिड़ गए और पैदल पैदल से मुकाबला करने लगे। हाथियों के सूँड़ से सूँड़ और दाँतों से दाँत अटकने लगे। जगह-जगह पैदल सैनिकों की लाशें बिछ गईं। हाथी तो ऐसे पड़े थे, मानो रास्तों में पर्वत अड़े हों। सैनिकों के कहीं सिर कटे

पड़े थे, तो कुछ कटी भुजाएँ फड़क रही थीं। किसी की अँतड़ियाँ ही निकली पड़ी थीं तो किसी का चेहरा ही कट चुका था। ढालें जो खून से सनी नीचे पड़ी थीं, वे कछुए जैसी दिखाई पड़ रही थीं। बंदूकें खून की नदी में पड़ी ऐसी लग रही थीं, मानो नाग तैर रहे हों। युद्ध की विभीषिका में घायल पड़े सैनिक पानी के लिए तड़प रहे थे। कुछ तो अपनी पत्नियों को याद कर रहे थे और कुछ अपने बेटों को पुकार रहे थे। कोई अपने पूर्वजों को याद कर रहे थे। उन्हें लगा, जैसे चंदेरी नगर से भेड़िए आ गए हैं और भेड़ों पर टूट पड़े हैं। जो जीवित बचे, वे सोच रहे हैं कि माहिल की सेना में भरती होने की जगह हम अच्छे रहते कि जंगली लकड़ी ही काटकर बेच रहे होते।

माहिल अपने हाथी पर सवार हर मोरचे पर घूम रहा था। अपनी सेना की दुर्दशा देखकर उन्हें जोश दिलाते हुए माहिल बोला, ''प्यारे सैनिको! तुम कोई वेतन भोगी नौकर-चाकर नहीं हो। तुम सब तो हमारे भाई-बंधु हो। मोरचे से पीछे मत हटना। जो रण छोड़कर भाग जाएगा, उसकी सात पीढ़ियों का नाम डूब जाएगा। यहाँ मनुष्य शरीर बार-बार नहीं मिलता। जैसे पत्ता डाल से टूटकर फिर नहीं जुड़ सकता, वैसे ही हमारी इज्जत अब तुम्हारे हाथ है। एक बार चली गई तो फिर कभी वापस नहीं आ सकती। बहादुरो! मरना तो है ही, फिर चारपाई पर पड़े-पड़े क्यों मरें? रणभूमि में वीरता से लड़ते हुए यदि मर भी गए तो नाम अमर हो जाएगा।''

इस भाषण के बाद भी माहिल के सिपाही आखिरी युद्ध में टिके नहीं रह सके। वे भाग खड़े हुए। माहिल ने अपना हाथी बढ़ाया और राजा परिमाल के सामने पहुँच गया। माहिल बोला, ''बहुत सेना और शक्ति बरबाद हो चुकी; आओ हम-तुम आपस में निपट लें।'' परिमाल ने अपना हाथी बढ़ाकर ललकार स्वीकार की। माहिल ने अपनी तलवार पूरी शक्ति से चलाई। परिमाल ने अपनी ढाल अड़ाई और वार खाली गया। माहिल ने कहा कि या तो तुम्हारी माँ ने शिवजी की पूजा की होगी या पिता ने रविवार का उपवास किया होगा, अन्यथा मेरा वार खाली न जाता। अत: नजदीक से माहिल ने हाथी की लोहे की जंजीर घुमाकर मारी तो चंदेला वीर का हाथ फुरती से पीछे हट गया। भगवान् ने उसकी रक्षा की। माहिल बोला, ''अब भी चंदेरी को लौट जाओ। इस बार तो तुम्हारे प्राण नहीं बचेंगे।''

राजा परिमल ने हँसकर उत्तर दिया, ''रण से भागना क्षत्रियों का धर्म नहीं है। एक बार और वार करो, फिर मेरी बारी है। स्वर्ग में जाकर कहीं पछताना न पड़े कि एक मौका और मिल जाता।'' इतने में माहिल ने सत्तर मन भारी सांग उठाकर फेंकी, परंतु परिमाल का हाथी एक ओर हट गया। सांग धरती पर जा गिरा। परिमाल बोले,

"चार वार तुम कर चुके। अब मेरा वार झेलो।" परिमाल ने अपनी तलवार माहिल के हाथी के मस्तक पर मारी। हाथी जैसे ही झुका, परिमाल ने माहिल को फुरती से बाँध लिया। माहिल के बंदी होते ही भोपति के भी हौसले पस्त हो गए। सेना तो पहले ही हिम्मत छोड़ चुकी थी। भोपति परिमाल के सामने आया तो परिमाल ने उससे युद्ध छोड़कर बहन का विवाह करने को कहा। भोपति ने भी ललकारा, तब परिमाल बोला, "बिना विवाह के तो हम वापस नहीं जाएँगे, चाहे प्राण चले जाएँ।" भौपति ने कहा कि लो अब मेरा वार झेलो। उसने नीलकंठ भगवान् शिव और जगदंबा दुर्गा का स्मरण किया। फिर अपने महोबे के रक्षक मनियाँ देव को याद करके जो तलवार चलाई, तो वह तलवार ही टूट गई और परिमाल का बाल बाँका न हुआ। भौपति को बहुत अचंभा हुआ कि इसी तलवार से हाथियों तक को काट डाला था, यह भी धोखा दे गई। तब उसने गुर्ज (सांग) उठाकर फेंका, परंतु चतुर हाथी हट गया और सांग धरती पर गिरा। इसी घबराहट में भौपति असमंजस में पड़ा था, तभी राजा परिमाल ने उसे भी बंदी बना लिया। अब तो सेना में भगदड़ मच गई। तब माल्यवंत (वासुदेव) राजा ने अपने हाथी पर आगे आकर ललकारा। राजा परिमाल ने गरजकर कहा, "तुम्हारे दोनों बेटे हमारे कब्जे में हैं। अब अपनी बेटी का विवाह हमारे साथ कर दो, नहीं तो महोबे का राज भी नहीं रहेगा और मल्हना का विवाह तो हमसे होगा ही।" वासुदेव ने युद्ध के लिए ललकारा तो परिमाल बोला, "सिंह को कोई न्योता नहीं देता। वह अपनी इच्छा से वन में शिकार करता है। क्षत्रिय भी अपनी शक्ति के द्वारा जहाँ चाहें, वहाँ विवाह करते हैं। क्षत्रियों का विवाह अपनी तलवार की धार के बल पर होता है।"

राजा वासुदेव ने तोपें फिर से चालू कर दीं। आकाश में फिर धुआँधार होने लगी। फिर बंदूकें आग उगलने लगीं। आकाश फिर भयानक गर्जनाओं से भर गया। पग-पग पर सैनिकों की लाशें बिछ गईं। थोड़ी-थोड़ी दूरी पर हाथी और ऊँट गिरे हुए। वीरों के सिर भूमि पर लुढ़कने लगे। पगड़ियाँ रक्त में तैरने लगीं। खून में तैरते दुशाले मछलियों से दिखाई पड़ रहे थे। कोई-कोई घायल सिपाही मरे हुए सिपाहियों के नीचे दबे पड़े थे। कोई उठकर भागना भी चाहे तो उठ नहीं पा रहे थे। जब कोई हाथी घायल होकर भागने लगता तो नीचे पड़े घायलों को रौंदकर मौत के घाट उतार देता। तीर, तलवार और गोलियाँ ऐसे चल रही थीं, मानो सावन में मूसलधार वर्षा हो रही हो।

राजा वासुदेव ने भी तलवार का जोरदार वार किया तो तलवार की मूठ हाथ में रह गई। तलवार टूटकर नीचे गिर गई। फिर सांग उठाकर फेंका तो हाथी पीछे

हट गया। वार खाली गया। चंदेलवंशी परिमाल ने कहा, "राजा वासुदेव! हमारे कुल की तीन परंपराएँ हैं। पहली यह कि हम बाँधे हुए बंदियों पर वार नहीं करते। दूसरी, भागते हुए सैनिकों पर पीछे से वार नहीं करते। तीसरी परंपरा है कि हम पहले चोट नहीं करते, शत्रु को पहले मौका देते हैं। लो छाती में तीर मारो, तलवार मारो। मैं मुँह नहीं फेरूँगा। अपनी मनचाही कर लो, कहीं फिर पछताना पड़े।"

राजा वासुदेव ने सांग का भारी वार परिमाल पर कर दिया, परंतु हाथी हट गया और वासुदेव का वार खाली गया। माँ शारदे ने परिमाल पर कृपा कर दी। सांग धरती पर गिरी और गहरा गड्ढा कर दिया। तब वासुदेव ने सोचा—

'जाको राखै साइयाँ, मार सकै ना कोय।' भगवान् इस लड़के की रक्षा कर रहा है। लड़का प्रखर वीर है। वास्तव में इसके माता-पिता धन्य हैं। जिनके पुत्र कायर हो जाएँ, उन क्षत्रियों का जीवन ही मृत्यु के समान है। उनके कुल का तो नाश होना निश्चित है। जिनके घर में पत्नी कलह करनेवाली हो, उसकी संपत्ति निश्चय ही नष्ट हो जाती है। जिनके घर पुत्री का जन्म हो जाए, वे फिर गर्व से सिर ऊँचा नहीं कर सकते। उनको तो सिर झुकाना ही पड़ता है। यदि मेरे घर बेटी न होती तो राजा परिमाल क्यों चढ़ाई करता? राजा मन-ही-मन सोचता है कि ब्राह्मण, बनिए अच्छे हैं। उनके चार बेटी भी हो जाएँ तो वे खुशी से कन्यादान कर देते हैं। दोनों ओर के परिवार तथा संबंधी प्रसन्नता से आनंदोत्सव मनाते हैं। यह राजपूतों में ही बड़ी बुराई है, जो कन्या को नाश का कारण बना देते हैं। यदि वर ससुर का सिर काट दे तो भी बुरा है और ससुर अपने दामाद को मार दे तो भी नाश ही नाश है।

ऐसा सोचते हुए राजा वासुदेव ने परिमाल से कहा, "चलो, हमारे साथ महोबे में चलो। हम तुम्हारा ब्याह कर देंगे।" परिमाल ने तुरंत राजा वासुदेव को बंदी बना लिया और बोला, "क्या मैं बुद्धू हूँ, जो युद्धक्षेत्र से घर जाऊँ और तुम मुझे कैद कर लो। अब तुम तीनों (बाप-बेटे) मेरे बंदी हो। मैं स्वयं जाकर मल्हना से विवाह कर लेता हूँ। फिर यदि मर भी जाऊँगा तो कष्ट आपको ही होगा, जिसकी बेटी विधवा हो जाए, उससे अधिक और दुःख क्या होगा?"

राजा वासुदेव बोले, "तुम्हारी सब बात हमारी समझ में आ गई हैं। तुम वीर हो, बलवान हो और बुद्धिमान भी हो। अतः अपनी सुपुत्री मल्हना का विवाह मैं तुम्हारे साथ करने को तैयार हूँ।" तुरत पंडित को बुलवाकर मुहूर्त निकलवा लिया और महोबे को सजाने का आदेश दे दिया गया। तब परिमाल ने राजा और दोनों पुत्रों को स्वतंत्र कर दिया। उन्होंने विवाह की तैयारी कर ली। इधर चंदेला वीर परिमाल बरात लेकर महोबे को चला। मार्ग में चारों ओर फूल और इत्र की खुशबू सजाई

गई। घरों, बाजारों में वंदनवार सजाए गए। जगह-जगह महिलाओं की टोलियाँ मधुर गीत गा रही थीं। द्वार पर मंगलाचार के गीत गाए गए। आरती उतारी गई। चंदन की चौकी बिछाई गई। पंडित चिंतामणि ने श्लोक एवं मंत्रों के उच्चारण किए। फिर कुमारी मल्हना को लाया गया। चिंतामणि ने आभूषणों की पिटारी पहले ही महलों में भेज दी थी। मल्हना का पूरा श्रृंगार किया गया। घूमदार घाघरा पहनाया गया और दक्षिणी चीर या ओढ़ना उढ़ाया गया, जिस पर सुनहरी गोटा लगा हुआ था। नाक में बड़ी सुंदर नथ पहनाई गई और गेंदा के समान सुंदर कर्णफूल पहने हुए थे। माथे पर नीलमणि की बिंदी सुशोभित थी, लंबी चोटी और ऊपर शीशफूल (वोलणा) चमक रहा था। हरी चूड़ियों के साथ नागौरी कंगन दमक रहे थे। पाँवों में बिछुए और बजनेवाली घुँघरूदार पायल सुशोभित थी। इस प्रकार अप्सरा सी सजी हुई मल्हना दुलहन बनकर भाँवर के लिए लाई गई। एक-एक भाँवर पर युद्ध की छाया पड़ी, परंतु चंदेल वीरों ने सब सँभाल लिया। सातों फेरे पूरे हो गए, तब राजा परिमाल ने चंदेरी को धामन के द्वारा समाचार भेज दिया।

चंदेरी में नई रानी के स्वागत की भारी तैयारियाँ की गईं। सारे नगर तथा द्वारों को सजाया गया। नृत्य-संगीत के प्रबंध किए गए। इधर महोबे से विदा होकर परिमाल अपनी दुलहन मल्हना सहित चंदेरी के लिए चल पड़े। अपने राज्य में बरात का भव्य स्वागत हुआ। रानी के स्वागत में मंगलगान हुए। राजा परिमाल का यह सुख अधिक दिन नहीं चला। रानी मल्हना को चंदेरी का महल पसंद नहीं आया। उसने कहा कि हमें महोबा में ही रहना है। अतः या तो महोबे में रहने का प्रबंध करें या मैं अपने प्राण त्यागती हूँ। राजा ने समझाया कि महोबे रहने के लिए किसी की दया या स्वीकृति लेकर नहीं रहना। क्षत्रिय जहाँ रहते हैं, अपनी शक्ति के बल पर रहते हैं। जरा ठहरो, मैं महोबे को जीतकर ही तुम्हें वहाँ रहने का अवसर दूँगा। राजा परिमाल ने महोबे के राजा यानी अपने ससुर माल्यवंत को पत्र लिखा कि आधा महोबा हमें दे दो अथवा युद्ध के लिए तैयार हो जाओ। पत्र लेकर धामन महोबे पहुँचा। राज-दरबार में पत्र दिया तो माहिल ने पूछा, ''किसका पत्र है, क्या समाचार है ?'' वासुदेव ने बताया कि ''परिमाल को आधा महोबा बाँटकर दे दो। नहीं तो वह पूरा ही राज्य छीन लेगा।'' माहिल का क्रोध में आना स्वाभाविक था। पहले ही महोबेवाले लोग आक्रमण के परिणाम झेल चुके थे। माहिल अपनी संपत्ति एवं अधिकार को इतनी सरलता से छोड़ना नहीं चाहता था। राजा वासुदेव पिछले युद्ध के नुकसान की भी भरपाई अभी तक नहीं कर पाए थे। राजा ने पुत्रों को समझाया, ''यह राज्य, धन मृत्यु के समय साथ नहीं जाता। इसके लिए अपनी

प्रजा को तथा अपने हितैषियों को मरवाना उचित नहीं। रावण जैसे बली ने अहंकार को महत्त्व दिया तो अपने परिवार तथा राज्य को नष्ट करवा लिया। कंस ने बल का अभिमान किया तो कृष्ण के हाथों मारा गया। बैर पालना अच्छा नहीं होता। फिर यहाँ तुम्हारी बहन ही तो रहेगी। बिना लड़े आधा महोबा देने में ही कल्याण है।'' परंतु माहिल अपनी सेना लेकर लड़ने को तैयार हो गया।

युद्ध हुआ, परिमाल ने माहिल की सूचना पाते ही महोबा की ओर कूच कर दिया था। पहले तोपों का युद्ध हुआ, फिर गोलियाँ चलीं। तीर चले और फिर घुड़सवार और पैदल सामने होकर लड़े। राजा परिमाल ने माहिल और भौपति को फिर बंदी बना लिया। वासुदेव को जैसे ही समाचार मिला, वह राजा परिमाल के पास पहुँचा और बोला, ''अब आप शत्रु नहीं, संबंधी हैं। अपने दोनों सालों को छोड़ दो और युद्ध समाप्त कर के महोबा में आनंद से राज करो।'' महोबे का राज परिमाल को सौंपकर वासुदेव उरई चले गए। वहाँ कुछ अरसे बाद वे बीमार हो गए। उन्होंने परिमाल को बुलाकर अपने दोनों पुत्र उन्हें सौंप दिए। उनकी रक्षा का वचन ले लिया। इसके पश्चात् राजा के प्राण–पखेरू उड़ गए। माहिल ने राजा से कहा कि मुझे चुगली करने की आदत है। मेरी गलती को क्षमा करते रहिएगा। इस प्रकार माहिल और जगनिक उरई और जगनेरी के दुर्ग में चले गए। मल्हना और परिमाल महोबे में राज करने लगे। मल्हना ने अपने ही परिवार को नष्ट करवा दिया और अपने पैतृक महल में आनंद से रहने लगी।

राजा परिमाल भी युद्धों से तंग आ चुके थे, अत: उन्होंने अपने शस्त्रों को सागर को अर्पित कर दिया। भविष्य में शस्त्र न उठाने का संकल्प ले लिया, परंतु उनकी पुरानी साख और धाक से ही वे सुखपूर्वक लंबे अरसे तक महोबा में शासन करते रहे।

□

संयोगिता स्वयंवर

कन्नौज की लड़ाई

कन्नौज नैमिषारण्य के पास बसा है। वहाँ के राजा अजयपाल के जयचंद और रतीभान दो प्रतापी पुत्र थे। जयचंद राठौरवंशी राजपूत थे। उनकी पुत्री संयोगिता जब विवाह योग्य हुई तो अपने दरबारियों की सलाह पर उन्होंने संयोगिता का स्वयंवर रचाने का निश्चय किया। उन्होंने दूर-दूर तक के राजाओं को न्योता भेज दिया। दिल्लीपति पृथ्वीराज को जान-बूझकर निमंत्रण नहीं दिया। जयचंद और पृथ्वीराज दोनों की माताएँ बहनें थीं। जयचंद की माँ बड़ी थी, परंतु राजा अनंगपाल ने पृथ्वीराज को गोद लेकर दिल्ली की राजगद्दी का वारिस बनाया था। वैसे भी पृथ्वीराज बारह वर्ष की वय तक वन में एक आश्रम में पला था, अतः कन्नौजपति राजा जयचंद उसे अपने से हीन मानता था। इसके विपरीत उसकी पुत्री संयोगिता पृथ्वीराज को मन से पसंद करती थी। दिल्ली की एक नृत्यांगना उसकी दासी थी, जिसने संयोगिता को पृथ्वीराज की बहादुरी के कई किस्से सुना दिए थे।

स्वयंवर का मंडप सजाया गया। मंडप के द्वार पर पृथ्वीराज की मूर्ति खड़ी कर दी गई। पृथ्वीराज का मित्र चंदरवरदायी नामक भाट वहाँ पहुँचा। उसने पृथ्वीराज के इस अपमान को सहन नहीं किया और मन-ही-मन दुःखी हुआ। इधर संयोगिता आभूषणों से सजी सखियों के साथ पूरे मंडप में घूमकर लौट आई। द्वार पर पृथ्वीराज की मूर्ति देखकर वरमाला मूर्ति को पहना दी। संयोगिता तो वापस चली गई। अन्य सब राजा भी अपना अपमान सहते विष का घूँट पीकर वापस चले गए। जयचंद को जैसे ही पता चला, उसे बहुत क्रोध आया। उधर चंद कवि ने पृथ्वीराज को सारा समाचार दिया। पृथ्वीराज संयोगिता की मंशा जानकर प्रसन्न हुआ। उसने अपने साथ हरीसिंह और मरहठा वीर को लिया तथा चंद कवि के साथ कन्नौज प्रस्थान को तैयार हो गए। अपने चाचा कान्ह कुमार सिंह से कहा कि आप भारी

सेना लेकर कन्नौज पहुँच जाना। मैं पहले जा रहा हूँ। वहाँ युद्ध होना निश्चित है।

पृथ्वीराज ने चंद कवि के चाकर का वेश बनाया और कन्नौज के दरबार में पहुँच गए। दरबार स्वर्ग के राजा इंद्र की तरह शोभायमान था। कवि चंद को दरबारी पहचानते थे। उन्हें बैठने को चौकी दी गई। चाकर बने पृथ्वीराज पीछे खड़े रहे। जयचंद को संदेह तो हुआ, परंतु बिना सबूत के पृथ्वीराज को कैसे पकड़ सकता था? राजा ने दिल्लीवाली बाँदी को अपने दरबार में बुलवाया, ताकि पृथ्वीराज की पहचान करके बता सके। दासी समझदार थी। उसने पहचानने से इनकार कर दिया। वह भी पृथ्वीराज और संयोगिता को मिलवाना चाहती थी। राजा की आज्ञा से चंद कवि और दोनों साथियों का बाग में ठहरने का प्रबंध कर दिया गया। चंद भाट ने महलों में सूचना भेज दी कि पृथ्वीराज बाग में पधार चुके हैं। फिर तो संयोगिता संग-सहेली लेकर बाग में जा पहुँची। वहाँ जाकर पृथ्वीराज के कंठ में जयमाला पहना दी और पान खिलाकर उनकी आरती उतारी। इस प्रकार उन्हें अपना पति स्वीकार कर लिया। पृथ्वीराज ने राजकुमारी को दिल्ली ले चलकर विवाह रचाने का आश्वासन दिया। प्रेमपूर्ण भरोसा पाकर वह महलों को लौट गई, परंतु राजा जयचंद को पृथ्वीराज के बाग में उपस्थित होने की सूचना मिल गई। राजा ने मोतियों का थाल सजाया और तीस हाथी, दो सौ घोड़े लेकर बाग को रवाना हो गए। चंद भाट ने संकेत किया, पृथ्वीराज खड़े हो गए। उन्होंने पान का बीड़ा जयचंद राजा को पकड़ाया और हाथ जोर से दबा दिया। भेंट तो चंद कवि को पकड़ा दी, परंतु उन्हें विश्वास हो गया कि चंद के साथ चाकर नहीं, स्वयं पृथ्वीराज ही है। राजा के वापस लौटते ही पृथ्वीराज और चंद बाग से निकल गए और कन्नौज से तीन कोस दूर जाकर डेरा जमा लिया। चाचा कान्ह कुमार को पत्र लिखा कि तुरंत भारी सेना लेकर आ जाओ। पत्रवाहक तुरंत दिल्ली चला गया। कान्ह भी सेना सहित तुरंत चल दिए और तीन दिन में कन्नौज पहुँच गए।

इधर पृथ्वीराज ने अपना घोड़ा तैयार किया और महल के पास नदी के किनारे जा पहुँचे। वहाँ मछलियों को दाना डालने लगे। संयोगिता भी मछलियों को चुगाने के लिए थाल में मोती लेकर पहुँच गई। उसने कहा, "प्राणनाथ! आपके पास थोड़ी सी सेना है। कन्नौज की फौज को कैसे जीत पाएँगे? अत: मेरा अपहरण करके अपने साथ ले चलो।" पृथ्वीराज ने कहा, "चिंता मत करो। हमारी फौज चार घंटे में पहुँच जाएगी। चुराकर नहीं, हम तुम्हें जीतकर दिल्ली ले जाएँगे।"

उधर कन्नौज में राजा जयचंद ने लंगरी राय नामक सेनापति को आदेश दिया। सेना के सभी अंग तैयार होने लगे। हरीसिंह बोले, "राजकुमारी का डोला सजाकर

रणखेत में रख दिया जाए। जो जीतेगा, वह इसे ले जाएगा।'' हरीसिंह की बात सुनकर कन्नौजी सरदार लंगरी राय ने कहा, ''डोले की बात भूल जाओ। अब यहाँ से जीवित बचकर ही नहीं जा सकोगे।'' इसी के साथ दोनों की सेना आगे बढ़ीं। हाथी, घोड़े और पैदल अपने-अपने सामनेवाले सैनिकों से भिड़ गए। दिल्ली के सैनिक दोनों हाथों से तलवार चला रहे थे। कन्नौज के सिपाही पीछे हटने लगे तो लंगरी राय ने उन्हें ललकारा, ''युद्ध में मर जाओगे तो तुम्हारा नाम होगा और यदि चारपाई पर पड़े ही मृत्यु हो गई तो कोई नहीं पूछेगा।'' लंगरी राय का ही साथी धीरज सिंह आगे बढ़ा और हरि सिंह से युद्ध करने लगा। धीरज सिंह की तलवार का वार हरि सिंह ने अपनी ढाल पर झेल लिया। चौथी बार जो उसने जोरदार वार किया तो तलवार की केवल मूठ हाथ में रह गई। इसके पश्चात् हरि सिंह ने जवाबी वार किया। धीरज ने ढाल तो अड़ाई, परंतु गैंडे की खालवाली ढाल ही फट गई। धीरज सिंह का सिर कटकर दूर जा पड़ा। खून के फव्वारे के साथ उसका धड़ रणभूमि में गिर पड़ा। शाम होते ही युद्ध रोक दिया गया। उन दिनों रात में युद्ध न करने की प्रथा थी।

अगले दिन प्रात: जयचंद राजा ने लंगरी राय को आदेश दिया और संयोगिता का डोला सजाकर रणखेत में रखवा दिया गया। ऐलान कर दिया गया, जो जीतेगा, वह डोला ले जाएगा। हमा और जमा नाम के दो मजदूर डोला लेकर आए। राजकुमारी को सजाकर उसमें बिठाया गया और डोला मैदान में रख दिया गया। पृथ्वीराज को भी सूचना मिल गई। दोनों ओर के सैनिक डोले के पास रण को जीतने पहुँच गए। लंगरी राय ने ललकारकर कहा, ''किस में दम है, जो डोले को हाथ भी लगा सके। दिल्ली तक भी उसको नहीं छोड़ूँगा।'' युद्ध आमने-सामने का था। तलवारों से तलवारें भिड़ गईं। शूरवीर कट-कटकर गिरने लगे। हाथियों की सूँड़ कट-कटकर गिरने लगीं। गोविंद राय ने कन्नौज के वीरों को डोला रखकर लौट जाने को कहा। हमा-जमा मजदूर भी सैनिक ही थे। उन्होंने तलवार चलाकर गोविंद को गिरा दिया। उसने सिर कटने के बाद भी कई सैनिक मार गिराए। हरि सिंह ने भी हमा-जमा पर तलवार का वार कर दिया। अब लंगरी राय और हरि सिंह आमने-सामने आ गए। तब हाथी सवार हरि सिंह ने तलवार का जोरदार वार किया और लंगरी राय रणभूमि में गिर गया। राजा जयचंद को लंगरी राय की मृत्यु का समाचार मिला तो वह चिंता में पड़ गया। कन्नौज के चार सेनानायक बलि चढ़ गए थे, जबकि दिल्ली के तीन सेनापति युद्ध में काम आए थे। फिर तो जयचंद स्वयं समर में कूद पड़ा। उसने सैनिकों का मनोबल बढ़ाते हुए कहा, ''वीरो! तुमने

हमारा नमक खाया है, अब उसे हलाल करने का समय आया है। डोला दिल्ली किसी कीमत पर नहीं जाना चाहिए।'' इधर राजा जयचंद युद्ध में उतरे तो उधर पृथ्वीराज ने कान्ह देव चाचा को युद्ध में उतार दिया।

जयचंद और कान्ह देव की सेना जबरदस्त युद्ध करने लगी। इधर पृथ्वीराज ने डोला दिल्ली की ओर आगे बढ़वा दिया तथा जीत का डंका बजवा दिया। पचास कोस तक संयोगिता का डोला आगे बढ़ गया। सौरों (शूकर खेत) के मैदान में पहुँचा तो जयचंद फिर वहाँ पहुँच गया। उसने कहा, ''डोला जीत कर ले जाते तो तुम्हें वीर मानता। तुम तो चोरी से डोला लेकर भाग रहे हो।'' पृथ्वीराज ने डोला फिर खेत में रख दिया और पुनः युद्ध शुरू हो गया। कोई कटार चला रहा है तो कोई भाला मार रहा है। कोई कोटा-बूँदी की तलवार से वार कर रहा है तो कोई भारी सांग उठाकर फेंक रहा है। तब जयचंद बोले, ''मित्रो! सदा समय एक सा नहीं रहता। तोरई की बेल सदा नहीं फलती। सावन का महीना हमेशा नहीं रहता। पत्ता पेड़ से टूटकर फिर उस डाल पर नहीं लग पाता। मनुष्य की योनि बार-बार नहीं मिलती। अब एक बार मिली है तो यश प्राप्त करने का अवसर मत छोड़ो। लड़ते हुए युद्ध में प्राण चले जाएँगे तो आपकी कीर्ति युगों तक गाई जाएगी।'' कन्नौज के वीरों ने राजा की बात सुनी तो भयंकर मार-काट मचा दी। अपना-पराया कुछ न देखते हुए तलवारें चलाना शुरू कर दिया। उधर दिल्लीवाले वीर भी दोनों हाथों में तलवारें लेकर चलाने लगे। जुनव्बी और गुजराती तलवारें खट-खट आवाज के साथ चल रही थीं। रक्त की नदियाँ बहने लगीं। सौरों क्षेत्र में भयंकर युद्ध हुआ। जयचंद की लाखों सेना समर भूमि में कटकर गिर गई। डोला तब तक आठ कोस और आगे बढ़ गया। पृथ्वीराज जंग जीत गए। तब तक जयचंद के भाई रतिभानु के पास समाचार पहुँच गया कि संयोगिता का डोला पृथ्वीराज बलपूर्वक ले गया। वह भी तुरंत सेना सहित युद्धभूमि में आ पहुँचा।

रतिभान भी अपनी हाथी, घोड़ों और पैदल सेना लेकर पहुँचा। रतिभान जब अपने हाथी पर सवार होने लगा तो अपशकुन हुआ। किसी बुजुर्ग ने टोका कि अपशकुन हो गया, कुछ समय रुककर प्रस्थान करना। रतिभान ने कहा, ''पंडितजी! मैं क्षत्रिय हूँ, जो बनिए-ब्राह्मण सिर पर मुकुट पहनकर धूमधाम से बरात ले जाते हैं, शकुन-अपशकुन का विचार उनके लिए है। क्षत्रिय युद्ध के लिए पाँव बढ़ाकर पीछे नहीं हटाते। चाहे प्राण रहें या न रहें, हमारे अपशकुन का कोई महत्त्व नहीं। क्षत्रिय का तो धर्म यही है कि दाँव लगे तो चूके नहीं। शत्रु को तुरंत मार देना चाहिए। अपनी कथनी कच्ची पड़ जाए तो पड़े। शत्रु को न मारने की कसम खाकर

भी मार ही दो, छोड़ो मत।'' रतिभान ने जाकर डोला रोक लिया। मुकुंद ठाकुर डोला के रक्षक ने कहा कि डोला तो अब दिल्ली जाकर ही रुकेगा। तब रतिभान ने भी वही बात कही, पहले डोले को खेत में रख दो, फिर जो युद्ध में जीते, वह डोला ले जाए। मुकुंद ठाकुर ने ललकार स्वीकार की, डोला खेत में रख दिया और दोनों दलों में भारी युद्ध शुरू हो गया। मुकुंद ठाकुर ने भाला चलाया, परंतु रतिभान ने वार को बचा लिया। फिर मुकुंद ने तलवार खींच ली और चेहरे पर वार किया। ढाल से वार रोक लिया गया। इधर तलवार टूट गई। ठाकुर ने सोचा, जिस तलवार से हाथियों के सूँड़ काटे, घोड़ों के पाँव काट डाले, आज वह धोखा दे गई। फिर रतिभान ने पलटकर वार किया। मुकुंद ठाकुर डोले पर ही झूल गए। उनके गिरने से पृथ्वीराज कुछ घबराए। मुकुंद ठाकुर जैसे वीर का इस अवसर पर मारा जाना बहुत दु:खद है।

पृथ्वीराज की ललकार से दिल्ली के योद्धा फिर डोले पर जूझ पड़े। दिल्ली केवल आठ कोस दूर रह गई थी। रतिभान ने बड़े-बड़े शूरवीरों को मार दिया था। पृथ्वीराज को चिंतित देखकर कान्ह देव आगे बढ़े। उन्होंने कहा, ''चिंता मत करो, जब तक शरीर में प्राण है, युद्ध से पीछे नहीं हटूँगा।'' कहते हुए कान्ह देव ने अपना हाथी आगे बढ़ा दिया। कान्ह देव ने फिर डोला खेत में रखवा लिया और युद्ध होने लगा। रतिभान ने सांग उठाकर मारी। कान्ह देव ने ढाल अड़ा दी और वार बचा लिया। रतिभान ने फिर अपनी तलवार से वार किया। कान्ह देव की ढाल फट गई और मस्तक पर घाव लगा। फिर कान्ह देव ने पृथ्वीराज को चेताया। बोले, ''मेरे मस्तक पर टाँके लगाकर पट्टी कर दो, मैं अभी युद्ध करूँगा।'' तब पृथ्वीराज ने कमान खींची और तीर चलाया। फिर कान्ह देव रतिभान से जा भिड़े। कान्ह देव की तलवार का वार अब की बार खाली न गया। रतिभान का शरीर निष्प्राण होकर गिर गया। तब तक डोला दिल्ली के मुख्य द्वार पर पहुँच गया। अब चंद कवि, पृथ्वीराज और जयचंद ही जीवित बचे। दोनों तलवार खींचकर झपटने को तैयार थे तो संयोगिता ने डोले से बाहर निकलकर अपने पिता जयचंद से हाथ जोड़कर विनती की—''अब बहुत हो चुका। राजा पृथ्वीराज मेरे स्वामी हैं। इन पर हाथ उठाना मुझे विधवा बनाना है।'' जयचंद रुक गया तो संयोगिता ने पृथ्वीराज से भी विनती की, ''मेरे पिता पर भी अब वार मत करो। डोला दिल्ली पहुँच गया। अब आप इन्हें कन्नौज लौट जाने दें।''

राजा जयचंद कन्नौज के लिए वापस चल पड़े। संयोगिता का डोला महल में उतर गया। राजमहल में संयोगिता का भव्य स्वागत किया गया।

यदि संयोगिता यही विनती अपने पिता से पहले कर देती तो इतने वीर न मरते। इतने परिवार बरबाद न होते। झूठी शान के लिए इतनी सेना को मरवाना कहाँ तक उचित हैं! वह जमाना ही शान दिखाने का था। उन्हें जनता के दु:ख-दर्द की परवाह नहीं थी, जबकि सेना उनके लिए प्राण देने में जरा भी नहीं हिचकती थी। □

बनाफरों का महोबा प्रवेश

मांडौगढ़ के राजा जब्बेराय बघेलवंशी राजपूत थे। उनका पुत्र करिया राय वीर ही नहीं, चतुर-चालाक भी था। ज्येष्ठ मास के दशहरा पर हर साल गंगा घाटों पर मेले लगते हैं। जाजमऊ घाट पर भी मेला लगता है। वहाँ भी आस-पास के राजा-रईस गंगामाता की जय-जयकार करते हुए स्नान करने आते हैं। करिया राय ने अपने पिता से जाजमऊ मेले में जाने की अनुमति माँगी। राजा ने कहा, ''मेले में जाना ठीक नहीं होगा। वहाँ कन्नौज का राजा जयचंद भी आएगा। हमने उससे कर्जा लिया था और पिछले बारह वर्ष में एक रुपया भी नहीं चुकाया। वह तुम्हें मेले में अपमानित कर सकता है।'' करिया राय को ही करिंघा राय भी कहा जाता था। वह बोला, ''हे दादा! आप मुझे जाने दें। राजा जयचंद से सामना हो भी गया तो मैं अपनी चतुराई से पूरा कर्ज ही माफ करवा लूँगा।'' जब्बे राय ने गंगास्नान पर जाने की अनुमति दे दी। करिया राय तब अपने महल में गया और अपनी प्यारी बहन बिजैसिनी को गंगास्नान करने जाने का समाचार दिया। बहन ने कहा, ''मेले में तो मैं नहीं जाऊँगी, परंतु मेरे लिए मेले से कुछ ऐसा उपहार लाना, जो बहुमूल्य हो और जीवन भर याद रहे।'' करिया ने बहन से उपहार लाने का वायदा किया और जाजमऊ गंगा घाट को चल पड़ा।

जाजमऊ जाकर गंगास्नान किया, फिर ब्राह्मणों को दान दिया। गंगास्नान पर मेले में बाजार लगने की भी परंपरा है। लोग अपने काम की तथा अपनी पसंद की चीजें मेले से खरीदकर ले जाते हैं, ताकि याद बनी रहे। परिवारजनों तथा मित्रों के लिए उपहार भी ले जाते हैं। करिया राय को भी बहन के लिए उपहार खरीदने की याद आई। उसने सोचा कि हीरों जड़ा नौलखा हार उपहार में दिया जाए तो कैसा रहे! बाजार में बार-बार घूमा, पर असली हीरोंवाला नौलखा हार कहीं नहीं मिला। इसी दौरान करिया राय की भेंट माहिल राय से हो गई। जब माहिल को पता चला

कि करिया नौलखा हार की तलाश में है तो उसने चुगली लगाई, ''राजा होकर बाजारों में हार खोज रहे हो। जिनके यहाँ हार हो, अपनी शक्ति से छीनकर ले आओ।'' करिया तो उत्पाती था ही, बोला, ''अरे! यह तो पता चले कि नौलखा हार मिलेगा कहाँ? फिर तो उसे उड़ा लाना मेरा काम है।'' माहिल ने बताया, ''महोबा में राजा परिमाल की रानी मल्हना के पास हीरों जड़ा नौलखा हार है। जाओ छीन लाओ।'' करिया राय को तो मानो पंख लग गए। वह तुरंत महोबा के लिए चल पड़ा। सेना तो साथ होती ही है।

एक गाँव में रहिमल, टोडरमल, दस्सराज तथा बच्छराज चार भाई रहते थे। वे बक्सर के रहनेवाले थे। इनका वनवासी होने के कारण बनाफर गोत्र था। इनके पास ही बनारस का रहनेवाला ताल्हन रहता था, जिनके नौ पुत्र और अठारह पौत्र थे। जयचंद की रियासत में इनके साथ कुछ झगड़ा हो गया। आपसी विवाद को निपटाने के लिए दोनों परिवार जयचंद के दरबार जाने के लिए चले। वे महोबा जा पहुँचे। वहाँ उन्होंने किसी राहगीर से कन्नौज जाने का मार्ग पूछा। राहगीर ने जाने का कारण पूछा तो उन्होंने दोनों परिवारों का आपसी विवाद सुलझाने की बात बताई। यात्री ने कहा, ''कहाँ जयचंद को खोज रहे हो, यहीं महोबा में महाराज परिमाल के पास चले जाओ।'' दोनों परिवारों को सुझाव अच्छा लगा। महोबा के द्वार पर राहगीरों के लिए ठहरने के लिए कमरों की व्यवस्था थी। द्वाररक्षकों ने दोनों परिवारों को वहीं ठहरा दिया और कहा, ''राजा परिमाल को समाचार भेज देते हैं। जब तक वे दरबार में बुलाएँ, आप यहाँ प्रेम से रहिए। भोजन का प्रबंध राजा की ओर से होता है। आप लोगों को कोई असुविधा नहीं होगी।'' द्वाररक्षकों की बात सुनकर दोनों परिवार वहीं ठहर गए।

इधर करिया राय उरई नरेश माहिल के बहकावे में आकर महोबा पहुँचा। उसने प्रवेश करना चाहा तो द्वारपालों ने रोक दिया। वह तो राजमहल में लूट के विचार से आया था। अत: सोचा, पहले यहीं से आतंक फैलाना शुरू करूँ तो आगे तक सब डर जाएँगे। दस्सराज और बच्छराज भी बनाफर राजपूत थे। उन्होंने सोचा, ''तीन दिन से हम यहाँ राजा के मेहमान बने हैं। उस पर किसी डाकू का आक्रमण हो तो हम चुपचाप कैसे देखते रह सकते हैं।'' उधर ताल्हन सैयद ने भी अपने पुत्रों-पोत्रों को तैयार किया। करिया राय के पास घुड़सवार और हाथी भी थे, परंतु फिर भी वह अपने लूट के कुकर्म में सफल नहीं हुआ। बनाफर भाइयों तथा ताल्हन मियाँ ने उन्हें मारकर भगा दिया। करिया राय अपनी सेना मरवाकर वापस चला गया। राजा परिमाल के महलों में इस घटना का पता चला तो उन्होंने राजदरबार में

बुलाकर उन सबका सम्मान किया। रानी मल्हना ने राजा परिमाल से कहा, "राजन! आपने तो युद्ध से हाथ खींच लिये। शस्त्र सागर को समर्पित कर दिए। यदि कोई शत्रु आक्रमण कर दे तो बिना नायक के सेना कैसे लड़ सकेगी?" राजा ने कहा, "वैसे भी अब मैं युद्ध करना ही नहीं चाहता। तुम्हारे भाई तो कोई सहायता करते नहीं हैं।" मल्हना ने कहा, "ये जो बनाफर लड़के दस्सराज-बच्छराज हैं, इन्हें अपनी सेवा में रख लो। सेना में बड़े पद दे दो। ताल्हन मियाँ को भी यहीं रख लो।" राजा को सलाह पसंद आई। राजा ने उनको बताया तो वे भी प्रसन्न हो गए। विवाद छोड़कर महोबे में ही रह गए। पहले तो राजमहल में ही रहे, फिर राजा ने उनके लिए अलग महल बनवा दिया। ताल्हन को सेनापति बना दिया। दस्सराज-बच्छराज को भी सेना में ऊँचे पद दे दिए। वे अब महोबा निवासी बन गए। मल्हना ने उनका विवाह भी अच्छे राजपूत कन्याओं से करवा दिया।

दस्सराज की पत्नी दिवाला के गर्भ से आल्हा का जन्म हुआ, जो महान् वीर तथा धर्मराज युधिष्ठिर का अवतार है। बच्छराज की रानी ब्रह्मादे के गर्भ से मलखान का जन्म हुआ, जो सहदेव के अवतार माने जाते हैं। स्वयं रानी मल्हना के उदर से ब्रह्मानंद ने जन्म लिया, जो वीर अर्जुन के अवतार थे। रतिभान की रानी तिलका ने लाखन को जन्म दिया, जो नकुल के अवतार है। इस बार रानी दिवला ने ऊदल को जन्म दिया, जो महाबली भीम का अवतार है। दस्सराज और बच्छराज बनाफरवंशी थे, परंतु चंदेले राजा परिमाल को पूरा आदर देते थे। राजा परिमाल के लिए वे पूरी निष्ठा से रण में जूझने को तैयार रहते थे। राजा ने अपने चंदेरी के राज्य और महोबे में आकर रहने की कहानी उन्हें सुना दी। माहिल और भौपति उनके सगे साले हैं, यह भी बता दिया। वे दोनों तन-मन से राजा की सेवा में लगे रहते। कुछ दिन बाद ताल्हन सैयद बनारस लौट गया और दस्सराज सेनापति बन गया।

माहिल का मन बरसों बाद भी परिमाल से बदला लेने को मचलता था। बहन का भी वह भला नहीं चाहता था। एक बार फिर उसने करिया राय को महोबा पर आक्रमण करने के लिए उकसाया। उसे बताया कि ताल्हन बनारस चला गया है। दस्सराज-बच्छराज अलग महल में रहते हैं। राजा परिमाल शस्त्र नहीं उठाते। अतः अब महोबा पर आक्रमण करो और बहन मल्हना का नौलखा हार व अन्य आभूषण लूट ले आओ। करिया राय ने भारी फौज लेकर महोबा पर आक्रमण कर दिया। आधी रात में दस्सराज व बच्छराज को सोते से उठा ले गया और हाथ-पाँव बाँधकर सिर काट दिए। इतना ही नहीं, वीरों के सिर उस दुष्ट ने वट वृक्ष पर लटका दिए, ताकि सबको पता चल जाए कि अब महोबा के रक्षक वीर नहीं रहे।

महोबा में हाहाकार मच गया। रानी मल्हना और चंदेला परिवार की सभी रानियाँ रोने लगीं। राजा परिमाल लाचार होकर गिर पड़े। जब वश नहीं चलता तब रोना ही शेष रह जाता है। ताला सैयद बनारस से वापस लौटे तो महोबा का हाल देखकर बहुत दुःखी हुए। सैयद ने एक बार तो मांडौगढ़ पर चढ़ाई करने की सोची, परंतु बाद में दिवला की सलाह मान ली। दिवला ने कहा, ''तुम इन सब बच्चों को पालो और मजबूत बनाओ। समय आएगा तो वे स्वयं ही बदला ले लेंगे।''

इस घटना के तीन महीने बाद ही दिवला ने ऊदल को जन्म दिया। दिवला ने बाँदी से कहा कि इसे कहीं फेंक दे। इसके जन्म के कारण ही इसके पिता की मृत्यु हुई है। बाँदी ने रानी मल्हना को बालक देकर सारी बात बताई तो रानी ने उस बालक को अपने पास ही रख लिया। आल्हा और ब्रह्मानंद के साथ ऊदल का भी पालन-पोषण रानी मल्हना ने स्वयं किया। राजा परिमाल ने पंडित बुलाकर उस बालक का भविष्य पूछा। ज्योतिषी ने बताया कि बालक बहुत बलवान होगा। इसका माथा, छाती और नयन सभी आकर्षक हैं। यह शूरवीर और प्रभावशाली होगा। राजा परिमाल ने प्रसन्नतापूर्वक पालन-पोषण करने के लिए उसे रानी मल्हना को दे दिया। मल्हना ऊदल और ब्रह्मा दोनों को अपनी छाती का दूध पिलाती थी। उसने दोनों को अपना ही पुत्र माना। पहले बताया जा चुका है कि जस्सराज की पत्नी देव कुँवरि के एक पुत्र अभुक्त मूल नक्षत्र में उत्पन्न हुआ था, जिसका भविष्य पूछने पर मालूम हुआ कि वह पिता के लिए अशुभ है, अतः परिमाल ने उसे बाँदी को पालने को दे दिया। एक बार वह गंगास्नान के मेले में गई थी तो पृथ्वीराज ने उस बालक को उठवा लिया। बाद में अपने भाई कान्ह देव को गोद दे दिया, क्योंकि उसकी संतान नहीं थी। बाद में वह देवपाल और धाँधू नाम से प्रसिद्ध वीर हुआ।

रानी मल्हना सब लड़कों को बहुत प्यार करती थी। एक बार महोबा में गुरु अमरनाथ पधारे। मल्हना अपने साथ दिवला और ब्रह्मा रानी को लेकर अमरनाथजी महाराज की सेवा में पहुँची। आल्हा, ऊदल, ब्रह्मानंद, मलखान, ढेवा आदि सबको गुरु अमरनाथजी के चरणों में प्रणाम करवाया। रानी ने कहा, ''आप इन्हें अपना दास जानकर अपनी शरण में लेकर आशीर्वाद दीजिए।'' गुरु अमरनाथजी ने आल्हा की पीठ ठोंकते हुए कहा, ''सदा विजयी रहोगे। सभी बड़े योद्धाओं पर विजय प्राप्त करोगो।'' फिर ऊदल की पीठ ठोंकी, बोले, ''इस लड़के का शरीर वज्र का होगा, जिस पर हथियार भी असर नहीं करेगा।'' फिर मलखान पर हाथ फिराते हुए उसका शरीर वज्र करने लगे, तब ब्रह्मानंद ने कहा, ''महाराज! आप शिष्यों के पाँव न छुएँ।'' गुरु अमरनाथजी ने कहा, ''रानी! इनकी सारी काया वज्र की हो गई,

बस पाँव रह गए। पाँव में ही मृत्यु का कारण रहेगा। यदि पाँव के तलवे में शस्त्र लग गया तो यह नहीं बचेगा।'' फिर ब्रह्मानंद और सुलिखे पर हाथ फेरा। मलखान ब्रह्मानंद के तो पाँव में जन्मजात पद्‌म का चिह्न है, उसके फटने से पूर्व उसे कोई नहीं मार सकता। सातों लड़के ताला सैयद से युद्धकला सीखने लगे। मल्हना रानी स्वयं सबके खाने और खेलने का ध्यान रखती। इसी प्रकार सबके शरीर और बल में निरंतर विकास होता रहा।

मल्हना ने फिर सातों कुमारों के लिए अच्छी नस्ल के घोड़े मँगवाए। उन्होंने आल्हा को हरिनाग नाम का ऊँची रास का घोड़ा पकड़ाया। राजकुमार ब्रह्मानंद को करिलिया नाम की घोड़ी पकड़ाई। कबूतरी घोड़ी मलखान को मिली। ऊदल को वैंदुल घोड़ा सौंपा। ढेवा को मनुरथा घोड़ा मिला। सुलिखे को हिरोजिनी घोड़ी तथा रणजीत को भी हिरोजिनी घोड़ी दी गई। मल्हना रानी ने सब राजकुमारों को अगले दिन सुबह दंडक वन में आखेट के लिए जाने का आदेश दिया, ''जो हिरन का शिकार करके लाएगा, उसे मैं अपना सच्चा पुत्र मानूँगी।'' यह कहकर उन सबमें जोश भर दिया, ताकि वे जी-जान से जुट जाएँ।

अगले दिन सवेरे ही सातों लड़के शिकार खेलने गए। दिन भर कोई शिकार नहीं मिला। सब परेशान थे। तब ऊदल को एक हिरन मिला। उसने अपना वैंदुल घोड़ा हिरन के पीछे भगाया। हिरन दौड़ते-दौड़ते उरई के इलाके में जा पहुँचा और बाग में घुस गया। ऊदल भी घोड़े सहित बाग में जा घुसा। हिरन को खोजते हुए ऊदल ने बाग में प्रवेश कर लिया। हिरन तो कहीं छिप गया, पर बाग में बहुत सा नुकसान हो गया। माली इकट्‌ठे हो गए। ऊदल को रोककर उन्होंने पूछा, ''तुम कौन हो, कहाँ से आए हो ? हमारे स्वामी माहिल ठाकुर को पता चलेगा तो तुम्हारा घोड़ा छीन लिया जाएगा।'' ऊदल ने अपना परिचय दिया, ''मेरा नाम ऊदल है। महोबा से आया हूँ। जहाँ के राजा परिमाल राय हैं। आल्हा का छोटा भाई हूँ। किसी में इतनी हिम्मत नहीं, जो मेरा घोड़ा छीन ले।'' इतना कहकर ऊदल ने घोड़ा महोबा की ओर मोड़ दिया और शाम होते-होते महोबा पहुँच गए। दूसरे दिन फिर सारे लड़के घोड़ों पर चढ़कर वन में शिकार के लिए निकले। सबने मिलकर हिरन का शिकार किया और लाकर राजा परिमाल व रानी मल्हना के सामने रख दिया। दोनों बहुत प्रसन्न हुए। उन्हें विश्वास हो गया कि लड़के मांडौगढ़ के करिया राय से बदला लेने में समर्थ हो गए हैं। सबने आनंद मनाया और नित्य युद्ध का अभ्यास करने लगे।

□

मांडौगढ़ की लड़ाई

सातों लड़के वीर थे, परंतु ऊदल कुछ विशेष था। वह अपने वेंदुल घोड़े पर सवार होकर दूर-दूर तक दौड़ लगाता था। हिरण के पीछे दौड़ता हुआ उरई के एक बाग में जा घुसा था। तब उरई नरेश ने राजा परिमाल के पास शिकायत करते हुए पत्र भेजा था। एक दिन फिर ऊदल घोड़ा दौड़ाते हुए उरई के किसी गाँव में जा पहुँचा। महिलाएँ कुएँ पर पानी भर रही थीं। ऊदल ने घोड़े को पानी पिलाने को कहा। उन्होंने पूछा, ''तुम कहाँ के राजकुमार हो, यहाँ किसकी इजाजत से घुस आए?'' ऊदल ने अपना परिचय दे दिया, ''मैं आल्हा का छोटा भाई हूँ। महोबा के राजा परिमाल का राजकुमार हूँ।'' कुएँ पर माहिल की बाँदी भी थी। वह बोली, ''तुम जो भी हो, अभी वापस भाग जाओ। राजा माहिल को पता चलेगा तो तुम्हारा घोड़ा भी छीन लिया जाएगा और सजा मिलेगी सो अलग।'' इतनी बात सुनकर ऊदल ने गुलेल से मारकर सभी पनिहारिन महिलाओं के घड़े फोड़ दिए। अपने घोड़े पर सवार होकर महोबा की ओर चला आया। बाँदी ने माहिल से जाकर नमक-मिर्च लगाकर शिकायत की।

इस बार माहिल ने पत्र लिखा तो बड़ा व्यंग्य भरा था। प्रणाम के पश्चात् घटना का वर्णन करते हुए कहा, ''तुम्हारे घर जो ऊदल नामक अनाथ लड़का (टहुआ) रहता है, वह स्वयं को बड़ा बहादुर समझता है। उसने उरई में आकर स्त्रियों से छेड़छाड़ की, सबके घड़े फोड़ दिए। उसमें इतना बल है तो मांडौगढ़ में जाकर बाप का बदला क्यों नहीं लेता, उसके बाप और ताऊ की खोपड़ियाँ वहाँ बरगद पर टँगी हैं। तुम्हारी रानी का जो नौलखा हार छीनकर ले गया। वहाँ करिया राय पर अपनी शक्ति दिखाए। यहाँ उरई में आकर क्यों उत्पात मचाता है?'' पत्रवाहक पत्र लेकर महोबा में जा पहुँचा। राजा परिमाल के दरबार में जाकर प्रणाम किया और पत्र सौंप दिया। राजा ने पत्र सभा में पढ़कर सुनवाया।

राजा परिमाल ने भी तुरंत जवाब लिखा, ''माहिल! ये लड़के (आल्हा, ऊदल, ब्रह्मानंद, मलखान आदि) जैसे मेरे लिए हैं, वैसे ही तुम्हारे लिए भी हैं। जितने घड़े ऊदल ने फोड़े हैं, उतने सोने के कलश भिजवा देता हूँ। मांडौगढ़ की बात मत करो। जिस लड़के की शिकायत कर रहे हो, वह दस्सराज का ही पुत्र है। यदि वह सुनेगा तो मांडौगढ़ पर अभी चढ़ाई कर देगा। वह अभी किशोर है। जवान होने पर तो बदला लेने जाएगा ही।'' पत्र को लेकर धामन (पत्रवाहक) उरई पहुँच गया। माहिल ने पत्र पढ़ा। इस घटना को अभी तीन महीने ही बीते थे कि हिरणों का पीछा करते हुए ऊदल फिर उरई जा पहुँचा। हिरणों के एक जोड़े का ऊदल ने शिकार कर लिया, पर बगिया तहस-नहस कर डाली। माहिल के पास शिकायत पहुँची तो माहिल ने तुरंत ही वहाँ अभई को भेजा। वह जाकर बोला, ''यहाँ ऊधम क्यों मचा रखा है? जल्दी यहाँ से भाग जा, नहीं तो घोड़े से नीचे गिरा दूँगा।''

ऊदल को इतना सुनकर क्रोध आ गया। घोड़े से उतरकर अभई के पास पहुँचा। एक दाव मारकर अभई को भूमि पर गिरा दिया। फिर एक झटका दिया और वैंदुल पर सवार होकर हिरणों की जोड़ी लेकर महोबा की ओर रवाना हुआ। माहिल को अभई की बाँह टूटने और बगिया को नष्ट करने की सूचना मिली तो उसे भारी गुस्सा आया। माहिल अपनी घोड़ी पर चढ़कर तुरंत महोबा के लिए चल पड़ा। राजा परिमाल का दरबार लगा था। राजा तो माहिल का हाल पूछ रहे थे, परंतु माहिल ने ऊदल की शिकायत शुरू कर दी, ''ऊदल इतने बहादुर हो गए तो क्यों न मांडौगढ़ जाकर युद्ध करते? जहाँ करिया राय ने दस्सराज और बच्छराज का सिर काटकर बरगद पर लटका दिया था। तुम्हारा धनमाल और नौलखा हार लूटकर ले गया था। बार-बार उरई में आकर क्यों उत्पात मचाता है?'' राजा परिमाल बोले, ''माहिल! जो भी हानि ऊदल ने पहुँचाई है, मैं उसका दुगुना धन एवज में देने को तैयार हूँ, पर मांडौगढ़ की बात मत करो। यदि ऊदल के कान में पड़ गई तो वह अभी मांडौगढ़ जा पहुँचेगा। ऊदल को मरने से डर नहीं लगता। हम जब ठीक समझेंगे, तब करिया राय से निबट लेंगे।''

तब तक ऊदल के कान में बात पड़ ही गई। वह दरबार में आ पहुँचा और बोला, ''दादा! मुझे बताओ, वह मांडौगढ़ का करिया राय कौन है, हमारे पिता और चाचा की खोपड़ियाँ कहाँ टँगी हैं? जल्दी सारी बात बताओ।'' परिमाल ने बात बदली, ''पैरागढ़ की लड़ाई में तुम्हारे पिता रण में मारे गए थे। उसी गढ़ का दूसरा नाम सिलहट है।'' तब ऊदल ने माहिल से ही पूछा, ''आपने मांडौगढ़ की चर्चा की है तो आप खुलकर सारी घटना बताओ।'' माहिल ने उत्तर दिया, ''सब

घटना तुम्हारी माता दिवला को पता है, जाकर उसी से पूछो।'' ऊदल यह सुनकर क्रोध से काँपने लगा, पसीने से तर हो गया और आँखें लाल हो गईं। मामा माहिल को ललकारकर बोला, ''मैं अवश्य अपने पिता का बदला लूँगा। उस करिया राय का सिर अपने हाथ से काटूँगा।'' फिर ऊदल अपनी माता दिवला के पास गया और घटना की सच्चाई पूछी। माँ से कहा, ''सच बताओ, यह करिया राय कौन है, उसने हमारे पिता को क्यों मारा? यदि अपने पिता का बदला नहीं लिया तो हमारे जीवन को धिक्कार है।'' माता अभी ऊदल को युद्ध के लिए भेजने को तैयार नहीं थी, परंतु ऊदल ने तलवार निकाल ली और कहा, ''या तो सच बता दो अन्यथा मैं आत्महत्या कर लूँगा।'' तब विवश होकर दिवला ने बताया—''जंवे का राजकुमार करिया राय महोबे पर आधी रात को चढ़ आया। इससे पहले भी वह आक्रमण करने आया था, तब तुम्हारे पिता, चाचा और ताल्हन ने मारकर भगा दिया था। वह अपनी उसी हार का बदला लेने दोबारा आधी रात को आया और सोते हुए दोनों वीरों को बाँध ले गया। अपने यहाँ उनके सिर काटकर बरगद पर लटका दिए। यहाँ से मल्हना रानी के गहने और नौलखा हार भी ले गया। वह राजकुमार नहीं, लुटेरा है।''

माता की बात सुनकर ऊदल बोले, ''मैं अपने पिता और चाचा का बदला अवश्य लूँगा। मांडौगढ़ को खोदकर तालाब बना दूँगा। करिया राय का सिर काट दूँगा। उसका वंश ही मिटा दूँगा।'' इस पर देवी ने कहा, ''बात ठीक है। मैं भी यही चाहती हूँ, परंतु अभी घर में बैठो। मांडौगढ़ को जीतने का समय अभी नहीं आया। गढ़ मांडौ से पहले बारह कोस का बीहड़ जंगल है, फिर लोहागढ़ का भयानक किला है। अभी तुम्हारी उम्र कम है। अनुभव भी नहीं है।'' ऊदल बोला, ''जब से सुना है, मेरे मन में आग लगी है। जब तक बदला नहीं ले लूँगा, मैं आराम से बैठ नहीं सकता।'' माता दिवला ऊदल को लेकर रानी मल्हना के पास गई और सारी बात बताकर कहा कि ऊदल को आप समझा सकती हैं। मल्हना ने बड़ी चतुराई से ऊदल को समझाने का प्रयत्न किया, परंतु उसने कुछ भी मानने से इनकार कर दिया। तब रानी मल्हना ने विचार किया कि ऊदल को मांडौगढ़ जाने की अनुमति दे देनी चाहिए। फिर तो रानी मल्हना ने अनुमति के साथ विजयी होने का आशीर्वाद भी दिया। फिर माता ऊदल को साथ लेकर आल्हा के पास गई। वहीं पर सैयद ताल्हन भी बैठे थे। दिवला बोली, ''आप हमारे जेठ लगते हैं। आपका भतीजा ऊदल हमारी बात नहीं मान रहा। यह मांडौगढ़ जाने को मचल रहा है। आप इसकी रक्षा के लिए साथ जाओ।'' आल्हा ने भी समझाने का प्रयास किया

कि ''अभी अनुभव की कमी है। ऐसा नहीं कि पिताओं की तरह हमारी खोपड़ी भी बरगद पर टाँग दी जाएँ।'' ऊदल ने कहा, ''अब हम बदला लेने में समर्थ हैं तो क्यों न लें? जहाँ तक मृत्यु की बात है तो जब आएगी तो सात तालों में भी नहीं छोड़ेगी और नहीं आई तो कोई नहीं मार सकता। अब जल्दी से कुछ फौज साथ लो और मांडौगढ़ पर चढ़ाई करो। आप में से कोई न जाना चाहे तो मैं अकेला ही जाता हूँ।'' ऊदल की बात सुनकर मलखान ने कहा, ''चिंता मत करो, मैं तुम्हारे साथ चलूँगा।'' फिर ऊदल ने ताला सैयद से कहा, ''चाचाजी! आपने हमें पाला और सँभाला है। आप ही रास्ता बताओ, जिससे हम अपने उद्देश्य में सफल हों।'' ताला सैयद ने उत्तर दिया, ''बेटा ऊदल! जब तक बनारसवाला ताला सैयद जीवित है, तब तक तुम्हें चिंता करने की क्या जरूरत? जहाँ मोरचा सबसे कठिन समझो, वहाँ मुझे लगा देना।'' अब तो सब उत्साहित हो गए। मलखान ने ढेवा (देवपाल) से कहा, ''मांडौगढ़ जाने के लिए शुभ घड़ी-मुहूर्त का पता करो।'' ढेवा ने पंचांग उठाया और ठीक समय बता दिया, साथ ही सलाह दी—''जोगियों का वेश धारण करो।'' गुदड़ी रँगवाई तथा बनवाई गईं। जगह-जगह हीरे-मोती जड़े गए। भीतर पाँचों हथियार छिपाने की जगह गुदड़ी में रखी गई। यह वेश इसलिए बनाया, ताकि मांडौगढ़ का असली हाल मालूम किया जा सके।

तब योजना बनाई कि पहले महोबा में ही अलख जगाएँ और माता दिवला और रानी मल्हना के सामने जाएँ। देखें, वे पहचान सकेंगी या नहीं। मलखान की यह योजना सबको भा गई। सैयद ताला ने सारंगी पकड़ ली। आल्हा ने डमरू उठा लिया। मलखान इकतारा बजाने लगा। ढेवा ने खंजरी बजानी शुरू कर दी। ऊदल ने बाँसुरी बजानी शुरू कर दी। सब मंडली साथ चल पड़ी और तरह-तरह के भजन, राग गाने लगी। रानी मल्हना के द्वार पर अलख जगा दिया। बाँदी ने सूचना दी कि बड़े पहुँचे हुए जोगी आए हैं। मल्हना जोगियों को देखने द्वार पर आई। मल्हना ने उन्हें नहीं पहचाना और पूछा, ''जोगी कहाँ से पधारे हैं। भिक्षा में क्या लेने की इच्छा है?'' तब ऊदल ने कहा, ''माता, धोखे में मत रहना। मेरा नाम उदयसिंह राय है। हम अपने पिता का बदला लेने मांडौगढ़ जा रहे हैं।'' माता मल्हना ने आशीर्वाद दिया। फिर वे सब दिवला के महल पर पहुँचे। माता दिवला ने भी नहीं पहचाना, बोली, ''योगियो! कहाँ से आए हो? बड़े सुंदर लग रहे हो। आज यहीं विश्राम करो और हमारा आतिथ्य स्वीकारो।'' तब ऊदल ने कहा, ''माता, हम तो तुम्हारे ही पुत्र हैं। यह देखो, चाचा सैयद हैं, इन्हें भी आप नहीं पहचान सकीं।'' तब माता दिवला ने सबको टीका करके विदा किया। सबकी पीठ ठोंकी तथा आशीर्वाद दिया। माता

दिवला ने भी मांडौगढ़ साथ चलने की तैयारी कर ली।

फिर फौज को साथ लिया। तोपें सजवाईं, हाथी और घुड़सवार सेना तैयार की और युद्ध की तैयारी करने लगे। तोपों के भी नाम मनोहर थे। कालिका तोप, संकटा तोप, सूर्य लपक्कनि, चंद्र अपक्कनि, बिजली तडपवि, किला तुडावनि, तोप लछमना, तोप भैरों—सब ले लीं। हाथी भी एक दंता, दो दंता, भोरा गज, धौला गिरि, भूरा हाथी, मुकुल मुडिया हाथी, सब पर गद्दे डलवाए और हौदे सजाए। इसी प्रकार घोड़ों के दारोगा ने घोड़े सजवा लिये। कच्छी, मच्छी, ताजी, सुस्मी, लक्खा, गर्ही, हरियल, सब्जा, सुर्खा और दरियाई घोड़े, श्याम कर्ण और सुखभावन घोड़े तैयार कर लिये। सब फौज तैयार हो गई। ऊदल तब बोले, "आप सब हमारे भाई लगते हो, कोई नौकर-चाकर नहीं हो। जिनका घर में पत्नी में मोह हो, वे हमारे साथ न चलें। हमारे साथ वे चलें, जो मरने से न डरते हों।" सैनिकों ने विश्वास दिलाया कि हम पूरी तरह साथ हैं। फिर भगवती जगदंबे का स्मरण करके पूजन करके, भगवान् शिव को पूजकर तथा कुल देवता मनिया देव को मनाकर राजा परिमाल के पास पहुँचे। राजा ने तब पीठ ठोंककर आशीर्वाद देकर उनको विदा किया। ऊदल ने विजय का विश्वास दिलाया। राजा परिमाल ने फिर कुछ स्मरण रखने योग्य बातें बताईं।

राजा परिमाल बोले, "जो रीति-नीति का ध्यान रखते हैं, उनकी कभी हार नहीं होती। पहली नीति है कि जो घायल है और हाय-हाय कर रहा है, उस पर वीर वार न करे। महिलाओं पर हाथ और हथियार न उठाए। बालकों और बूढ़ों को न मारे। डरकर भागते हुए पर पीछे से वार न करे। वीर पहली चोट कभी न करे। निर्बल और बीमार पर चोट न करे। जिसके पास हथियार न हो, उन पर किसी भी प्रकार से वार न करे। युद्ध में बढ़ने पर पाँव पीछे न हटाए तो उस वीर की जीत निश्चित होती है। युद्धभूमि में क्षत्रियों को यही रीति-नीति बरतनी चाहिए।" राजा का ऐसा नैतिक उपदेश सुनकर ऊदल ने कहा, "दादा! हम इन सब बातों का पालन करेंगे।" फिर राजा को प्रणाम करके वे सभी रानी मल्हना के पास गए। सबने रानी से हाथ जोड़कर आशीर्वाद माँगा। रानी मल्हना ने उन सबकी पीठ थपथपाई और पूछा, "अब कब तक वापस आकर मिलोगे?" ऊदल ने आठ महीने का अनुमान बताया, तब माता ने एक बार फिर विजय का आशीष दिया।

इसके पश्चात् अपनी फौज के पास पहुँच गए। ढोल-नगाड़े बजने लगे। मांडौगढ़ के लिए ऊदल की टोली फौज के साथ बढ़ने लगी। ताला सैयद सिंहनी

नामक घोड़ी पर चढ़े। उनकी दाढ़ी पेट तक लटकी हुई थी, परंतु जोश जवानों जैसा था और भी सब अपने-अपने निश्चित घोड़ों पर चढ़कर चल पड़े। उनकी सेना तीन कोस तक फैली हुई थी। तोपें, बारूद, हाथी, घोड़े और पैदल सब प्रकार की सेना जा रही थी। ढेवा ने फिर सगुन पंचांग में देखकर बताया। उनको कहा कि क्षत्रिय वेश उतारकर जोगीवाला चोला पहन लो। पाँचों योद्धा जोगी बन गए। रामनंदी तिलक लगा लिया। अपने-अपने साज सारंगी, इकतारा आदि सँभाल लिये। इसी वेश में बबूल के जंगल को पार किया और फाटक पर पहुँच गए। वहाँ तैनात रक्षकों ने परिचय पूछा। आल्हा ने उत्तर दिया, ''हमारी कुटी गोरखपुर में है। अब हम बंगाल से आ रहे हैं। देवी हिंगलाज के दर्शन के लिए जा रहे हैं। जल्दी फाटक खुलवा दो। रास्ते का खर्चा खत्म हो गया है। इसलिए नगर में भिक्षा माँगनी पड़ेगी।''

रक्षकों ने कहा, ''द्वार खोलने से पहले हम राजा की अनुमति लेने हरकारे को भेजते हैं।'' तब तक जोगियों को द्वार पर ही रुकना पड़ा। हरकारा राजा अनूपी राय के दरबार में गया। हरकारे ने जोगियों की सारी बात कह दी। राजा ने उनको नगर में प्रवेश की अनुमति दे दी। जोगी राजा अनूपी के दरबार में पहुँचे। बाएँ हाथ से प्रणाम करने पर राजा कुपित हो गया और उन्हें बाहर निकालने का हुक्म दिया। तब ऊदल ने कहा, ''राजन! दाएँ हाथ में सुमरनी (माला) से राम भजन चल रहा है। उससे भला प्रणाम कैसे करते?'' राजा की समझ में बात आ गई। राजा के दाएँ बैठे टोडरमल ने सलाह दी। साधु-संतों से न तर्क करो, न इनकी बद्दुआ लो। जो माँगें, देकर विदा करो।'' राजा ने कहा, ''जोगी अपना कुछ करतब दिखाएँ। सबने तुरंत अपने साज सँभाल लिये। ढेवा ने खंजरी बजाई और ऊदल ने बाँसुरी। मलखान ने अपना एकतारा बजाया तो आल्हा डमरू ही बजाने लगे। दाढ़ीवाले ताला सैयद ने सारंगी पर गाना शुरू किया। ऊदल मस्त होकर नाचने लगे तो राजा देख-देखकर मोहित हो गए। राजा ने उनसे कुछ दिन अपने यहाँ ठहरने का आग्रह किया। इस पर ऊदल ने उत्तर दिया, ''बहता पानी और रमता जोगी चलता-फिरता ही अच्छा रहता है। राजा ने सोने के कड़े मँगवाकर जोगी जन को भेंट किए और विदा किया।

अब जोगी दरबार से निकलकर मांडौगढ़ को चल दिए। यहाँ भी द्वार पर ठहराकर पूछा गया। यहाँ भी आल्हा ने वही उत्तर दिया कि हम बंगाल से आए हैं और देवी हिंगलाज के दर्शन के लिए जा रहे हैं। दरबानों ने जोगियों से बरसात के चौमासे में यहीं विश्राम करने की सलाह दी। ऊदल ने फिर वही कहा कि बहता पानी और रमता जोगी कहीं रुकते नहीं हैं। दरबान ने दरवाजे खोल दिए और योगियों की टोली बाजारों में घूमने लगी। जो भी नौजवान योगियों पर दृष्टि डालता, तुरत

मोहित हो जाता। महिलाएँ तो उनकी सुंदरता की आपस में चर्चा करतीं। कोई उन्हें अँगूठी देती तो कोई माला देती। पनिहारिन पानी भरना भूल गईं और जोगियों को ही देखती रह गईं। रानी कुशला की बाँदी भी उन पर मोहित हो देर तक उनके रूप-सौंदर्य में खो गई, सो लौटने में देर हुई; महलों में देर से पहुँची तो रानी कुशला ने डाँटकर देरी का कारण पूछा। बाँदी ने योगियों के नगर में घूमने की जानकारी दी तो रानी कुशला ने बाँदी को आदेश दिया कि उन्हें हमारे महल में बुलाकर लाओ। बाँदी आदर के साथ उन्हें लिवा ले आई और द्वार पर ठहराकर सूचना देने गई, तब पपीहा घोड़ा और गज पचशावद को द्वार पर बँधे देखकर आल्हा रोने लगे। पूछने पर आल्हा ने अपने पिता के घोड़े और हाथी दिखाकर बताया कि करिया राय इन्हें लूटकर ले आया था।

ऊदल ने कहा, ''आप कहें तो मैं अभी कूदकर घोड़े पर चढ़ जाऊँ और अपनी फौज में जा पहुँचूँ।'' मलखान ने कहा, ''भैया! अक्ल से काम लो। जोगी वेश में हो। धीरज रखो। इस घोड़े पर अवश्य चढ़ना, परंतु जिस दिन पिता और चाचा का बदला पूरा हो जाए।'' पाँचों आगे बढ़े तो दूसरे द्वार के पास पत्थर पीसने का कोल्हू और बरगद दिखाई पड़े। आल्हा ने बरगद पर टँगी खोपड़ियाँ भी देखीं और पहचान लीं कि यही उन दोनों की खोपड़ी हैं। आल्हा से दस्सराज की आत्मा की आभा ने कहा, ''हमें अब तक आशा थी कि एक दिन हमारे पुत्र अवश्य बदला लेंगे, पर ये तो जोगी बन गए हैं।'' यह बात सुनकर आल्हा रोने लगे। ऊदल ने पूछा तो आल्हा ने उसे खोपड़ी दिखाई। ऊदल ने खोपड़ी झट छाती से लगा ली और बोले, ''अब रोने की नहीं, खुश होने की बात है। अब तो हम बदला पूरा करने ही वाले हैं।'' तब तक भीतर से दासी लौट आई। उसे रोने का आभास हुआ तो बोली, ''सच बताओ, तुम किसी राजा के राजकुमार हो क्या? अभी राजा को सूचना देकर पकड़वाती हूँ।'' मलखान ने बात सँभाली; बोले, ''बाँदी! इस बरगद पर भूत-चुड़ैल रहते हैं, उनकी आभा डरा रही है। इसीलिए छोटे योगी को रोना आ गया।'' मलखान की बात सुनकर दासी उन्हें महल में ले गई। महल की सुंदरता देखकर वे चकित रह गए। खिड़की-दरवाजे सब चंदन की लकड़ी के बने थे। वह झील थी, जिसमें हंस के जोड़े तैर रहे थे। छज्जों पर मोर नाच रहे थे। खंभों पर रत्न जड़े हुए थे। बाँदी ने उन्हें वहीं रोककर रानी कुशला को सूचना दी।

रानी ने परदे में से पाँचों योगियों को ध्यान से देखा तो बाँदी से कहा, ''तूने धोखा दिया है, मैं अभी तुझे दंड दूँगी। ये जोगी नहीं हैं। ये तो कहीं के राजकुमार हैं। इनकी छवि ही बता रही है कि ये जोगी नहीं हैं।'' यह सुनकर ऊदल बोले

कि हमारे राज्य में सूखा पड़ गया। हमारे पिता बचपन में ही काल का ग्रास बन गए। माता ने हमें जोगियों को बेच दिया। रूप तो परमात्मा का दिया हुआ है। इसे हम छिपा नहीं सकते। रानी ने कहा, ''तुम्हारी गुदड़ी में भी हीरे-मोती जड़े हैं।'' मलखान ने जवाब दिया, ''हम राजा जयचंद की राजधानी कन्नौज से आ रहे हैं। हमारा भजन सुनकर राजा ने हमें ये गुदड़ियाँ पुरस्कारस्वरूप दी हैं।'' तब रानी ने कहा कि आप गाते-नाचते हैं तो वह हमें भी दिखाओ। फिर तो पाँचों ने अपने-अपने वाद्य-यंत्र सँभाले और गाना-बजाना शुरू कर दिया। राग-रागिनी ऊदल ने सुनानी शुरू की, फिर मस्ती में ऊदल ने नाचना शुरू किया। उनका संगीत व नृत्य देखकर सारा रनिवास मोहित हो गया, यहाँ तक कि रानी ने परदा हटा दिया। रानी ने नौलखा हार पहन रखा था, जिसे देखकर ऊदल को अपने लक्ष्य की याद आ गई। क्रोध से नयन रक्तिम हो गए। तभी ताला सैयद ने कुहनी मारकर चेताया कि यहाँ कुछ गड़बड़ मत कर बैठना, नहीं तो सबकुछ चौपट हो जाएगा और हम सब भी यहीं मारे जाएँगे।

ऊदल के नैनों में आँसू देखकर रानी ने पूछा, ''यह छोटा जोगी क्यों रो रहा है?'' सैयद ने रानी को जवाब दिया, ''बाहर बरगद पर टँगी सूखी खोपड़ियाँ देखकर यह डर गया है। इसे लगता है कि पेड़ पर भूत-चुड़ैलों का वास है।'' तब रानी ने पुराना किस्सा सुना दिया। एक दिन करिया राय ने महोबे में जाकर लूट मचाई थी। वह अपने साथ दस्सराज और बच्छराज को बाँधकर ले आया था। उन्हें पत्थर के कोल्हू में पिसवा दिया और दोनों की खोपड़ी बरगद पर लटका दी। उन्हीं की आत्मा की आभा कभी-कभी बोलती है कि महोबे में जो कोई क्षत्रिय हो, इनको ले जाकर गंगा में बहा दे और गया में जाकर इनका पिंडदान कर दे तो इनकी मुक्ति हो जाएगी। जोगियों को डरने की जरूरत नहीं। तुम महलों में अपना संगीत-नृत्य दिखाओ। आभा तुमसे कुछ नहीं कहेगी।''

जोगियों ने अपना संगीत शुरू किया। ऊदल तीन घंटे तक नाचे। रनिवास की रानियाँ, दासियाँ सब मोहित हो गईं। फिर रानी ने उनको चंदन की चौकियों पर बिठाकर पूछा, ''तुम सबने जोगी बनने का इरादा क्यों किया, तुम्हारा असल निवास कहाँ है और अब कहाँ जाने का विचार है?'' ऊदल ने बताया, ''हम बंगाल के रहनेवाले हैं। गोरखपुर में आश्रम है, गुरु गोरखनाथ के ही शिष्य हैं। अब हम हरिद्वार जा रहे हैं। वहाँ गंगा में डुबकी लगाकर हिंगलाज माता के दर्शन करने जाएँगे। इसके बाद सेतु बंध रामेश्वरम् जाएँगे।'' रानी ने कहा, ''वर्षा के चार मास यहीं गढ़मांडौ में विश्राम करिए। मेरी बेटी विजया और बेटा करिया आपकी

सेवा करेंगे। जब मांडौगढ़ से जाओगे तो छकड़ों में भरकर माल तुम्हारे साथ भेज दूँगी। राजपाट चाहिए तो राज दे देंगे। विवाह की भूख हो तो विवाह करवा दूँगी।''

मलखान ने कहा, ''रानीजी! आपकी अक्ल कहाँ मारी गई है, हम तो बंगाल से आए हैं। हमें राजपाट या विवाह-शादी से क्या लेना है, हम तो रमते जोगी हैं। जोगी और बहते पानी को कौन रोक सकता है?''

इतना कहकर जोगी चल पड़े तो रानी ने मोती-रत्नों से भरा थाल देकर कहा, ''अब तीन जन्मों तक भिक्षा मत माँगना।'' ऊदल ने एक मुट्ठी मोती लेकर सूँघे और पूछा, ''वाह! ये किस वृक्ष के फल हैं, पहले कभी नहीं देखे?'' रानी बोली, ''ये फल नहीं, मोती हैं।'' ऊदल ने उन्हें बिखेरते हुए कहा कि चोर-लुटेरे पीछे लग जाएँगे। कन्नौज की रानी ने हमें ये सुंदर गुदड़ियाँ दी हैं। आप यह नौलखा हार दे दो, ताकि तुम्हारी निशानी बनी रहे।'' तभी रानी ने बाँदी भेजकर अपनी बेटी विजया को बुलवाया। बाँदी ने जाकर विजया को योगियों के रूप का वर्णन किया तो वह समझ गई कि महोबे के राजकुमार ही जोगियों के वेश में आए होंगे। वह तैयार होकर आई। उसे देखकर ऊदल मूर्च्छित हो गया। विजया भी होश खो बैठी। रानी ने तब बाँदी से कहा, ''जा करिया राय को बुलाकर ले आ। ये जोगी नहीं, राजकुमार हैं।'' तब मलखान ने कहा, ''यह छोटा जोगी अगर मर गया तो मैं शाप दे दूँगा। अभी महल में आग लग जाएगी और राज्य भी नष्ट हो जाएगा। यह छोटा योगी तंबाकूवाले पान की पीक से बेहोश हुआ है।''

रानी ने विजया से पूछा, ''तुम्हें मूर्च्छा क्यों आई?'' तब विजया ने कहा, ''ये छोटी उम्र के योगी हैं। इन्हें क्यों सिर मुँडवाना पड़ा। यह सोचते हुए सीढ़ी पर पाँव फिसल गया।'' रानी ने कहा, ''विजया बेटी तो अब आई है, तुम लोग दोबारा अपना गाना-बजाना शुरू करो।'' फिर क्या था, जोगियों ने फिर से नृत्य-संगीत शुरू कर दिया। ऊदल की तान और नृत्य से सब रनिवासी महिलाएँ मोहित हो गईं। कोई अपनी अँगूठी, कोई माला उपहार में देने लगी। कुशला रानी ने नौलखा हार उतारकर ऊदल को दे दिया। जब जोगी चल पड़े, तो विजया ने खिड़की के पास ऊदल की बाँह पकड़ ली और अपने साथ ऊपर ले गई। उसने कहा, ''तुम महोबे के राजकुमार हो, तुम्हारा नाम उदयसिंह है। तुम छिपकर जोगी बनकर यहाँ आए हो।'' ऊदल ने कहा, ''इस शक्ल के बहुत लोग होंगे। मैं ऊदल नहीं हूँ।'' तब विजया ने बताया कि तुम माहिल के पुत्र अभई की शादी में बरात में बैंजनी पगड़ी पहनकर आए थे। हमने तुम्हें वहाँ अच्छी तरह देखा था। ऊदल मान गया कि विजया ने सही में पहचान लिया।

विजया का आग्रह था। मैं ऊदल से अभी विवाह करने को तैयार हूँ। ऊदल ने कहा, "मैं चोरी से विवाह नहीं करूँगा। पहले अपने पिता का बदला लेने के बाद ही तुमसे सारे समाज के सामने विवाह करूँगा।" विजया बोली, "आप गंगा की कसम खाओ।" ऊदल ने कसम खाकर विजया से विवाह करने का वचन दिया। फिर विजया ने बताया कि मांडौ राज्य के चार किले हैं। एक में अनूपी भाई राज करता है। दूसरे में बड़े भाई सूरजपाल का शासन है। एक में करिया राय राजा है तो लोहागढ़ में स्वयं मेरे पिता जंबै राज करते हैं। लोहागढ़ का तो मार्ग ही बहुत कठिन है। आप पहले ववुरी वन को मैदान बनाकर अपनी सेना वहाँ एकत्र करो, फिर नीतिपूर्वक योजना बनाओ।"

अब ऊदल द्वार की ओर चल पड़ा। जोगी बने सब बनाफर द्वार पर प्रतीक्षा कर रहे थे। पूछने पर ऊदल ने सच-सच बतला दिया कि उसने विजया से विवाह का वायदा कर लिया है। इस पर आल्हा और मलखान ने कहा, "पहले जिस काम के लिए आए हैं, उस पर ध्यान दो।" तब सब लोग आगे चले। चलते हुए लोहागढ़ पहुँच गए। द्वारपाल ने जाकर जंबै राजा को सूचना दी और उनके भीतर आने की अनुमति माँगी। जंबै ने उन्हें अंदर बुलवा लिया। अंदर जाकर दरबार की शोभा देखकर वे हैरान रह गए। यहाँ भी उन्होंने बाएँ हाथ से प्रणाम किया। करिया राय भी राजा जंबै के साथ बैठे थे। राजा ने जैसे ही बाएँ हाथ से सलाम करते देखा तो वह क्रोधित हो गया। ऊदल ने तुरंत कहा, "जिस हाथ से हम माला जपते हैं, उससे आपको प्रणाम करेंगे तो योग भंग हो जाएगा।" राजा यह सुनकर प्रसन्न हो गया, परंतु दूसरा प्रश्न उसने पहने हुए जड़ाऊ चोलों के विषय में पूछा। मलखान ने उत्तर दिया, "पहले हम कन्नौज गए थे। राजा जयचंद हमारा संगीत सुनकर मोहित हो गया तो उसने पाँचों के लिए मोती-रत्नों से सजाई हुई गुदड़ियाँ बनवाकर दीं। हमारे हाथों में सोने के कड़े भी पहनाए।" राजा ने तीसरा प्रश्न कर दिया, "तुम्हारे माथे पर पगड़ी का निशान नजर आ रहा है।" ऊदल ने ही बात बनाई, "हे महाराज! कन्नौज से हम महोबे आए। वहाँ हमारे तमाशे से प्रसन्न होकर आल्हा, ऊदल आदि राजकुमारों ने हमें पगड़ी और कलगी ईनाम में दी। महीनों हम उन पगड़ियों को पहने रहे, इसीलिए निशान पड़ गए।" राजा दलील सुनकर संतुष्ट हो गया और फिर अपना खेल प्रारंभ करने को कहा।

जोगियों ने अपने-अपने वाद्य-यंत्र बजाने शुरू किए। ऊदल ने कुछ देर बाँसुरी बजाई, फिर गीत-राग गाए और आखिर मस्त होकर नाचने लगे। सारा दरबार मोहित हो गया। सब कुछ-न-कुछ भेंट देने लगे। राजा जंबै ने चौकी मँगवाकर उन्हें बिठाया

और विस्तृत परिचय पूछा। मलखान ने कहा, ''हम दौलत के भूखे नहीं हैं। बंगाल के निवासी हैं तथा गोरखपुर में हमारी कुटी है। हम गुरु गोरखनाथजी के शिष्य हैं। अब गंगाजी में हरिद्वार जाकर डुबकी लगानी है, फिर हिंगलाज भवानी के दर्शन करने जाएँगे।'' राजा ने सोने का मुकुट देकर विश्राम करने का आग्रह किया। ऊदल ने वही जवाब दिया, ''बहता पानी और रमता जोगी सदा आगे बढ़ता है। आज यहाँ हैं तो कल और कहीं।'' फिर ऊदल बोले, ''हमें पता चला है कि लाखा नाम की नर्तकी आपके दरबार में है। उसके नाच की प्रशंसा हमने काशी में सुनी थी।'' राजा ने तुरंत संदेश भेजकर लाखा पातुर को बुलवाया। नाच फिर शुरू हुआ। जोगियों ने अपने साज बनाए। नाचते-नाचते लाखा जोगियों के बहुत करीब चली गई। ऊदल ने रानी से प्राप्त नौलखा हार लाखा पातुर को दे दिया। सोचा, हम उसे कहाँ लिये फिरेंगे। लाखा पातुर महोबा की है, अत: यहाँ हार सुरक्षित रहेगा। लाखा महोबे के लड़कों को पहचान गई। उन्होंने भी बता दिया कि हम पिता का बदला लेकर ही महोबा लौटेंगे। लाखा ने लाख छिपाया, पर जंबै राजा को हार दिखाई पड़ ही गया। जोगी चल पड़े थे। अपना शक मिटाने को राजा ने करिया राय को रानी कुशल के पास हार लाने को भेजा। रानी ने पहले तो कुछ बहाना बनाया, फिर सच-सच बता दिया कि उसने जोगियों के संगीत पर प्रसन्न होकर नौलखा हार ईनाम में दे दिया। जब करिया राय ने राजा जंबै को जाकर बताया तो राजा ने अपने को ठगा महसूस किया। राजा ने करिया राय से कहा, ''जल्दी जाकर जोगियों को पकड़ो। वे जोगी नहीं, महोबा के राजकुमार हैं।'' करिया राय पिता की आज्ञा से जोगियों के पीछे चला। कुछ दूर जाकर उसने आवाज देकर उन्हें रोका और वापस चलने को कहा। ऊदल बोला, ''जहाँ से आगे बढ़ आए, हम फिर लौटकर नहीं जाते।'' करिया राय ने तलवार खींच ली और रुकने को कहा। फिर तो ऊदल, मलखान, आल्हा, ढेवा, चारों ने तलवारें निकाल लीं। मलखान बोला, ''जोगियों के धोखे में न रहना, अगर एक कदम भी आगे और रखा तो जान से हाथ धो बैठोगे।'' करिया राय वापस चल दिया। उसने आकर जंबै राजा को सारी घटना बता दी और समझा दिया कि ये जोगी नहीं, महोबा के कुमार हैं। राजा जंबै ने अपने बड़े पुत्र सूरज को बुलवा लिया और फौजें सजाने के लिए कहा।

इधर पाँचों जोगी वेशधारी ववुरी वन पहुँच गए। वहीं रानी दिवला का डेरा था। माता ने सबका स्वागत किया। उन्होंने माता को मांडौगढ़ और लोहागढ़ की सारी घटना खोलकर बता दी। ऊदल ने नर्मदा नदी की कम गहराईवाली जगह का पता लगाया और बड़े भाई आल्हा को बताया कि ववुरी वन को सेना कैसे पार कर

पाएगी। नर्मदा पर मैंने बाँस गाड़कर झंडे लगा दिए हैं, वहाँ से पार करेंगे। आल्हा ने कहा, ''चंदन नामक बढ़ई को बुलाकर ववुरी वन काटने पर लगाओ।'' चंदन के साथ नौ सौ बढ़ई और लगे, परंतु ताला सैयद ने अपने सभी लड़कों को भी इस काम में लगा दिया तो चार-पाँच घंटे में सारा वन साफ हो गया। ऊदल के संकेत के अनुसार घास और छोटे पौधे घोड़ों के चरने के लिए छोड़ दिए गए। आल्हा को जब यह समाचार मिला तो वह बहुत प्रसन्न हुआ।

जंबै के राजकुमार अनूपी अपने दरबार में बैठे थे। टोडरमल भी उनके दाहिने हाथ विराजमान थे। तभी एक हरकारा दौड़ता हुआ आया और सीधे अनूपी के सामने जा पहुँचा। उसने कहा, ''महाराज! महोबा की सेना आ रही है। उसने सारा ववुरी वन काट डाला है।'' अनूपी तनकर खड़े हो गए और तुरंत अपनी सेना को तैयार होने का आदेश दिया। जितने प्रकार की तोपें उनके पास थीं, उन्हें साफ करके तैयार किया गया। हाथियों के हौदे सजाए गए। घोड़े काले, सफेद, लंबे, ऊँचे, चितुला, नकुला, सब्जा, कुब्जा, तम्खा, अरबी सब सजवाए गए। टोंडरपुर से सारी सेना सज-धजकर चल पड़ी। सैनिक तो युद्ध वस्त्र पहनकर चले ही, स्वयं अनूपी ने भी हरी वर्दी पहन ली। ऊपर कवच सहित एक अचकन पहनी, जिसमें हथियार गड़ते ही नहीं। दोनों ओर कमर पर दो पिस्तौलें लटका दी गईं। बाईं ओर ढाल और दाईं ओर तलवार लटकाई। फिर वह सुर्खा (लाल) घोड़े पर सवार हुआ। तब समरभूमि की ओर चल पड़े।

दूसरी तरफ महोबावालों की भी फौज युद्ध के लिए तैयार ही थी। वैंदुल घोड़े पर ऊदल और मनुरथा पर ढेवा चढ़े। दोनों ही अपने लश्कर में पहुँचे और डंका बजवा दिया। नर्मदा को पार करके चार घंटे में फौजें मैदान में जा पहुँचीं। ऊदल ने अपना घोड़ा आगे बढ़ाया तो अनूपी के सामने जा पहुँचा। अनूपी ने पूछा, ''कौन हो तुम, ववुरी वन क्यों कटवाया?'' ऊदल ने परिचय दिया, ''महोबावाले चंदेले राजा के हम बेटे हैं। मेरा नाम उदय सिंह राय है।'' अनूपी ने ऊदल को लौट जाने को कहा। ऊदल ने अपना इरादा स्पष्ट बता दिया कि नौलखा हार, हाथी गजशाबद, घोड़ा पपीहा, लाखा पातुर और तुम्हारी विजया का डोला लेकर जाऊँगा, साथ में करिया राय का सिर काटकर ले जाऊँगा। अपने पिता का बदला लिये बिना महोबा नहीं लौट सकता। अनूपी ने टोडरमल को आदेश दिया कि तोपें चला दो। इधर ऊदल ने भी तोपों में बत्ती लगवा दी। दोनों ओर से गोले छूटने लगे। जिस हाथी को गोला लग जाता, वह चक्कर खाकर गिर जाता। पैदल सैनिकों को भी दबाकर मार देता। चार घड़ी तक गोले चलते रहे, पर कोई दल पीछे न हटा। फिर चार कदम मैदान

रह गया। दोनों ओर सांग, भाले और तलवारें चलने लगीं। कौन किसके सामने पड़ गया और किसे कौन मार रहा है? जगह-जगह लाशें कटकर गिर रही हैं। हाथी पहाड़ से मैदान में पड़े हैं। वेंदुल घोड़े पर सवार ऊदल हर मोर्चे पर जा-जाकर कह रहा है, ''जीत के चलोगे तो महोबा जाते ही सबकी पगार दुगुनी कर दी जाएगी। तुम लोग नौकर-चाकर नहीं, सब हमारे भाई लगते हो। अनूपी की तीन लाख सेना महोबावालों ने आधी मार गिराई। अनूपी की सेना मैदान छोड़ भागने लगी। ऊदल और अनूपी राय फिर एक-दूसरे के सामने पहुँच गए। अनूपी ने खींचकर तीर चलाया, ऊदल बच गए। फिर अनूपी ने सांग उठाकर फेंकी। घोड़ा वेंदुल ने पैंतरा बदलकर ऊदल को बचा लिया। अनूपी ने कहा, ''अभी महोबा को लौट जाओ।'' अनूपी को ऊदल ने उत्तर दिया अपनी तलवार खींचकर। दोनों ओर से खटाखट तलवारें बजने लगीं। अनूपी की तलवार टूट गई, उधर ऊदल ने जो तलवार का वार किया, ढाल तो अड़ाई, पर ढाल ही कट गई। तलवार का पूरा वार अनूपी पर लगा और वह मैदान में गिर गया। तभी टोडरमल ने मोर्चा सँभाला। टोडरमल ने वार किया तो वेंदुल घोड़ा ऊपर उड़ गया। टोडमल की तलवार की मूठ हाथ में रह गई। वह बेबस खड़ा रह गया। ऊदल ने तुरंत उसे बाँध लिया और ढेवा से कहा कि इसे बाँधकर जेल में डाल दो। ढेवा टोडरमल को बाँधकर ले गया। इस प्रकार अनूपी और टोडरमल की सेना रण छोड़कर भाग गई।

□

सूरजमल से लड़ाई

सूरजमल करिया राय का बड़ा भाई था। जैसे ही सूरजमल को अनूपी के मरने का समाचार मिला, वह तुरंत अपनी सेना सजाकर युद्ध के मैदान में जा पहुँचा। उसने महोबा के वीरों को ललकारा। ऊदल तो तैयार ही थे। सूरजमल ने पूछा, "महोबा के वीर कहाँ हैं, जिन्होंने मेरे अनुज अनूपी को मार दिया। टोडरमल को बाँधनेवाला वह वीर कहाँ है?" तब तक ऊदल उसके सामने पहुँच गया। ऊदल बोला, "जो आप कर सकते हो, कर लो।" ऊदल की बात सुनकर सूरजमल ने तोपों को गोले दागने का आदेश कर दिया। महोबे की तोपें भी आग उगलने लगीं। तोपों के बाद बंदूकें चलीं और फिर सेनाएँ आमने-सामने आ गईं। महोबे के वीर दोनों हाथों से तलवार चला रहे थे। वीरों की लाशें मैदान में बिछ गईं। स्वयं सूरजमल की फौज में भगदड़ मच गई। सूरजमल ने कहा, "इन सैनिकों को क्यों मरवाते हो। आओ हम-तुम ही आपस में निपट लें।" ऊदल ने कहा, "तो करो वार। हम पहले वार कभी नहीं करते। तुम अपने मन की भड़ास निकाल लो।" सूरजमल ने तीर चलाया। तीर बचकर निकल गया। फिर तलवार का वार किया तो घोड़ा फुरती से हट गया। वार खाली गया। ऊदल ने कहा, "हमारा नौलखा हार, हाथी गजशावत और पपीहा घोड़ा दे दो और करिया राय का शीश काटकर दे दो तो हम महोबा लौट जाएँगे। हाँ, साथ में विजया रानी का डोला भी चाहिए।" यह सुनकर सूरजमल क्रोध से काँपने लगा और कसकर तलवार का वार किया, परंतु तलवार की मूठ हाथ में रह गई। तलवार टूटकर नीचे जा गिरी। सूरजमल को अपनी मौत सामने खड़ी दिखाई देने लगी। ऊदल ने उसे सुनाकर कहा, "तुम्हारा वार हमने सह लिया। अब तुम मेरा वार सँभालो।" ऊदल ने नारायण को स्मरण करके और हनुमानजी महाराज का नाम लेकर तलवार का जोरदार वार किया। ढाल तो सूरजमल ने अड़ाई, परंतु ढाल कट गई। सूरजमल भी समर में शहीद हो

गया। ऊदल के सामने सूरज के गिरते ही उसकी सेना मैदान छोड़कर भाग गई। ऊदल ने कहा, ''हम भागते लोगों पर वार नहीं करते। यह वीरों की परंपरा है।''

करिया राय से युद्ध

अनूपी और सूरज के समर में शहीद हो जाने पर धामन (पत्रवाहक) ने करिया राय को जाकर सूचना दी कि सूरजमल अब संसार में नहीं है। महोबावालों ने ववुरी वन काट दिया है। सूचना पाकर करिया राय ने तुरंत अपनी सेना को तैयार किया और नगाड़ा बजाते हुए युद्ध के मैदान में जा पहुँचा। वह पंचशावद हाथी पर सवार था। इधर ऊदल तो तैयार ही था। करिया को देखकर बोला, ''अब हम पिता की मृत्यु का बदला लेकर ही जाएँगे। पंचशावद हाथी और पपीहा घोड़ा भी लेंगे। नौलखा हार, लाखा पातुर को भी महोबा ले जाएँगे। इन सबके साथ तुम्हारी विजया का डोला भी हमारे साथ जाएगा।'' करिया राय ने भारी लड़ाई शुरू कर दी। सैनिकों को वह बार-बार उत्साहित कर रहा था। उसकी सेना में भी तोपों के साथ कई प्रकार के हाथी और घोड़े युद्ध कर रहे थे। भयंकर युद्ध हुआ। जबानी जंग में भी करिया और ऊदल परस्पर बढ़-बढ़कर बोल रहे थे। इतने में ऊदल ने भारी मार-काट मचा दी। करिया की सेना भागने लगी। तब करिया ने हाथी के सिर में जोर से अंकुश मारा तो हाथी विचर गया। उस हाथी ने जंजीर को सूँड़ से पकड़कर जोर से घुमाया। जंजीर के सामने जो आ गया, वह चोट खाकर गिरता ही चला गया। ऊदल की भी जंजीर की चोट हुई। उनका घोड़ा घायल होकर बाहर की ओर भागा। ऊदल के गिरते ही भारी हाहाकार मच गया। सेना में भगदड़ मच गई।

हरकारे ने जाकर डेरे में आल्हा को सूचना दी। आल्हा ने ताल्हन सैयद को तुरंत और सेना ले जाने का आदेश दिया। मलखान और माता दिवला को सूचना दी, साथ में कहा कि ऊदल को अकेले रण में भेजना ठीक नहीं था। मलखान ने पूरी फौज साथ ली और युद्धभूमि की ओर चला। माता दिवला भी तैयार हुई और रणभूमि में आ पहुँची। उन्होंने पंचशावद हाथी को पुचकारा और उसे दस्सराज की दुहाई दी। राजा परिमाल का वास्ता दिया। अपने द्वारा की गई सेवा की याद दिलाई तो हाथी पंचशावद ने जंजीर नीचे गिरा दी।

करिया राय भी मूर्च्छित था। वह जागा तो ऊदल को अपने पास पड़ा देखकर बहुत खुश हुआ। इतने में वीर मलखान वहाँ आ गया। मलखान ने करिया राय को ललकारा। करिया राय ने उसे महोबा लौट जाने की सलाह दी। मलखान ने कहा, ''अपने चाचाओं का बदला लेकर, गजशावद और पपीहा घोड़े, लाखा पातुर और

नौलखा तो वापस लेकर ही जाएँगे, साथ में तुम्हारी बहन विजया का डोला भी लेकर जाएँगे।'' करिया राय ने सांग उठाकर मारी। घोड़ी कबूतरी फुर्ती से दाएँ हो गई। सांग धरती पर गिर पड़ी। मलखान बाल-बाल बच गया। तब करिया ने तलवार से वार किया। मलखान ने वार ढाल से बचा लिया। फिर मलखान ने कबूतरी घोड़ी में एड़ लगाई तो करिया के हौदे में दोनों पाँव जमा दिए। हौदा आधा टूटकर गिर गया। हाथी घबराकर भूमि पर बैठ गया। इतने में मलखान ऊदल के पास पहुँच गए। बंधन खोल दिया। रूपन तब तक वैंदुल घोड़े को ले आया। ऊदल अपने घोड़े पर सवार हो गया। जब तक मलखान और ऊदल सवार हुए, तब तक महोबा की सेना भी वहाँ पहुँच गई। करिया राय को पंचशावद हाथी की बदली हुई नीयत को देखकर आश्चर्य हुआ। उसने पपीहा घोड़ा मँगवाया। फिर उस पर चढ़कर युद्ध करने लगा।

इधर रानी दिवला ने पंचशावद की आरती उतारी, तिलक किया और आल्हा से कहा कि तुम्हारे पिता का हाथी है। इस पर तुम सवार हो जाओ। आल्हा तुरंत हाथी पंचशावद पर बैठ गया। रानी दिवला ने हाथी से कहा, ''मैं इन लड़कों को तुम्हारी देखभाल में छोड़े जा रही हूँ। ज़ीतकर इन्हें साथ लाना। मैं तुम पर भरोसा करके जा रही हूँ।'' हाथी पर सवार होकर आल्हा ने कहा, ''आप सब चंदेलों की लाज रखना। हाथी पंचशावद की माता दिवला के वचन मानकर महोबा की लाज रखेगा।'' फिर तो महोबा के सैनिक दोनों हाथों से तलवार चलाने लगे। ऊदल अपने वैंदुल घोड़े पर सवार होकर सभी मोर्चों को सँभाल कर रहा था। फिर करिया राय के सामने जा पहुँचा। करिया राय को ऊदल ने ललकारा—एक बार और चोट करके अपने अरमान निकाल लो। करिया के पास ही रंगा घुड़सवार था। करिया राय ने कहा कि ऊदल तुम्हारे जोड़ का है। इसे तो तुम ही मार सकते हैं। रंगा ने तुरंत ऊदल को ललकारा। रंगा ने तलवार का जोरदार वार किया। ऊदल ने गैंडे की खालवाली ढाल से रोक लिया। लगातार रंगा ने तीन वार किए, परंतु ऊदल ने पैंतरा बदलकर सब बचा दिए।

फिर ऊदल ने ललकारते हुए अपनी तलवार से रंगा पर वार किया, रंगा धरती पर गिर गया। तभी उसका भाई बंगा सामने से ललकारने लगा। उसके चोट करने से पहले वहाँ ढेवा (देवपाल) पहुँच गया। बंगा ने ढेवा पर तलवार का वार किया। सिरोही की मूठ हाथ में रह गई और शेष टूटकर गिर गई। ढेवा ने उसे सावधान करते हुए तलवार खींचकर मारी। बंगा ने ढाल तो अड़ाई, परंतु तलवार उसे फाड़ती और कवच को भी चीरती हुई बंगा की छाती पर जा लगी। बंगा भी

धरती पर जा गिरा। करिया ने देखा कि रंगा-बंगा दोनों युद्ध में मारे गए। अतः करिया ढेवा से जूझने जा पहुँचा। उसने गुर्ज उठाकर ढेवा पर फेंका। ढेवा ने फुर्ती से घोड़ा तीन कदम पीछे हटा लिया। गुर्ज धरती पर जा गिरा। तब तक ऊदल ने अपना घोड़ा आगे बढ़ा दिया।

ऊदल ने बढ़कर करिया राय पर वार किया। करिया ने फर्ती से दाईं ओर हटकर चोट बचा ली। फिर उसने गुर्ज उठाकर ऊदल पर फेंका। ऊदल भी बाएँ हटकर बच गया और गुर्ज धरती पर जा गिरा। ऊदल ने तब मलखान से कहा कि करिया को मारने में इतनी देर क्यों लगा रहे हो? तब करिया राय ने अपनी कमान से तीर खींचकर मारा। वीर मलखान की घोड़ी कबूतरी हट गई और वार खाली गया। बिना देरी किए करिया ने सांग उठाकर मलखान पर फेंकी, पर कबूतरी (घोड़ी) तो फुर्ती से फिर हट गई। सांग जमीन पर जा पड़ी। तुरंत ही करिया ने तलवार का वार कर दिया तो कबूतरी उछलकर उड़ गई। मलखान फिर भी बच गया। तब मलखान ने ललकारकर कहा, "तुम्हारे सब हथियार झूठे पड़ गए हैं, अब तुम्हारा काल सामने आ गया है।" करिया ने कहा, "अभिमान मत करो, अब जल्दी ही तुम्हारा काल पहुँच रहा है।" तब मलखान बोला, "तुम्हारे वश में मुझे मारना है ही नहीं। मेरा जन्म पुष्य नक्षत्र में हुआ है। गुरु बृहस्पति मेरी कुंडली में बारहवें स्थान पर हैं। मुझे मारने को काल भी नहीं आ सकता।" करिया राय ने तुरंत बंदूक उठा ली और गोली चला दी। मलखान गोली का वार झेल गया। फिर ललकारा, "अब तुम मरने को तैयार हो जाओ।" उसने नारायण को याद करके बजरंगबली की जय बोलकर, मनिया देव को शीश नवाकर जो तलवार की चोट की तो करिया राय धरती पर गिर गया। ऊदल ने घोड़े से उतरकर करिया राय का कटा हुआ सिर उठा लिया। सिर ले जाकर ऊदल ने आल्हा को दिखाया और कहा, "माता मल्हना की व्यग्रता दूर करने के लिए करिया राय का यह शीश महोबा भिजवा दीजिए। वे बेसब्री से युद्ध का परिणाम जानने की प्रतीक्षा कर रही होंगी।" आल्हा ने तुरंत रूपन को बुलाया और महोबा जाने को कहा, "करिया राय का कटा शीश महोबा पहुँचा दो। उनको धीरज देकर तुरंत लौटकर महोबा के हाल हमें भी बताओ।" रूपन ने तुरंत करिया के कटे सिर को लिया और महोबे को चल दिया।

इधर महोबे में रानी मल्हना और तिलका मांडौगढ़ से कोई समाचार न मिल पाने से दुःखी थीं। तब वहाँ माहिल पहुँच गया। उसने मल्हना बहन से हाल-चाल पूछा, मल्हना ने राजकुमारों के न लौटने की चिंता जताई तो माहिल ने कहा,

"बहन! अब लड़के तो लौटकर नहीं आएँगे। मांडौगढ़ से एक हरकारा आया था। उसने समाचार दिया कि सारे लड़के युद्ध में मारे गए।" मल्हना इतना सुनते ही गिरकर मूर्च्छित हो गई। तिलका भी यह सुनकर विलाप करने लगी। जब राजा परिमाल ने यह समाचार सुना तो उन सभी का रो-रोकर बुरा हाल हो गया। सारे महल में हाहाकार मच गया।

अगले ही दिन रूपन राजा परिमाल के दरबार में जा पहुँचा। उसने जैसे ही सलाम किया तो राजा ने कुमारों की कुशलक्षेम पूछी। रूपन ने कहा, "सब राजकुमार और माता दिवला बिल्कुल ठीक हैं। करिया राय को मारकर पिता का बदला ले लिया है और उस पापी का सिर दिखाने को मुझे महोबा भेजा है।" तब रूपन ने सिर दिखाया। करिया राय का चेहरा पहचान कर परिमाल बहुत प्रसन्न हुए। उन्होंने रूपन से कहा, "जल्दी जाकर रनिवास में यह समाचार दो। देर हुई तो अनर्थ हो जाएगा।" रूपन ने पालकी रनिवास की ओर मोड़ दी। रानी मल्हना पालकी देखकर ही घबरा गई। रूपन ने जाकर प्रणाम किया और शुभ समाचार दिया कि सब कुमार सही-सलामत हैं। बदला ले लिया गया है और करिया राय का सिर सबूत के लिए महोबा भेजा है। मल्हना और तिलका की खुशी का ठिकाना न रहा। बोली, "चुगलखोर माहिल ने झूठी खबर देकर हमें परेशान कर दिया था। तुम आ गए तो बहुत अच्छा किया। चलो अब खाना खा लो।" रूपन बोला, "खाना खाने का समय नहीं। मैं अभी वापस जाऊँगा। वहाँ भी मेरी प्रतीक्षा हो रही होगी।" और रूपन उल्टे पाँव मांडौगढ़ के लिए चल पड़ा। महोबा में जश्न मनाया जाने लगा।

मांडौगढ़ में जब राजा जंबै को पता चला कि उनके चारों पुत्र शहीद हो गए, वंश ही समाप्त हो गया तो राजा बहुत दु:खी हुआ। वह रानी कुशला को इस दु:खद समाचार को सुनाने स्वयं रनिवास गया। रानी कुशला और राजा जंबै दोनों ने बहुत विलाप किया और सोचा कि अब क्या करना चाहिए? अब उन्हें अपने कपूत के कुकर्मों पर पछतावा हो रहा था। यदि उन्होंने गड्ढा न खोदा होता तो आज उनके लिए कुआँ भी न खुदा होता। बुरे काम का तो बुरा परिणाम होना ही था, परंतु अब क्या किया जाए। उनकी पुत्री विजया ने माता-पिता को बहुत दु:खी देखा तो उन्हें धीरज बँधाया। कहा, "ऊदल का ही भारी खटका है तो मैं इस खटके को मिटा देती हूँ।" विजया ने जादू की पुड़िया ले ली और पुरुष-वेश में युद्ध के मैदान में जा पहुँची। उसने एक पुड़िया वीर आल्हा पर फेंकी तो उसे दिखाई देना बंद हो गया। फिर जादू की एक पुड़िया मलखान पर डाली तो उसकी

याददाश्त ही समाप्त हो गई। ढेवा की भी नजर बंद कर दी, फिर पूरे लश्कर में अँधेरा कर दिया। ऊदल पर तो जादू फेंककर उसे मेढ़ा बना दिया और झिलमिला नाम के साधु के मठ में ले जाकर बाँध दिया।

विजया के रंगमहल में लौटते ही लश्कर का जादू हट गया। आल्हा और मलखान को होश आया तो ऊदल को खोजने लगे। वह कहीं दिखाई नहीं दिया तो ढेवा को ज्योतिष से खोज करने को कहा गया। ढेवा ने पता लगाया कि विजया ने ऊदल को मेढ़ा बनाकर झिलमिल गुरु के मठ में बाँध दिया है। तब मलखान और ढेवा साधु का वेश बनाकर खोजने चले। झिलमिल गुरु के मठ पर पहुँचकर अलख जगाई। परिचय पूछने पर गोरखपुर में कुटी और बाबा गोरखनाथ के शिष्य बताया। झिलमिल गुरु ने खेल दिखाने को कहा तो राग-रागनी सुनाई। फिर मलखान ने नाच भी दिखाया। बाबा ने कुछ भी माँगने को कहा, तो इन लोगों ने वही मेढ़ा माँग लिया और कहा कि इसे आदमी बना दो, ताकि ले जाने में आसानी रहे। बाबा ने थोड़ी आना-कानी के बाद मेढ़ा बने ऊदल को दे दिया। तीनों आल्हा के पास पहुँचे। आल्हा ने कहा कि जंबै को शांति संदेश भेजो। बिना लड़े ही मान जाए तो अच्छा है। जंबै माननेवाले कहाँ थे। फौज फिर लड़ने को खड़ी हो गई। महोबे की फौज लोहागढ़ का द्वार नहीं तोड़ पाई। तब ऊदल ने ववुरी वन के झाड़-झंखाड़ और कटी लकड़ियाँ खंदक में भरवाकर आग लगवा दी। लोहागढ़ की दीवारें टूट-टूटकर बिखर गईं।

जंबै राजा ने भयंकर युद्ध करना शुरू कर दिया। जंबै और आल्हा आमने-सामने होकर लड़ने लगे। जंबै ने आल्हा से वार करने को कहा तो आल्हा ने अपना क्षत्रियोचित उत्तर दिया, ''हम कभी पहले वार, भागते हुए पर वार नहीं करते। निहत्थे और घायल पर वार नहीं करते।'' इतनी सुनकर जंबै ने तरकश से निकालकर तीर चलाया। आल्हा ने फुरती से स्वयं को बचा लिया। वार खाली गया। फिर जंबै ने सांग उठाकर फेंकी। आल्हा ने हाथी पीछे हटा लिया। फिर दोनों ने तलवार निकाल ली। जंबै ने तीन जोरदार वार किए। फिर तलवार टूटकर गिर गई। आल्हा ने ढाल उठाई और महावत को गिरा दिया। अब तो हौदा से हौदा भिड़ गया। जंबै ने कटार निकाल ली। दोनों बहुत देर तक आपस में कटार के वार करते रहे। तब आल्हा ने हाथी पंचशावद से कहा, ''शत्रु सामने है, इसे जंजीर से बाँध लो।'' पंचशावद ने तुरंत जंबै के हौदे में जंजीर अटकाकर उसका हौदा गिरा दिया। आल्हा ने अवसर पाते ही जंबै को बाँध लिया। फिर सब जंबै के खजाने के पास जा पहुँचे।

आल्हा ने छकड़ों पर माल-खजाना लदवाया और महोबे भेंट भेजना शुरू कर दिया। हरकारे के द्वारा माता दिवला को बुलवाया। रानी दिवला के पहुँचने पर रानी कुशला को भी बुलवाया गया। ऊदल ने कुशला रानी से कहा, "आप पर कोई हथियार नहीं चलाएगा। हमें तो करिया से बदला लेना था, सो ले लिया। अब हमारे पिता और चाचा की पगड़ी और कलगी भी दे दो। उनकी खोपड़ियाँ वापस कर दो, नौलखा हार और लाखा पातुर वापस करो तथा विजया का डोला दे दो। हम महोबे लौट जाएँगे।" फिर तो बरगद से ऊदल ने स्वयं खोपड़ियाँ उतारीं और सोने के थाल में सजा दीं। राजा जंबै को उसी कोल्हू में पिलवा दिया। जंबै की छाया ने कहा, "अब हमारे वंश में पानी देनेवाला भी कोई नहीं है। इसलिए तुम मेरी खोपड़ी भी साथ ले जाओ। गंगा में हमारी खोपड़ी भी बहा देना।"

ऊदल ने कहा, "जैसा किया था, वैसा तो भोगना ही पड़ता है। हमारी कोई गलती नहीं। हमने तो वही किया, जो करिया राय ने हमारे साथ किया था। अब हमें मांडौगढ़ से कुछ लेना-देना नहीं। तुम सुख से राज करो। कभी जरूरत पड़े तो सहायता देने को हम फिर आ सकते हैं।" ऊदल ने वचन दिया था, अतः विजया का डोला मँगवा लिया, परंतु आल्हा ने कहा कि विजया जादूगरनी है। उससे ब्याह करके महोबा ले जाना ठीक नहीं है। वह कभी भी बदला ले सकती है। अतः उसे अभी खत्म कर दो। मलखान ने आल्हा के आदेश का पालन करने के लिए तलवार खींच ली। विजया घायल होकर गिर पड़ी। वह ऊदल से विवाह करना चाहती थी, परंतु राजनीति शत्रु को घर ले जाने की अनुमति नहीं देती। विजया ने मरने से पहले शाप दिया, "ऊदल, जैसे मैं धोखे से मारी गई, तुम भी धोखे से मारे जाओगे।"

उदयसिंह राय ने पूछा, "अब तो बिछुड़ गए, फिर जाने कब मिलेंगे?" विजया बोली, "अब मेरा जन्म नरवरगढ़ की राजकुमारी के रूप में होगा। मेरा नाम फुलवा होगा। जब घोड़े लेने के लिए काबुल जाओगे, तब हमारी भेंट होगी।" इतना कहकर विजया के प्राण निकल गए।

महोबा के सब वीर वापस लौट अपने डेरे पर आए, जहाँ राजकुमार ब्रह्मानंद विराजमान थे। आल्हा ने वहाँ पहुँचकर वीरों को शाल-दुशाले वितरित किए। सोने के कड़े तथा धन पुरस्कार में दिए। फिर महोबे की ओर चल दिए। रानी मल्हना ने फौज आती देखी तो पहले घबराई कि किसी राजा की फौज चढ़ाई करने आ रही है। सामना करने को कोई लड़का यहाँ नहीं है, परंतु फिर पंचशावद हाथी पहचान में आ गया तो अपने ही पुत्र वापस आ रहे हैं, यह जानकर प्रसन्नता से फूली

नहीं समाई। रानी मल्हना ने सबकी आरती उतारी और तिलक किया। सबने माता के चरण छुए। जब राजा-रानी दोनों ने सुना कि जंबै राजा को कोल्हू में पिलवा दिया, उनके वंश को ही समाप्त कर दिया, तब बहुत प्रसन्न हो गए। सारे महोबा को सजाया गया। सारी प्रजा ने आनंद मनाया। गरीबों को धन-दान दिया गया।

मलखान और ऊदल गया तीर्थ चले गए थे। उनके लौटने पर सभी प्रसन्न एवं संतुष्ट हो गए। इस प्रकार मांडौगढ़ पर विजय प्राप्त करके आल्हा-ऊदल, मलखान, ब्रह्मा, ढेवा की प्रशंसा और कीर्ति दूर-दूर तक फैल गई।

□

नैनागढ़ की लड़ाई

नैनागढ़ के राजा नैपाली सिंह के तीन पुत्र थे—जोगा, भोगा, विजय और एक पुत्री थी सुनवां। सुनवां अत्यंत रूपवती थी। सखियों के संग खेलकूद में आनंद करती रहती थी। माता-पिता भी पुत्री से प्रसन्न थे। एक दिन एक सखी ने कह दिया, "अब तक राजा ने तेरे लिए कोई दूल्हा नहीं देखा। खेल-खेल में तू जवान हो गई है।"

सुनवां ने यह बात अपनी माँ से कह दी। राजा नैपाली रनिवास में आए तो रानी ने राजा को सारी बात बताई। उन्हें भी लगने लगा कि सचमुच सुनवां यौवन में कदम रख रही है। अगले दिन राजा ने दरबार में पंडित को बुलवाकर पत्र लिखवाया और दूतों के हाथ देश-देश के राजाओं के पास भेजा। दूतों से कह दिया कि महोबे मत जाना, बनाफर हमारी बराबरी के राजपूत नहीं, बल्कि चंदेलों के चाकर हैं। दूत संदेश लेकर वर की खोज में निकल पड़े, परंतु कुछ महीनों में लौटकर सूचना दी कि कोई योग्य वर नहीं मिला। बनाफर आल्हा और भाइयों के पास हम गए नहीं।

माता-पिता को बातचीत करते सुनवां ने सुन लिया। आल्हा, ऊदल, मलखान की बहादुरी की कहानियाँ उसने सुनी थीं। अत: स्वयं ही ऊदल के नाम उसने पत्र लिखा—

"प्रिय ऊदल!

मैं तुम्हें अपना देवर मानकर पत्र लिख रही हूँ। अपने अग्रज आल्हा को दूल्हा बनाकर लाओ। मैं उनको अपना स्वामी मान चुकी हूँ। मेरे पिता को राजी करना तुम्हारा ही दायित्व है।"

पत्र चोंच में लेकर तोता उड़ गया। तोता महोबा जा पहुँचा। प्रात:काल ही ऊदल सैर करने बगीचे में गया था। तोता वहाँ पहुँच चुका था। आम की डाल पर तोते को बैठा देखकर ऊदल वहाँ पहुँचा तो देखा चोंच में कागज है। ऊदल को पास

आता देखकर तोते ने कागज गिरा दिया। ऊदल ने कागज उठाया तो अपना नाम देखकर चकित हुआ। पत्र खोलकर पढ़ा तो ऊदल प्रसन्न हो गया। सबसे पहले ऊदल ने तोते को साथ लिया और पत्र लेकर राजा परिमाल के दरबार में पहुँचे। राजा ने पत्र को पढ़ा और अपनी गद्दी के नीचे सरका दिया। वीर मलखान बोले, ''दादाजी! पत्र कहाँ से आया है और इसमें क्या सूचना है, आपने इसे गद्दी के नीचे क्यों छिपा लिया?'' राजा परिमाल ने सारी बात बता दी, परंतु कहा कि नैनागढ़ के राजा ने हमें टीका नहीं भेजा। यह पुत्री सुनवां का पत्र है। युद्ध तो करना पड़ेगा। अभी हमें युद्ध स्वीकार नहीं करना चाहिए। मलखान और ऊदल दोनों ने कहा कि आपको युद्ध नहीं करना पड़ेगा। उनके जोगा-भोगा दो वीर हैं तो क्या हुआ, इधर ऊदल और मलखान जान की बाजी लगाने को तैयार हैं।

राजा परिमाल ने रानी मल्हना को जाकर बताया कि मलखान और ऊदल दोनों को समझा देना; नैनागढ़ से लोहा लेना हमें भारी पड़ेगा। रानी मल्हना ने दोनों वीर पुत्रों को बुलाया और समझाने की कोशिश की। मल्हना से मलखान ने कहा, ''माता हम माननेवाले नहीं हैं। आल्हा के लिए यह ईश्वर ने ही संदेश भेजा है। इसको स्वीकार करने में ही हमारी कीर्ति है। इनकार करने से हमारी शान में बट्टा लग जाएगा।'' माता विवश हो गई। उसने दिवला और तिलका, दोनों को बुलवाया। तीनों ने प्रसन्नतापूर्वक पंडित को बुलवाया। विवाह के लिए पंचांग से शुभ घड़ी दिखवाई। पंडित ने कहा कि इस समय ही शुभ घड़ी है, तुरंत ब्याह की तैयारी करो। फिर तो और महिलाओं को बुलवाकर मंगलगान होने लगे। वीर आल्हा को बुलवाकर चौकी पर बिठाया गया। सात सुहागिन महिलाओं ने आल्हा पर तेल-हल्दी चढ़ाने की क्रिया शुरू कर दी। सभी को यथायोग्य नेग-इनाम दिए गए। आल्हा को सुंदर वस्त्र पहनाकर पालकी में सवार किया। रानी मल्हना, दिवला और तिलका ने आल्हा को तथा और भाइयों को भी आशीर्वाद दिए। रानी दिवला कुएँ में गिरने की परंपरा निभाने चली तो मल्हना बोली, ''यह रस्म मैं पूरी करूँगी, मैंने आल्हा-ऊदल को पाला है।'' दिवला को तो एतराज ही नहीं था। मल्हना कुएँ में गिरने का नाटक करने लगी तो आल्हा ने उन्हें गोदी में उठा लिया और विवाह करने का आश्वासन दिया। आल्हा ने तीनों माताओं के चरण छुए और कूच का डंका बजा दिया।

ऊदल ने फिर सुनवां के लिए पत्र लिखा और तोते के गले में बाँधकर उसे उड़ा दिया। ऊदल ने पत्र में सुनवां को भरोसा दिया कि आल्हा की बरात आ रही है। विवाह किए बिना हम नहीं लौटेंगे, चाहे प्राण चले जाएँ। इधर मलखान ने तोपें

सजवाईं। हाथी सजवाए और घोड़े तैयार किए। ब्रह्मा, ढेवा सब तैयार होकर नैनागढ़ की ओर चल पड़े। नैनागढ़ से पाँच कोस पहले ही डेरा डाल दिया। पाँच कोस तक डेरों में फौजें बैठ गईं। तब ऊदल ने रूपन को पत्र देकर राजा नैपाली को संदेश देने को कहा। रूपन नैनागढ़ के द्वार पर पहुँचा। द्वारपाल ने उसे भीतर पहुँचाया। रूपन ने राजा को प्रणाम किया और पत्र दिया। परिचय बताया कि महोबा से आए हैं। आल्हा का विवाह है। बरात लाए हैं। राजा नैपाली ने रूपन को पकड़ने का आदेश दिया, परंतु रूपन अपनी तलवार से वार करता हुआ बाहर निकल आया। खूनम-खून रूपन अपने डेरे में पहुँचा तो मलखान ने वहाँ का हाल पूछा। रूपन ने कहा कि नैनागढ़ की लड़ाई बहुत कठिन पड़ेगी।

नैनागढ़ के राजा नैपाली सिंह ने अपने तीनों पुत्रों को बुलाकर युद्ध की तैयार का आदेश दिया। तोपें, हाथी, घोड़े सब तैयार हो गए। पैदल सैनिक भी बख्तर पहनकर तैयार हो गए। जोगा ने अपने पिता को बताया कि इतनी बड़ी सेना लेकर आए हैं कि कोसों दूर तक झंडे-ही-झंडे दिखाई पड़ रहे हैं। नैनागढ़ की सेना को सामने से आता देखकर महोबा की सेना भी तुरंत तैयार हो गई। दोनों ओर से पहले नगाड़े बजे, फिर तोपें चलीं। तोपों के गोले धुआँधार मचाने लगे। जब सेनाएँ और कम अंतर पर रह गईं तो बंदूकें आग उगलने लगीं। गोली हाथियों के लगती तो वे चिंघाड़ने लगते। घोड़े के लगती तो रण छोड़कर भागने लगता और सैनिक के लगती तो वहीं गिर जाता। फिर सेना आमने-सामने पहुँच गई तो तलवार और भालों से लड़ने लगे। खटखट तलवारें चल रही थीं। हौदे रक्त से भर गए थे। जिस पर वार पड़ता, वहीं से रक्त का फव्वारा छूटता। जीवितों की जुल्फें भी रक्त से लाल हो गईं। आठ कोस की दूरी तक केवल तलवारों की आवाजें आ रही थीं। कदम-कदम पर लाशें बिछी पड़ी थीं। ढाल खून पर ऐसे तैर रही थीं, मानो खून की नदी में कछुए तैर रहे हों। ऊदल का घोड़ा वेंदुल हर मोर्चे पर नाच रहा था।

ऊदल ने उत्साह दिलाया तो महोबेवाले और उग्र हो गए। महोबे के वीरों ने ऐसा युद्ध किया कि नैनागढ़ के सैनिक अपने हथियार फेंककर भागने लगे। कोई रो-रोकर अपने बेटों को याद कर रहा था तो कोई पुरखों को पुकार रहा था। कोई अपनी पत्नियों को याद कर-करके विलाप कर रहा था। जोगा के साथ तीन लाख सैनिक आए थे, जो डेढ़ लाख ही रह गए। आधे मारे जा चुके। भोगा ने यह सूचना नैनागढ़ जाकर अपने पिता नैपाली सिंह को दी। राजा ने भोगा को रनिवास से लोकर अमर ढोल दिया तथा कहा, ''इस ढोल को ले जाओ। ढोल की आवाज जिसके कान में पड़ेगी, वह मरा हुआ भी उठ जाएगा।'' भोगा ने युद्ध में जाकर अमर ढोल

बजाया। जो डेढ़ लाख सैनिक भूमि पर पड़े थे। वे उठ खड़े हुए। महोबा के केवल दस हजार सैनिक काम आए थे, वे भी उठ खड़े हुए, पर ऊदल और मलखान की चिंता बढ़ गई। उन्होंने कहा कि इस ढोल ने सारी मेहनत बेकार कर दी। तब ऊदल वेश बदलकर नैनागढ़ गया। वहाँ के महलों में पहुँचा। सुनवां अपनी खिड़की में खड़ी थी। अपने महल में अलग सूरत को पहचानकर वह सीढ़ियों से नीचे उतरी। ऊदल ने सुनवां से कहा कि या तो हम तुम्हें ब्याहकर ले जाएँगे या अपने प्राण दे देंगे। पता नहीं क्या होता है, आधी फौज हमने खपा दी थी, परंतु मरे हुए सैनिक फिर से उठकर लड़ने लगे। अब हम क्या करें ? तब सुनवां ने बताया कि यह अमर ढोल का कमाल है। मैं उस ढोल को वापस मँगाने का उपाय करती हूँ। तुम प्रात: माली का वेश बनाकर देवी के मंदिर के पास आ जाना। नजर बचाकर अमर ढोल को ले जाना। बस फिर विजय तुम्हारी है।

अगले दिन प्रात: ऊदल को निमंत्रित करके सुनवां ने माता को बताया कि मुझे देवी-पूजन करना है, अमर ढोल मँगवा दो। माता ने राजा से कहा तो राजा ने साफ इनकार कर दिया कि रणभूमि से ढोल वापस नहीं लाया जाएगा। सुनवां ने माता से कह दिया कि यदि ढोल नहीं आया तो मैं पेट में छुरी मारकर मर जाऊँगी। अत: रानी ने राजा पर बहुत जोर डाला और अमर ढोल रणभूमि से मँगा लिया गया। उधर ऊदल माली का रूप बनाकर घोड़े को एक ओर खड़ा करके बाग में देवी के मंदिर में जा पहुँचा। योजना के अनुसार सुनवां ढोल बजवाते हुए मंदिर आई। वह पूजा करने अंदर गई तो ढोलची भी अंदर चला गया। अवसर पाकर अमर ढोल उठाकर वैंदुल पर सवार होकर ऊदल अपने डेरे पर लौट गया। मलखान से ऊदल बोला कि अब युद्ध के लिए रणभेरी बजवा दो। फिर तो तोपें तैयार कर दी गईं। नगाड़े बज उठे। हाथी सवार हाथियों पर और घुड़सवार घोड़ों पर चढ़ गए। जोगा ने भी राजा को बताया कि महोबावाले फिर चढ़कर आ रहे हैं। राजा ने भोगा, जोगा, विजय और पटना के राजा पूरन को फौजें तैयार करने का आदेश दिया। पहले डंके पर तोपें सज गईं, दूसरे पर हाथी-घोड़े सज गए और तीसरे डंके की चोट पर सारा लश्कर चल पड़ा।

दोनों सेनाएँ फिर भिड़ गईं। मारा-मारा होने लगी। वीर फिर कट-कटकर भूमि पर गिरने लगे, फिर रक्त की नदियाँ बहने लगीं। वैंदुल घोड़े पर सवार ऊदल ने बाईस हाथियों के हौदे खाली कर दिए, फिर वह जोगा के सामने पहुँचा। ऊदल बोला, ''अब हम-तुम आपस में फैसला कर लें।'' जोगा ने कहा, ''पहले तुम अपना वार करो।'' ऊदल ने कहा, ''हम कभी पहला वार नहीं करते। भागते को

पीछे से नहीं मारते। निहत्थे पर या स्त्री पर हथियार नहीं उठाते। तुम अपना वार करो।'' तब जोगा ने धनुष खींचकर बाण चलाया। वैंदुल ने दाएँ हटकर वार खाली जाने दिया, फिर जोगा ने तीन बार तलवार के वार किए, तब ऊदल ने भाला फेंका। जोगा का घोड़ा पाँच कदम पीछे हट गया। फिर सामने से भोगा आ गया। उसे जवाब देने को मलखान आ भिड़ा। भोगा ने तलवार का वार किया, पर मलखे ने चोट बचा ली। मलखान वार करना ही चाहते थे, तभी ऊदल ने आवाज लगाकर वार करने को मना किया, ''अरे, इसे मत मारना। भाँवर पर नेग कौन करेगा?'' फिर मलखान और ऊदल ने रण में मारा-मारा मचा दी। नैनागढ़ की सेना भागने लगी। राजा नैपाली फिर देवी के मठ में अमर ढोल लेने गए। वहाँ अमर ढोल न देखकर घबराया। पूजा करके हवन करवाया। तब देवी की आभा ने कहा, ''तुम्हें इंद्र ने ढोल दिया था। मैं इंद्र से फिर ढोल मँगा देती हूँ।'' देवी ने इंद्रलोक में जाकर कहा। इंद्र ने देवता भेजकर ढोल तो मँगा लिया, पर देवी को बताया कि आल्हा को शारदा माता ने अमर रहने का वरदान दिया है, अतः आल्हा के विरुद्ध हम कुछ नहीं करेंगे, अतः अमर ढोल को फोड़ दिया गया। देवी ने राजा नैपाली से कहा कि ढोल फट गया, अब काम नहीं करेगा। फिर राजा नैपाली ने अपने मित्र सुंदरवन वाले अरिनंदन को पत्र भेजकर सहायता के लिए बुलाया।

सुंदरवन से अरिनंदन ने आकर नदी के पार डेरा डाला। ज्यों ही नदी में नावों पर नृत्य शुरू हुआ। आल्हा देखने लगे तो अरिनंदन ने आल्हा का परिचय पूछा और नाव पर बिठाकर सुंदरवन को रवाना कर दिया। बहुत देर तक आल्हा के न मिलने पर ऊदल और मलखे ने ढेवा से कहा कि अपने पतरा से देखकर बताओ। तब तक रूपन ने आकर सारी घटना बता दी। ढेवा ने उपाय बताया कि ऊदल सौदागर का वेश बनाकर जाए। तब ऊदल ने वैंदुल पर मखमल की झूल डलवाई और स्वयं घोड़ों का सौदागर बन गया। सुंदरवन पहुँचकर फाटक पर द्वारपाल से कहा कि वह घोड़ों का सौदागर है। अरिनंदन को खबर भेज दी कि घोड़ा खरीद लें। अरिनंदन ने कीमत पूछी तो ऊदल ने कहा—पहले सवारी करके देख लो, फिर कीमत पूछना। राजा ने अपने दरबारी जनों को घोड़ा परखने को कहा, परंतु वे घोड़े से डर गए। ऊदल ने कहा क्रि घोड़े काबुल से लाए हैं। पाँच घोड़े महोबा में बेचे थे। दो जूनागढ़ में बेचे हैं। अरिनंदन ने आल्हा को बुलाया और कहा कि घोड़े पर सवारी करके दिखाओ तो कैद माफ कर देंगे। आल्हा बजरंगबली को याद करके घोड़े पर सवार हुए। ऊदल ने इशारा कर दिया। ऊदल भी अपने वैंदुल पर चढ़े और घोड़ों को तेजी से दौड़ा लिया।

आल्हा-ऊदल दोनों अपने दल में पहुँचे तो ऊदल मलखान से बोला, ''जल्दी युद्ध शुरू करो और आल्हा भाई की भाँवर डलवाओ।'' नगाड़ा बजा दिया। हाथीवाले हाथी पर चढ़ गए, घुड़सवार अपने-अपने घोड़ों पर चढ़ गए। ऊदल वैंदुल पर, मलखान कबूतरी पर, जगनिक हरनागर घोड़े पर, ढेवा मनुरथा पर, सुलिखे घोड़े करेलिया पर और ताला सैयद सिंहनी घोड़ी पर सवार हो गए। आल्हा अपने पंचशावद हाथी पर बैठे। मन्ना गूजर और रूपन वारी सबने तैयारी कर ली। दूसरी तरफ राजा नैपाली सिंह ने भी तीनों लड़के खड़े कर दिए। दोनों लश्कर खेतों में पहुँच गए। पटनावाला पूरन भी चौथे भाई की तरह साथ था। ऊदल ने कहा, ''जल्दी सुनवां की भाँवर डलवा दो, क्यों नाहक अपनी जान गँवाते हो?'' जोगा बोला, ''बनाफर ओछी जात है, पूरे राजपूत नहीं हैं।'' ऊदल ने तुरंत जवाब दिया, ''मेरा नाम ऊदलसिंह राय है। दस्सराज तथा माँ देव कुँवरि के पुत्र हैं।'' फिर तो दोनों ही आपस में जूझने को तैयार हो गए। जोगा ने पहले तीर चलाया, फिर भाला मारा, परंतु वैंदुल घोड़े ने दाएँ-बाएँ हटकर वार बचा दिए, फिर जोगा ने सिरोही का वार किया। सिरोही टूटकर मूठ हाथ में रह गई। ढाल को घुमा के मारा तो जोगा को धरती पर गिरा दिया। फिर तो ऊदल ने जोगा को जंजीर से बाँध लिया। भोगा ने अपना घोड़ा आगे बढ़ाया तो मलखान ने भी अपनी घोड़ी को आगे बढ़ा दिया। भोगा ने तलवार के तीन वार लगातार किए, जिन्हें मलखान ने बचा लिया। फिर मलखान ने ढाल से धक्का मारा तो भोगा गिर गया। इस प्रकार भोगा भी कैद हो गया। विजया आगे बढ़ा तो ढेवा भिड़ गया। यहाँ भी तलवार के वार खाली गए। उसी प्रकार विजया को भी गिराकर बंदी बना लिया। राजा पूरन हाथी पर सवार थे, उनसे जगनिक भिड़ रहा था। उसने एक झटके में महावत को मार गिराया। फिर हौदा के स्वर्ण पुष्प और अंबारी को गिरा दिया। पूरन घबरा गया था, उसे भी जगनिक ने बाँध लिया। आल्हा का दल इन्हें बाँधकर अपने डेरे पर ले आया।

माहिल भी रोज का हाल पता करता रहता था। वह अपने घोड़े पर सवार हो नैनागढ़ जा पहुँचा। नैपाली ने माहिल को चौकी पर बैठाया। माहिल ने कहा, ''महोबावाले बड़े वीर हैं। तुम्हारे चारों पुत्र उन्होंने कैद कर लिये हैं, परंतु बनाफर गोत्र ओछी जात है, अतः ब्याह करना तो उचित नहीं है। रास्ता मैं बताता हूँ, तुम ब्याह की स्वीकृति देकर आल्हा को बुलवा लो। सारे भाई साथ आएँगे, फिर एक कमरे में बिठाकर सबके शीश काट लो।'' धोखेबाज माहिल ने अपनी धोखे की चाल चल दी। नेपाली भी तैयार होकर महोबावालों के डेरे पर पहुँच गया। साथ में पंडित, नाई, भाट और नेगी सब ले लिये। रूपन वारी ने उन्हें आल्हा का तंबू दिखा

दिया। नैपाली राजा आल्हा के तंबू में जा पहुँचा। आल्हा ने उनके लिए चौकी बिछवा दी। बैठकर राजा ने कहा, ''आल्हा, तुम्हारे माता-पिता धन्य हैं और राजा परिमाल भी धन्य हैं, जिनके पास तुम्हारे जैसे सेनानायक हैं। तुम्हारे जो घर के, परिवार के हैं, वे हमारे साथ चलें। मैं अभी भाँवर डालने की व्यवस्था करवाता हूँ।'' मलखान ने कहा, ''हम सब चलेंगे, हमारी फौज भी चलेगी। बाजे-गाजे के साथ आएँगे।''

राजा ने कहा, ''अकेले आल्हा को भेज दो, भाँवर डलवाकर अभी विदा करके ले आना।'' ऊदल ने कहा, ''तुम हमारे साथ धोखा तो नहीं कर रहे?'' राजा नैपाली ने तुरंत गंगाजल मँगा लिया और कसम खाई। आल्हा साथ जाने को तैयार हो गए, साथ में ताला सैयद, ब्रह्मा, ढेवा, ऊदल, मलखे, सुलिखे, रूपन, मन्ना सब तैयार हो गए। जोगा, भोगा, विजया, पूरन चारों को कैद से छोड़ दिया गया। नैपाली ने महल में पहुँचते ही मँढा गाढ़ने का आदेश दे दिया। पुरोहित नेगी और पंडित सब बुलवा लिये। नैपाली ने दो हजार लड़ाके सैनिक बुलाकर कोठरियों में छिपा लिये। सबको अंदर करके फाटक बंद कर लिया गया। पहली भाँवर पड़ते ही जोगा ने अपनी तलवार खींच ली। आल्हा को मारना चाहा तो मलखे ने तुरंत ढाल अड़ा दी। दूसरी भाँवर पूरी हुई तो भोगा ने तलवार का वार किया, तब ऊदल ने ढाल अड़ा दी। तीसरी भाँवर पर विजया ने वार किया तो ढेवा ने ढाल अड़ा दी। चौथी भाँवर पड़ते ही राजा नैपाली ने जादू कर दिया। सब बेहोश हो गए तो इन्होंने सबका सिर काट लेने का विचार किया, परंतु सुनवां ने भी जादू के जवाब में जादू चला दिया। सुनवां ने ऊदल से कहा, ''अभी डोला विदा करवा लो। अभी जादू का प्रभाव है। ये वार नहीं कर सकते।''

रूपना ने तुरंत पालकी द्वार पर मँगवा ली और सुनवां स्वयं जाकर पालकी में बैठ गई। इतने में होश में आते ही राजा नैपाली ने हल्ला मचाया, ''महोबेवाला कोई जाने न पावे।'' सबके शीश काट लो। कोठरियों में छिपे लड़ाके बाहर आ गए और युद्ध करने लगे। महोबेवालों ने अपनी बहादुरी से जोगा, भोगा, विजया सबको बाँध लिया। सैकड़ों वीर मारे गए। मंडप में खून की नदियाँ बहने लगीं। आल्हा पर जादू चलाकर उसे काबू में कर लिया। बाकी सातों ने लड़कर नैनागढ़वालों के छक्के छुड़ा दिए। अब आल्हा को बंद कर लिया। डोला लेकर शेष सभी डेरे पर पहुँच गए। ढेवा ने पतरा देखकर बताया कि राजा नैपाली ने आल्हा को बाँध लिया है। फिर सौदागर का वेश बनानेवाला उपाय किया गया। तब वैंदुल पर सवार ऊदल और सुनवां करलिया घोड़े पर चढ़कर चली। मालिन के घर पहुँचकर बोली, ''पुष्पा! तुम जाकर महल में पता लगाकर आओ कि आल्हा कहाँ है? मेरा पता मत बताना।''

पुष्पा ने कहा, ''मैं यहीं से बता रही हूँ कि आल्हा शीशमहल में हैं। गूजरी दूधवाली का रूप बनाकर चली जाओ।'' सुनवां सिर पर दही की हाँड़ी रखकर शीशमहल में पहुँच गई। तब सुनवां ने कहा, ''मैं चित्तौड़गढ़ के राजा मोहन की बेटी हूँ। तुम्हें कैद से छुड़वाने आई हूँ।'' तब सुनवां को अपनी अँगूठी निकालकर आल्हा ने दे दी। अँगूठी लेकर वह मालन के घर पहुँच गई। ऊदल से बोली, ''अब सौदागर बनकर शीशमहल में पहुँच जाओ। घोड़ा बेचने की बात करो।''

ऊदल सौदागर बनकर दोनों घोड़े लिये वहाँ जा पहुँचा। द्वारपालों ने पूछा तो बता दिया कि काबुल से घोड़ा बेचने आया हूँ। राजा को खबर अपने आप पहुँच गई। घोड़े देखकर कीमत पूछी तो ऊदल कहने लगे, पहले चढ़कर देखो, फिर कीमत भी लग जाएगी। कोई चढ़ने को तैयार न हुआ तो ऊदल ने कहा, दिल्लीवाले या महोबेवाले राजकुमार इन पर सवारी कर चुके हैं। अगर कोई दिल्ली या महोबे का क्षत्रिय हो तो चढ़कर देख ले। राजा ने तुरंत आल्हा को बुलवा लिया और कहा कि घोड़े की चाल परखकर दिखाओ। ऊदल ने इशारा कर दिया; आल्हा खुश हो गया। आल्हा-ऊदल दोनों घोड़ों पर चढ़कर अपने डेरे में जा पहुँचे, इधर सुनवां भी सवारी करके डेरे पर पहुँच गई। फिर तो उन्होंने अपने डेरे उखड़वाए और शीघ्र ही महोबे को चल दिए। रूपना वारी को पहले सूचनार्थ भेज दिया। रूपना ने माता मल्हना को सूचना दे दी कि बरात मदन ताल पर पहुँच चुकी है। नैनागढ़ में भारी युद्ध हुआ, परंतु आपके आशीर्वाद से आपके पुत्र जंग जीतकर सुनवां का डोला लेकर आए हैं।

माता मल्हना ने रनिवास में सबको समाचार देकर मंगलाचार की तैयारी कर ली। रानी दिवला और तिलका को भी बुला लिया। उधर रूपना ने मदन ताल पहुँचकर ऊदल को सूचित किया कि माताओं को समाचार दे दिया है। ऊदल ने पं. चिंतामणि को बुलवाकर घर में प्रवेश करने की शुभ घड़ी पूछी। पंचांग विचारकर पंडितजी ने बताया कि इस समय मुहूर्त उत्तम है। शीघ्र ही वधू का गृह-प्रवेश करवाना चाहिए। सुनकर ऊदल और मलखान ने बरात को घर की ओर मोड़ दिया।

यहाँ माताओं ने आरती का सब प्रबंध कर रखा था। द्वार पर सुनवां सहित आल्हा का आरता किया गया। दोनों वर-वधू ने तीनों माताओं के चरण स्पर्श किए। महिलाएँ लोकगीत गाते हुए उन्हें महल के सुसज्जित निश्चित कमरे के द्वार तक छोड़कर आईं। सबको प्रसाद वितरित किया गया। पूरे महोबे में आनंद से नृत्य-गायन कई दिन तक चलते रहे।

□

संभल तीर्थ पर तीन युद्ध

दिल्लीपति पृथ्वीराज चौहान ने संभल में सवा सौ मंदिर बनवा दिए। इनमें एक भगवती दुर्गा का मंदिर भी था। इसे मनोकामना सिद्ध मंदिर भी कहा जाता था। दूर-दूर से राजा और प्रजा इस मंदिर में श्रद्धापूर्वक पूजा करने आते थे। एक मंदिर के पास सुंदर सी बगिया भी थी। प्रायः घोड़े को राजा बगिया में छोड़कर मंदिर में पूजा करने जाते थे। एक बार किसी राजा के घोड़े से माली परेशान हो गए। उन्होंने पृथ्वीराज चौहान से शिकायत की तो पृथ्वीराज ने यह निर्णय लिया कि जो कोई राजा संभल में तीर्थ स्नान के लिए आएगा, वह एक घोड़ा 'कर' के रूप में भेंट करेगा या घोड़े की कीमत पृथ्वीराज को देगा, तब ही गंगास्नान कर सकेगा। यह प्रथा बरसों तक चली तो पंडित जन परेशान हो गए। उन्होंने रात्रि जागरण तथा यज्ञ करके देवी से प्रार्थना की। देवी ने प्रगट होकर पंडों को दर्शन दिए और प्रार्थना सुनी। पंडित ने कहा कि राजा पृथ्वीराज ने इतनी बड़ी भेंट कर के रूप में लेनी शुरू कर दी कि यात्रियों के पास दान-दक्षिणा के लिए कुछ बचता ही नहीं। अब हमारा तो गुजारा चलना भी कठिन हो गया है। देवी ने आश्वासन दिया कि अब इस कर प्रथा को बंद करने का प्रबंध मैं कर दूँगी।

सिरसागढ़ का राजा मलखान भी देवी का जन्मजात भक्त था। देवी से उसे दर्शन दिए और आदेश दिया कि वह पृथ्वीराज से लड़कर इस प्रथा को बंद करवाए। देवी की आज्ञा पाकर मलखान अगले ही दिन अपने साथी मन्ना गूजर और परसा राय के साथ संभल के लिए रवाना हुआ, साथ में कुछ फौज भी ले ली। संभल आकर स्नान करना ही चाहता था तो पृथ्वीराज द्वारा नियुक्त कुछ नागा साधुओं ने कर देने से पहले स्नान न करने देने की धमकी दी। भगवती का आदेश था। मलखान के वीरों ने नागाओं की अच्छी धुनाई कर दी। उन्होंने जाकर राजा पृथ्वीराज को बताया कि कोई राजा घमंडी राय आया है। कर तो चुकाया ही नहीं, हम सभी को

लहूलुहान कर दिया। राजा को क्रोध आता ही, उसकी सत्ता को ललकारा जो गया था। पिथौरा राय ने धीर सिंह और चामुंडा राय को भेजा तथा घमंडी राय को पकड़ लाने को कहा। दोनों ने दो ओर मोरचा सँभाल लिया। मलखान ने मन्ना गूजर और परसा राय को उनसे भिड़ा दिया। अजयजीत सिंह और विजय जीत सिंह को भी तैयार होकर अपनी फौज सहित संभल में बुला लिया। उन्होंने हाथी सजा लिये और संभल के मैदान में जा पहुँचे।

फिर युद्ध होने लगा। एक ओर मन्ना गूजर, दूसरी ओर परसा राय ने मोरचा सँभाला था और बीच में स्वयं मलखान ने नेतृत्व सँभाला। भीषण युद्ध हुआ। दोनों ओर से 'हर-हर महादेव' का उद्घोष हो रहा था। धीर सिंह की ललकार सुनकर मलखान को क्रोध आ गया। उसने कहा, "गर्व मत करो। रावण ने गर्व किया था, देखो उसका क्या हाल हुआ? दुर्योधन का गर्व भी पांडवों ने चूर कर दिया। हिरण्यकशिपु को तो भगवान् ने स्वयं नखों से चीर दिया।" फिर तो भारी युद्ध हुआ। लाशों पर लाश बिछ गईं, यहाँ तक कि जिंदा सिपाही लाशों के नीचे छिप गए। तलवारें मछली सी और ढालें कछुए जैसी रक्त में तैरने लगीं। मलखान ने अपनी फौज के वीरों को उत्साहित करते हुए कहा, "हर कदम आगे बढ़ने पर एक अशर्फी इनाम दूँगा।" योद्धा आगे बढ़ते-बढ़ते एक-दूसरे की सेना में घुस गए। अपने-पराए की पहचान न रही। बस मारो-मारो का स्वर सुनाई पड़ रहा था। मलखान को अपनी फौज में कमजोरी दिखाई दी तो अपना घोड़ा बीच में घुसा दिया। मलखान को बढ़ता देख मन्ना गूजर भी आगे बढ़ा और दोनों ने ऐसी मार-काट मचाई कि हाथ-पाँव व सिर कटते और उड़कर गिरते ही दिखाई दे रहे थे।

पृथ्वीराज चौहान को समाचार मिला कि मलखान ने मनोकामना तीर्थ पर भीषण युद्ध करके दिल्ली की सेना को बहुत हैरान कर दिया है तो पृथ्वीराज ने चौंडा बख्शी और पारथ सिंह को साथ लिया। धीरा ताहर को भी तैयार किया और बताया कि मलखान ने तीर्थ पर भेंट देने से मना कर दिया। वह सबसे कह रहा है कि दिल्लीपति को कोई भेंट लेने का हक नहीं है। अगर भेंट बंद कर दी गई तो यह हमारी तौहीन होगी। जब मंदिर हमने बनवाए हैं तो भेंट लेने का हक भी हमारा है। चौहानों की आन की रक्षा के लिए मलखान को रोकना आवश्यक है। फिर पृथ्वीराज चौहानों की एक बड़ी सेना लेकर संभल पहुँच गया। दोनों सेनाएँ एक-दूसरे के खून की प्यासी हो गईं। पृथ्वीराज ने कहा, "हे बनाफरवंशी मलखान! क्यों दोनों ओर की सेनाओं को मरवा रहे हो? यह भ्रम मन से निकाल दो कि तुम से बढ़कर कोई वीर नहीं है। तुमने इतने नागा साधुओं की हत्या कर दी है, तुम पापी हो। तुम मुझे

भेंट नहीं दोगे, तब तक यहाँ से वापस नहीं जा सकते। अगर तेरे पास देने को कुछ नहीं बचा तो अपना घोड़ा देकर जान बचाकर चले जाओ।'' मलखान यह बात सुनकर आग-बबूला हो गया और बोला, ''महोबावाले ऐसी बातें नहीं सुन सकते। हम तुम्हारे नौकर-चाकर नहीं हैं, जो तुम्हारी खुशामद करें। मैं पुष्य नक्षत्र में पैदा हुआ हूँ। पुष्य और रोहिणी नक्षत्र में जो पैदा होते हैं, विश्व उनका लोहा मानता है। राजा राम और श्रीकृष्ण भी इसी मुहूर्त में उत्पन्न हुए, जिन्होंने पापियों का नाश किया। चौहानों की क्या ताकत है, जो मुझसे मुकाबला कर सकें। मैं तीर्थ की भेंट बंद करवाने ही आया हूँ और बंद करवाकर ही मानूँगा।''

पृथ्वीराज ने अपने सरदारों को आदेश दिया कि इस मलखान को जान से मार दो। पहले तोपें चलीं, फिर बंदूकें, तीर भी सनसनाए, फिर सांग भी चली, परंतु कोई पीछे न हटा। अंत में तलवारें खनकने लगीं। मानाशाही सिरोही और वरदवान का तेगा तेजी से चल रहे थे। एक को मारें तो दो मर जाते थे और तीसरा डर से ही साँस छोड़ देता था। हालत यह हो गई कि तीर्थ में कहीं पानी बह रहा था तो कहीं खून की धार बह रही थी। पृथ्वीराज ने अपने सरदारों को ताना मारा, ''अरे! तुम इतने होकर अकेले मलखान को काबू में नहीं कर पा रहे?'' ताना सुनकर धीर सिंह आगे बढ़कर मलखान से भिड़ गया। उसने कहा, ''धीर सिंह को तू नहीं जानता। मैं मुगल पठानों को, गजनी के खानों को और विलायत के जवानों को भी लोहा मनवा चुका हूँ। तू भी भेंट देकर अपनी जान बचाकर भाग जा, वरना पछताएगा।'' मलखान ने कहा, ''इतना अभिमान मत कर। अभी पता चल जाएगा कि किसकी धार तेज है।''

तब धीर सिंह ने भयंकर युद्ध शुरू कर दिया। उसने तीर चलाया, भाला मारा, तलवार के वार किए, पर मलखान ने सब वार बचा दिए। फिर पृथ्वीराज ने सभी सरदारों से कहा कि क्या तुम सब मिलकर एक मलखान को काबू नहीं कर सकते? इतनी बात सुनकर सब सरदार मलखे की ओर बढ़ते हुए मारकाट मचाने लगे। धीर सिंह का हाथी विचल गया। वह सूँड़ घुमाकर भी सैनिकों को गिरा रहा था और पैरों से भी उन्हें रौंद रहा था। इधर मलखान का घोड़ा भी चारों टापों से वार करता और मुँह से भी मार करता। मलखान की तलवार तो लगातार चल रही थी। सब सरदार और निकट आ गए। सभी के वार अकेले मलखान पर हो रहे थे। वह भी अद्भुत वीर था। किसी के भी वार को आसानी से बचा जाता। सभी का कुछ-न-कुछ अंग कटा, सब घायल हुए, परंतु मलखान का बाल बाँका नहीं हुआ। धीर सिंह की सिरोही की मूठ हाथ में रह गई; सिरोही टूटकर गिर गई। अब वह असहाय रह

गया। उसे लगा अब अगर मलखान ने वार कर दिया तो उसके प्राण नहीं बचेंगे। इसलिए वह हौदे पर खड़ा हो गया। उसने सांग उठाकर फेंकी, पर मलखान की घोड़ी आसमान में उड़ गई। कबूतरी सचमुच कबूतरी थी। मलखान अपने लश्कर में जा पहुँचा। उसने अपने सब साथियों को आखिरी लड़ाई के लिए ललकारा।

इधर धीर सिंह ने पिथौरा राय से कहा, ''राजन! मलखान को हराने में शायद हमारे सारे सैनिक समाप्त हो जाएँगे। हो सकता है, सरदार भी एक-आध ही बचे। मलखान अनोखा वीर है और उसकी घोड़ी तो पशु नहीं, पक्षी है; उड़कर बचा ले जाती है। मेरा विचार है कि सभी राजाओं को सूचित कर दो कि 'भेंट-कर' बिना दिए स्नान कर सकते हैं'' और सरदारों ने भी धीर सिंह की बात को पानी दिया। पृथ्वीराज चौहान ने कहा, ''चौंडा राय मलखान से जाकर कह दो कि अब किसी से कोई कर नहीं लिया जाएगा। मनोकामना तीर्थ पर कोई भी राजा स्नान कर सकता है। युद्ध बंद कर दो।'' चौंडा राय मलखान के पास पहुँचा और युद्ध बंद करने को कहा। मलखान बोला, ''चौहान के ऐलान पर कोई भरोसा नहीं। यदि यह ऐलान सच्चा है तो पृथ्वीराज अपने हाथ से लिखकर, मुहर लगाकर सभी राजाओं को संदेश भेजे। यह भी लिखे कि मलखान ने यह कर बंद करवाया है।'' चौंडा राय ने पृथ्वीराज को पूरी बात कह सुनाई। फिर तो पृथ्वीराज ने ऐसे पत्र लिखकर, मुहर लगाकर सबको भेज दिए। वैसा ही पत्र मलखान के पास भी भिजवा दिया। देवीजी के वरदान से मनोकामना मंदिर तीर्थ पर मनोकामना पूर्ण करके मलखान सिरसा वापस लौट गया। दिल्ली की फौजों के साथ पृथ्वीराज भी दिल्ली लौट गया।

□

पथरीगढ़ की लड़ाई

पथरीगढ़ के तीन नामों का प्रयोग है—बिसहिन और कसौंदी भी इसी के नाम हैं। यहाँ के राजा गजराज सिंह थे और उनका पुत्र था सूरजमल। पुत्री गजमोतिन नवयुवा थी। सखियों ने उसे ताना दिया कि राजा तेरी कहीं सगाई क्यों नहीं करते, क्या वे बलहीन और धनहीन हो गए हैं ? पुत्री ने अपनी माँ को यह बात बताई। माता ने राजा से बेटी की सगाई करने का आग्रह किया है। राजा पंडितों से तिलक हेतु पत्र लिखवाकर बेटे सूरजमल को राजाओं के पास भेजता है।

तिलक का निमंत्रण स्वीकार करने का अर्थ था युद्ध का निमंत्रण स्वीकार करना। सूरजमल दिल्ली, कन्नौज, उरई आदि के राजाओं से मिला। उन्होंने निमंत्रण स्वीकार नहीं किया। पिता ने कह दिया था, महोबा मत जाना। बनाफर गोत्र राजपूतों से अलग है। उरई के राजा माहिल यों तो राजा परिमाल के साले थे। आल्हा-ऊदल भी उन्हें मामा का सम्मान देते थे, परंतु आल्हा-ऊदल और मलखान के विरुद्ध माहिल सदा षड्यंत्र करते रहे। माहिल ने भी सूरजमल से कह दिया कि महोबावालों के यहाँ जाने से तो अच्छा है कि टीका वापस ले जाना, क्योंकि बनाफर निम्न स्तर के ठाकुर हैं। सूरजमल वापस जा ही रहा था तो ऊदल से भेंट हो गई। थोड़ी आना-कानी करके सूरज ने बता ही दिया कि वह बहन का टीका लेकर आया था। ऊदल ने पूछा, फिर खाली क्यों जा रहे हो ? महोबा चलो। मेरा भाई मलखान है, वह विवाह-योग्य है। सूरजमल ने सोचा, खाली लौटने से अच्छा तो यही है कि रिश्ता यहीं कर चलें।

सूरजमल ऊदल के साथ महोबा चला गया और विधिपूर्वक मलखान का टीका चढ़ा दिया। माहिल चुगली करने में माहिर था ही। सीधा पथरीगढ़ पहुँचा और राजा गजराज के पास जाकर चुगली खाई कि बनाफरों के यहाँ बेटी ब्याहने से आपकी हेटी हो जाएगी। अतः जैसे भी हो, इन्हें खाली हाथ लौटाओ। हो सके तो सबको मौत के घाट उतार दो।

इधर राजा परिमाल ने मलखान की बरात में सम्मिलित होने के लिए कई राजाओं को निमंत्रित किया और अपने यहाँ से लश्कर तैयार किया। पंडित से शुभ मुहूर्त निकलवाकर बरात पथरीगढ़ को चल पड़ी। नगर से तीन कोस पहले ही बरात ने अपने तंबू गाड़ दिए। बरात के आने की सूचना देने को रूपन नाम के वारी को पथरीगढ़ फलों का टोकरा और संदेश लेकर भेजा। द्वारपाल को सारा हाल बताकर संदेश अंदर भेजा। राजा गजराज ने वारी का सिर काट लेने का आदेश दिया। रूपन भी तैयार था। उसका तो नेग ही युद्ध करना था। जितने भी लोग उसे मारने को भेजे गए थे, वे खुद ही पिटकर लौट गए।

थोड़ी ही देर में माहिल वहाँ पहुँच गया और सलाह दी कि सारी बरात को शरबत भिजवा दो। उसमें विष मिला दो, आराम से ही सब किस्सा निपट जाएगा। राजा ने ऐसा ही किया। शरबत टब में भिजवा दिया। शरबत में जहर घोल दिया। आल्हा के डेरे में जैसे ही शरबत को गिलास में डाला, तो सामने से छींक हुई। ऊदल ने कहा, "ठहरो! आप शरबत मत पिओ।" और फिर गिलास का शरबत कुत्ते को पिलवा दिया। कुत्ता तुरत मर गया। तब सारा शरबत फिंकवा दिया गया। ऊदल ने युद्ध करने के लिए सेना को आदेश दिया। सेना में तोपची, हाथी सवार, घुड़सवार और पैदल सब सज गए। किले की ओर बढ़े। राजा गजराज को सूचना मिली। उसने भी सूरजमल और कांतामल को युद्ध करने भेज दिया। भयानक युद्ध शुरू हो गया। तभी चुगलखार माहिल वहाँ भी आ पहुँचा। राजा ने पूछा, "अब क्या करूँ? शरबत की तरकीब तो आल्हा ने असफल कर दी। अब तो बरात दरवाजे पर पहुँचनेवाली है।" तब माहिल ने नई चाल बताई। विनती करके लड़के को अकेले महल के अंदर बुलवा लो और हाथ-पाँव बाँधकर खाई में फेंक दो। जब दूल्हा ही नहीं रहेगा तो बरात अपने आप लौट जाएगी।" राजा स्वयं आल्हा के डेरे पर गया और कहा, "हमारे यहाँ ऐसी प्रथा है—लड़के को अकेले भेज दो। हम भाँवर डालकर सही-सलामत वापस भेज देंगे।" ऊदल ने कहा, "जहरवाले शरबत के बाद तुम पर विश्वास नहीं हो सकता। अगर छल किया तो हम बिसहिन के किले को धूल में मिला देंगे।" मलखान ने जब अपनी सिरोही उठाई तो राजा ने कहा कि भाँवर पर खाली हाथ ही जाना पड़ेगा। तब आल्हा ने गंगाजल भरके कलश मँगाया और कसम खाने को कहा। गजराज सिंह ने गंगाजली उठाई और छल न करने का भरोसा दिया।

आल्हा ने पालकी में बिठाकर मलखान को राजा के साथ भेज दिया। राजा ने भीतर से नगर के सब दरवाजे बंद करवा दिए और कहा कि मलखान का सिर

काट लो, बचकर वापस न जा पाए। मलखान सुनते ही सावधान हो गया। उसने पालकी का बाँस निकाल लिया और किसी को अपने पास तक नहीं आने दिया। सबको बाँस से मारकर भगा दिया। राजा ने हाथ जोड़कर कहा कि तुम समर्थ हो, अब हम भाँवर डाल देते हैं। मलखान जैसे ही एक ओर बैठा। राजा ने फिर छल करके उसके हाथ-पाँव बँधवाकर खंदक (खाई) में डलवा दिया। एक बाँदी ने जाकर गजमोतिन (कन्या) से कहा कि तुम्हारे दूल्हे को राजा ने खंदक में फिंकवा दिया है। अब क्या होगा? सारा दिन बीत गया। रात हो गई, तब गजमोतिन खाना लेकर खंदक के पास पहुँची। रस्सी लटकाकर कहा कि रस्सी के सहारे ऊपर आ जाओ। खाना खाओ और अपने लश्कर में चले जाओ। मलखान ने कहा, "वीर संकट में भी अपनी मर्यादा नहीं त्यागते। तुम्हारे हाथ का खाना तो मैं विवाह हुए बिना खा नहीं सकता। इधर यहाँ से चोरों की तरह भागकर जा नहीं सकता। यदि मेरी सहायता कर सकती हो तो बड़े भाई आल्हा तक यह सूचना भिजवा दो। वे अपने आप सारा प्रबंध कर लेंगे।" गजमोतिन सोचने लगी कि क्या करे? उसने मालिन को बुलवाया और आल्हा के नाम पत्र लिखकर मलखान को छुड़वाने की विनती की। मालिन चली तो द्वार पर सूरज और रखवालों ने बाहर नहीं जाने दिया। मालिन ने कहा, "मैं गजमोतिन के फूल लेने बाग में जा रही हूँ। जाने दो, नहीं तो लौटकर राजकुमारी से शिकायत करती हूँ।" तब सूरज ने उसे बाहर जाने दिया। मालिन महोबे के शिविर में पहुँची। वहाँ आल्हा का तंबू खोजने लगी। सामने ही माहिल मिल गया। मालिन ने आल्हा का तंबू पूछा तो माहिल बोला, "मैं ही आल्हा हूँ, क्या बात है?"

मालिन ने आल्हा मानकर उसे पत्र पकड़ा दिया और लौट पड़ी। माहिल ने उसे डरा-धमका भी दिया। वह रोती हुई लौटी तो सामने से ऊदल आता मिला। उसने प्रेम से पूछा तो मालिन बोली, "मुझे गजमोतिन ने आल्हा के पास पत्र लेकर भेजा था, पर आल्हा ने मुझे धन्यवाद देने की बजाय खूब डाँटा।" ऊदल ने मालिन को साथ लिया और बताया कि दिखाओ आल्हा कहाँ है? उसने माहिल को इंगित करके आल्हा को बताया। ऊदल ने कहा, "मामा, आल्हा का पत्र आपने क्यों लिया? लाओ मुझे दो।" पत्र लेकर वह मालिन सहित आल्हा के पास गया। मालिन ने विस्तार से सब हाल बताया। फिर ऊदल ने मालिन को ससम्मान विदा किया। आल्हा ने आदेश किया कि अभी आक्रमण करके मलखे को छुड़वाना है। लश्कर तैयार करो।

लश्कर तैयार हुआ तो विसहिन में भी गुप्तचर ने राजा को सूचना दे दी कि

महोबे की फौज आक्रमण करने आ रही है। राजा ने सूरज, कांतामल और मानसिंह को बुलाकर युद्ध करने भेजा। तीनों अपनी सेना लेकर उदयसिंह के सामने जा पहुँचे। दोनों ओर के योद्धा आपस में भिड़ गए। कई हाथियों के सूँड़ कट गए। हौदे गिर गए, घोड़ों की गरदन कट गई। पैदल से पैदल सेना में तलवारों की कटाकट बजने लगी। इधर राजा ने तोपें चलवा दीं। तीन घंटे तक तोपें गोले बरसाती रहीं। शाम तक विसहिन की सेना आधी रह गई। सूरज और ऊदल आमने-सामने डट गए। सूरज ने तलवार के तीन वार किए, जो ऊदल ने बचा दिए। जब ऊदल वार करने लगा तो सूरज घोड़ा भगाकर ले गया। फिर कांतामल आगे आया तो ऊदल ने कांतामल पर वार किया। वह भी अपना घोड़ा लेकर भाग गया। मानसिंह आगे बढ़ा तो देवा ने भी अपना घोड़ा उसके सामने ला खड़ा किया। मानसिंह घायल होकर गिर गया।

सूरज ने राजा से कहा कि महोबेवालों से मुकाबला करते समय हमारी आधी से ज्यादा सेना खप चुकी है। राजा तुरंत श्यामा भगतिन के पास गया। उसे सारा हाल सुनाया और बनाफरों से रिश्ता न करने की तरकीब पूछी। श्यामा भगतिन सूरजमल के साथ आल्हा के लश्कर को देखने गई। उसने भस्म मारकर सारी फौज को बेहोश कर दिया। विसहिनवाले भी रात को सुख से सोए। आल्हा और ढेवा ही ईश्वर की कृपा से जादू से बचे रहे। आल्हा ने कहा कि सुनवां को महोबे से ले आओ। ढेवा तुरंत चला गया। सुनवां को सारी बात बताई। सुनवां ने देवी का पूजन-हवन किया। देवी ने अमृत दिया और कहा—इसे छिड़कने से सब ठीक हो जाएँगे। ढेवा सुनवां को लेकर विसहिन जा पहुँचा। सुनवां ने जाते ही अमृत छिड़का और सारी सेना फिर खड़ी हो गई।

फिर हाथी पंचशावद सजाकर आल्हा सवार हुए। ऊदल ने लश्कर फिर तैयार किया और विसहिन पर चढ़ाई कर दी। दोनों ओर की सेनाएँ गोले दागने लगीं। जिसके भी गोला लग जाता, उसके तो टुकड़े हो जाते। बिल्कुल पास आ गए तो तलवारें चलने लगीं। एक बार फिर सूरज और ऊदल आमने-सामने भिड़ गए। ऊदल ने तो वार बचा लिये, पर सूरज हौदे से गिर गया। ऊदल ने उसे बाँध लिया। कांतामल आगे आया, पर उसे भी ऊदल ने बाँध लिया। तब राजा आगे आए। आल्हा से भीषण युद्ध हुआ। राजा के सब वार आल्हा ने निष्फल कर दिए। श्यामा भक्तिन चिड़िया बन गई, परंतु सुनवां भी कम नहीं थी। वह बाज बन गई। बाज सुनवां ने चिड़िया बनी श्यामा को धरती पर पटक दिया तो ऊदल से बोली, इसे जान से मार दो। ऊदल ने कहा, मैं स्त्री को नहीं मारता, अत: उसने श्यामा का जूड़ा काट लिया। श्यामा का जादू तुरंत असफल हो गया। फिर गजराज सिंह आल्हा

से भिड़े तो राजा ने श्यामा का घोड़ा अपनी ओर कर लिया। सुनवां ने बताया, इस घोड़े की पूँछ काट लो। ऊदल ने पूँछ काट ली तो भगतिन और घोड़ा दोनों का जादू मिट गया। राजा गजराज ने आल्हा पर वार किया, आल्हा ने ढाल अड़ा दी। तीन वार राजा ने किए। पर सब बेकार गए। राजा की तलवार टूट गई। आल्हा ने राजा को साँकल (जंजीरों) में बाँध लिया। राजा के बँधते ही ऊदल ने जीत का डंका बजवा दिया। फिर फाटक खुलवाकर ऊदल खंदक के पास पहुँचा। ऊदल ने मलखान से कहा, जल्दी बाहर आओ। मलखान ने कहा, "मेरे शरीर में भारी घाव लगे हैं, लोहे की जंजीरों में कसा हुआ हूँ।" ऊदल ने फिर कहा, "अरे भैया! तुम पुष्य नक्षत्र में पैदा हुए हो। बृहस्पति बारहवें घर में है। सौ हाथियों का बल तुम में है। काल की शंका नहीं, उठो और बाहर आ जाओ।" तब मलखान का आत्मविश्वास जागा। लोहे की जंजीरें तोड़ दीं और उछलकर खंदक से ऊपर आ गया। राजा ने विनय की—"लड़कों को खोल दो, मैं अभी भाँवर डलवा देता हूँ।" सूरजमल और कांतामल को खोल दिया गया। राजा को भी खोल दिया। भाँवर की तैयारी होने लगी। तभी माहिल फिर राजा के पास आया। वह तो बनाफरों से वैर निकालना चाहता था। स्वयं में बल था नहीं, इसलिए उनके विरुद्ध षड्यंत्र रचता रहता था। माहिल बोला, "बनाफर गोत्र क्षत्रिय नहीं है। इनसे विवाह करने पर आपकी साख नष्ट हो जाएगी।"

राजा गजराजसिंह बोले, "पर मैं क्या करूँ, उन्होंने अपने बल से हमारे सभी राजपूतों को परास्त कर दिया है।" तब माहिल ने फिर एक नया छल सुझाया, "आप क्षत्रिय वीरों को कमरों में छिपा दो। आल्हा के परिवारजनों को बिना हथियार के ही मंडप में बुलवाओ। जैसे ही पंडित ब्याह के मंत्र पढ़ने लगे, तभी क्षत्रियों को आक्रमण करने का संकेत कर दो। सारे बनाफर परिवार के सिर काट लो। बिना हथियार उनकी एक न चलेगी। साँप भी मर जाएगा और लाठी भी नहीं टूटेगी।" कठिन परिस्थितियों में व्यक्ति की अपनी बुद्धि काम नहीं करती। वह दूसरों की गलत सलाह को भी सही मान लेता है। अपनी पुत्री से अधिक झूठी शान को महत्त्व देना उचित नहीं था, पर वह विवेक खो बैठा था। राजा गजराज सिंह ने माहिल के परामर्श का पूरी तरह पालन किया। सूरज को भेजकर वर के परिवारीजनों को बुला लिया। सूरजमल ने भी कहा कि बिना शस्त्र ही मंडप में बैठने का रिवाज है। अतः आल्हा, ऊदल, ढेवा, लाखन, ब्रह्मानंद आदि परिवारीजन बिना शस्त्र ही मंडप में पहुँच गए। मलखान को चौकी पर बैठा दिया गया, परंतु वीर हथियार लेकर आ गए। ज्यों ही भाँवर पड़नी शुरू हुईं, सूरजमल ने तलवार से मलखान

पर वार किया; आल्हा ने अपनी ढाल से रोक लिया। दूसरी भाँवर पर कांतामल ने तलवार खींच ली तो ऊदल ने ढाल अड़ा दी। तीसरी बार मानसिंह ने तेग चलाई तो ढेवा ने रोक ली। फिर तो क्षत्रिय कमरों से निकल आए, जोरदार तलवारें चलीं। मंडप में रक्त की धार बह निकली। तब ऊदल ने कहा, "आल्हा बंधु! तुरंत ही शेष चार भाँवर डलवा लो।"

आल्हा के आदेश पर भाँवर पूरी कर ली गईं। सूरज और कांतामल को बाँध लिया गया। तब गजराज बोले, "महोबावाले वीर हैं। आप अब जरा ठहरें। मैं बेटी विदा करने की तैयारी करता हूँ।" राजा को सलाह देने माहिला फिर वहाँ पहुँच गया और सलाह दी कि भात खाने को बुलवा लो और भात में विष मिला दो। अपने आप मर जाएँगे। गजराज सिंह ने आल्हा से प्रार्थना की, अब भात खाकर ही आप विदा होंगे। आल्हा ने स्वीकार कर लिया। राजा ने फिर वही शर्त रखी, केवल परिवार के लोग चलें और हथियार साथ न ले जाएँ। लोगों ने सोचा, अब तो फेरे हो चुके; ब्याह तो हो चुका, अत: बारह परिवारीजन बिना हथियार भात खाने चले गए। सब ने गंगाजल का लोटा साथ लिया और भात खाने चल दिए। जैसे ही पत्तलों पर भात परसा गया, वैसे ही लड़ाके कमरों से हल्ला बोलते हुए निकल आए। महोबेवालों के पास तो कोई हथियार नहीं था। सबने लोटे को ही शस्त्र बना लिया। तलवारों के वार लोटे से रोके और लोटों से ही उन पर पलटवार किए। लोटों की मार से ही सब शत्रुओं को मारकर भगा दिया।

फिर ऊदल ने गजमोतिन वधू के लिए लाए हुए सब आभूषण सौंप दिए। गजमोतिन का शृंगार किया गया और बिना देर किए पालकी में बिठाकर विदा करवा ली। रूपना वारी को सूचना देने पहले महोबा भेज दिया गया। सूचना मिलने पर रानी मल्हना ने स्वागत की सभी तैयारी करवा लीं। सब रानियों को, सखियों को बुलाकर मंगलाचार शुरू कर दिए। स्वागत में चौमुखा दीपक जलाया गया और वीर मलखान के साथ वधू गजमोतिन की आरती उतारी गई। दोनों वर-वधू ने रानी मल्हना, दिवला और तिलका के चरण स्पर्श किए। बरात में पधारे सभी राजाओं को उपहार देकर विदा किया। महोबावाले बराती भी विदा होकर अपने घर चले गए। इस प्रकार वीर मलखान का गजमोतिन से विवाह संपन्न हुआ।

□

दिल्ली की लड़ाई, बेला का विवाह

दिल्लीपति पृथ्वीराज चौहान की पुत्री बेला के यौवन का जब सखियों ने एहसास दिलाया तो माता अगवां ने पति पृथ्वीराज से वर ढूँढ़ने का आग्रह किया। उस काल में क्षत्रियों के रीति-रिवाज इतिहास की भारी गलतियाँ थीं। राजाओं में मिथ्याभिमान और झूठी शान दिखाने की प्रवृत्ति ज्यादा थी। उस समय के राजाओं में जितना शारीरिक बल तथा युद्ध-कौशल था, यदि वे सब राष्ट्रीय एकता-अखंडता और एकात्मता पर ध्यान देते तो आज भारत सबसे शक्तिमान देश होता।

देखिए, महाराज पृथ्वीराज ने बेटी बेला का वर खोजने के लिए क्या किया तथा क्या लिखा? उन्होंने अपने पुत्र के साथ चार साथी और एक पंडित को भेजा। अस्सी हाथी, साठ पालकी, एक हजार घोड़े और तीन लाख का सामान टीका स्वीकार करनेवाले को देने के लिए तय किया, साथ में एक पत्र भी था, जिसमें लिखा था—

''पहला युद्ध तो द्वार पर होगा। इसके बाद मंडप में भाँवर पड़ते के समय करा जाएगा। भाँवर के बाद कलेवा (नास्वा) करने को दूल्हा अकेला ही अंदर जाएगा, वहाँ उसका सिर काट लिया जाएगा। लड़के में हिम्मत हो तो स्वयं को बचा लेगा अन्यथा मारा जाएगा।''

पुत्र ताहर टीके का सामान लेकर कई राजाओं के पास गया। किसी ने टीका स्वीकार नहीं किया। चार मास तक घूमकर कोई भी वर नहीं मिला। फिर ये लोग उरई नरेश माहिल के घर गए। माहिल ने समस्या सुनी तो सलाह तुरंत दी।

''कन्नौज के राजा अजय पाल के पुत्र रतिभान के पुत्र लाखन का तिलक कर दो। वह सब प्रकार से योग्य है। बस महोबा मत जाना, क्योंकि बनाफर गोत्र राजपूतों से नीचा है।''

ताहर रिश्ता लेकर कन्नौज भी पहुँचा, परंतु रतिभान ने टीका स्वीकार नहीं किया। वे माहिल के पास से लौट रहे थे तो रास्ते में मलखान मिल गए। जब उन्होंने

बताया कि चार महीने से घूमने पर भी हमारा काम नहीं बना, तो मलखान ने महोबा चलकर राजा परिमाल के पुत्र ब्रह्मानंद को टीका चढ़ाने का निमंत्रण दिया। ताहर सब जगह से निराश हो गया था, अत: महोबा चला गया। मलखान ने ताहर की ओर से वकालत की। राजा परिमाल ने साफ मना कर दिया। मलखान ने अधिक जोर दिया तो परिमाल ने उसे रानी मल्हना से स्वीकृति लेने को कहा। मल्हना ने भी असहमति जताई। भला पुत्र की जान की कीमत पर बहू पाने की इच्छा किसी माँ की कैसे हो सकती है? मलखान अभी माता पर अपनी बात मनवाने का दबाव डाल ही रहे थे कि ऊदल भी वहाँ आ पहुँचे। जब टीका स्वीकार करने या लौटाने का प्रश्न उठा तो ऊदल ने कहा कि टीका वापस जाना हमारी शान के विरुद्ध है। माँ ने जब देख लिया कि दोनों भाई मानेंगे नहीं तो बोली, "जैसा तुम चाहो, कर लो, पर आल्हा से अनुमति जरूर ले लो।"

विवश होकर परिमाल ने भी लड़कों की हाँ में हाँ मिलाई। टीका चढ़ाया गया। ताहर को सारे नगर में सामान सहित घुमाया गया। नगर को सजाया गया। नगर की शोभा देखकर ताहर, चौंडा पंडित, नाई, भाट और नेगी सबकी आँखें चौंधिया गईं। माहिल को पता लगा कि महोबा में टीका चढ़ गया तो वह चुगली लगाने दिल्ली जा पहुँचा। पृथ्वीराज से जाकर कहा कि तुम्हारे लोग महोबा में टीका चढ़ा आए। बनाफर गोत्र ओछा (नीचा) है। वहाँ से रिश्ता हो भी गया तो चौहानों की नाक कट जाएगी। आप कहो कि बरात बाद में आ जाएगी, पहले दूल्हा ब्रह्मानंद को भेज दो। मैं स्वयं उसे लाऊँगा। बस उसको मार देंगे। पृथ्वीराज को यह प्रस्ताव अच्छा नहीं लगा, परंतु माहिल अपनी बहन मल्हना के पास पहुँचा और बताया कि चौहानों का यही रिवाज है। बहन ने भाई का विश्वास किया और पुत्र ब्रह्मा को माहिल के साथ भेज दिया। जब मलखान को पता लगा कि ब्रह्मानंद को माहिल ले गया तो सुलिखे को तुरंत पीछे भेजा और उसे पकड़ने को कहा। ब्रह्मा तो मामा पर विश्वास कर रहा था। सुलिखे ने जाकर माहिल को पकड़ लिया और सिरसा लाकर फाटक से बाँध दिया।

बरात लेकर आल्हा-ऊदल सिरसा होते हुए चले, वहाँ से मलखान की सेना भी साथ होनी थी। आल्हा ने माहिल मामा को छुड़वाया और फिर बरात में साथ ले लिया।

दिल्ली से पाँच कोस पहले बरात ने डेरा डाल दिया। आल्हा ने रूपन वारी को बुलाया और पत्र के साथ रूपन वारी को दरबार भेजा। रूपन दिल्लीपति के दरबार पहुँचा। द्वारपाल ने पूछा, "कौन हो, कहाँ से आए हो?" रूपन ने कहा,

"महोबा से आया हूँ। बरात की पहुँच की सूचना लाया हूँ। मेरा नेग जल्दी दिलवा दो।" द्वारपाल ने ज्यों का त्यों जाकर राजा पृथ्वीराज को बता दिया। पृथ्वीराज ने कहा कि वारी का स्वागत तलवार से किया जाए। रूपन तो नेग में ही तलवार माँग रहा था। अकेले रूपन ने तीन घंटे तलवारों का मुकाबला किया और फिर अपना घोड़ा दौड़ाकर सही-सलामत अपने लश्कर में पहुँच गया। उसे रक्त में सना देखकर राजा परिमाल ने उसका हाल पूछा। ऊदल ने भी प्रेम से पूछा, "पहला अनुभव कैसा रहा?" रूपन ने बताया कि दो हजार क्षत्रियों ने घेर लिया था। सबको नाको चने चबवाकर आपके पास वापस आ गया हूँ। मामा माहिल ने तब ऊदल से कहा कि अभी दिल्ली में जाकर बात करता हूँ। जल्दी से द्वार के नेगाचार करके भाँवरी डलवा दे। माहिल अपनी लिली घोड़ी पर चढ़कर दिल्ली में पृथ्वीराज के दरबार में जा पहुँचा। राजा ने उसको चौकी पर बिठाया और हाल पूछा। माहिल तो बना ही परस्पर लड़वाने, मरवाने के लिए था। चौहान से बोला, "महोबावाले महान् वीर हैं, उनसे जीतना बहुत कठिन है। मेरी बात मानो तो शरबत में जहर घुलवा दो। द्वार पर ही स्वागत में शरबत भिजवा दो। पीते ही सब मर जाएँगे। इस प्रकार लाठी भी नहीं टूटेगी और साँप भी मर जाएगा।" पृथ्वीराज की अक्ल भी मारी गई थी, उसने माहिल की बात मानकर शरबत में जहर मिलवा दिया। सूरज बेटे के साथ नेगी और कर्मचारी भेज दिए। राजा परिमाल के तंबू में पहुँचकर शरबत रख दिया। सबको बुलाकर शरबत बँटवाने को कहा। राजा परिमाल ने सब लड़कों बुलवाकर शरबत बाँटने को कहा तो छींक हो गई। फिर ढेवा को बुलाकर पूछा गया। ढेवा ने कहा कि शरबत विषैला है। ऊदल ने तभी एक कुत्ते को शरबत पिलाकर देखा। कुछ ही पल में कुत्ता मर गया। तब सारा शरबत फिंकवा दिया गया। सूरज और नेगी चुपके से भाग आए तथा पृथ्वीराज को सब हाल सुनाया। माहिल भी अपनी तरकीब की सफलता सुनने को अभी वहीं था। उसने दूसरी तरकीब सुझाई। फाटक के बाहर एक ऊँचा खंभा गाड़कर उस पर एक कलश टाँग दो। नीचे दो हाथी खड़े कर दो। महोबावाले जब द्वार पर आएँ तो उनसे कहो कि हमारा रिवाज है कि पहले इस कलश को उतारना पड़ेगा। फिर फाटक में प्रवेश करना होगा। हाथियों को बताओ कि जो खंभे पर चढ़े, उसे उठाकर पटक दें। मूर्ख पृथ्वीराज ने माहिला की बात फिर से मान ली। ऐसा ही प्रबंध कर दिया गया।

उधर बरात चलने को तैयार हो गई। एक-एक हाथी पर चार-चार लड़ाके बैठ गए। तोपें सज गईं। घुड़सवार तैयार हुए। ब्रह्मानंद की पालकी के बाएँ ऊदल और दाएँ वीर मलखान अपने-अपने घोड़ों पर चल रहे थे। पीछेवाली पालकी में

राजा परिमाल और साथ में आल्हा चले। द्वार पर पहुँचे तो द्वार पर दो हाथी खड़े थे। लड़का पक्षवालों को शर्त बताई गई। हाथी हराकर कलश उतारोगे, तभी मंडप में प्रवेश होगा। पृथ्वीराज चौहान समझ रहे थे कि महोबावालों की शान अब धूल में मिल जाएगी।

उसे क्या मालूम था कि कलियुग में ये पांडवों के अवतार हैं। ऊदल भीम है और मलखान सहदेव। जिसे दूल्हा बनाकर लाया गया है, वह स्वयं अर्जुन है। आल्हा ही धर्मराज युधिष्ठिर है और लाखन नकुल है। पृथ्वीराज को तो यह भी नहीं मालूम था कि उसकी अपनी बेटी 'बेला' भी द्रौपदी ही है। बरात दरवाजे पर पहुँची। चौहान ने अपनी शर्त बता दी। मलखान ने हाथी का दाँत पकड़ा और घुमाकर जमीन पर पटक दिया। दूसरे हाथी की सूँड़ पकड़कर ऊदल ने हाथी को घुमाकर दूर फेंक दिया। पृथ्वीराज ने दाँतों तले अंगुली दबा ली, फिर बरात के मंडप में प्रवेश करने से पूर्व ब्रह्मानंद की चौकी सजाई गई। पंडित ने वेदी सजाकर पूजा का काम शुरू कर दिया। महिलाएँ मंगलाचार गाने लगीं। फाटक पर कलश उतारने के लिए जगनिक खंभे पर चढ़ने लगा। पृथ्वीराज के पुत्र ताहर ने कमलापति को आदेश दिया, कमलापति ताहर से भिड़ गया। जगनिक और कमलापति दोनों परस्पर भिड़ गए। तीन बार जगनिक चोट बचा गए। जब जगनिक ने तलवार मारी तो कमलापति की ढाल कट गई। चाँदी के फूल भी गिर गए। पेट पर घाव लगा और कमलापति धराशायी हो गए। ताहर ने फिर रहिमत-सहिमत को भेजा। तब ऊदल ने मन्ना गूजर को बुलवाया। ढेवा भैया को भी इशारा कर दिया। दोनों ओर से तलवारें खटाखट चलने लगीं। रहमत-सहमत भाग गए, तब ताहर ने तोपों को बत्ती लगवा दी। पृथ्वीराज के सातों बेटे (ताहर, गोपी, सूरज, चंदन, सदन, मदन और पारथ) भी तलवार चलाने लगे। दोनों ओर के जवान कट-कटकर गिरने लगे। तब तक ऊदल खंभे पर चढ़ गए और कलश को उतार लिया। अब तो शर्त पूरी हो गई। मंडप में महोबावाले प्रवेश कर गए।

माहिल मामा फिर चुगली करने पृथ्वीराज चौहान के पास पहुँच गया; बोला, ''महोबावालों से कहो कि समधौरा पहले करना होगा, फिर ब्याह करना होगा।'' ऊदल ने राजा परिमाल से जाकर कहा। परिमाल राय पालकी पर सवार होकर आए। समधौरा का अर्थ है 'समधियों का मिलन'। समधी अथात् वर के पिता और कन्या के पिता की भेंट है समधौरा। पृथ्वीराज के मुकाबले राजा परिमाल बूढ़े थे। शस्त्र भी त्याग चुके थे। इसलिए उन्होंने ऊदल से कहा कि कोई धोखा न हो जाए। ऊदल और मलखान ने तब आल्हा से कहा कि समधौरा आप करें, क्योंकि बड़ा

भाई भी पिता समान ही होता है। इस प्रकार आल्हा तैयार होकर अपने पंचशावद हाथी पर सवार हो गए। ऊदल अपने वैंदुल घोड़े पर और मलखान अपनी घोड़ी कबूतरी पर सवार हो गए। द्वार पर पृथ्वीराज से मिलनी करनी थी। नीचे उतरकर आल्हा और राजा पृथ्वीराज आपस में गले मिले। पृथ्वी ने छाती मिलाते ही जान लिया कि देव कुँवरि के पुत्र सचमुच महाबली हैं। उन्होंने कहा, जो भी आभूषण चढ़ाने को लाए हैं, वे सब दे दो, ताकि भाँवर का कार्य शुरू किया जा सके। फिर मलखान ने गहनों का डिब्बा और कपड़े महल में भेजने के लिए रूपन वारी को बुलवाया। उसे गहनों का डिब्बा और कपड़े सब दे दिए। रूपन लेकर चला गया। दुलहन बेला को बुलवाया गया। गहनों को जाँच करते बेला नाराज हुई। रूपन से बोली, ''ये सब गहने-कपड़े कलियुग के हैं। उनसे कहना, द्वापरवाले गहने-कपड़े भेजें। यह बात आल्हा से कहना।'' रूपन सब सामान वापस लेकर आ गया। आल्हा से सारी बात बता दी। आल्हा ने तब झारखंड के मंदिर में माँ जगदंबा का यज्ञ किया और अपना सिर चढ़ाने लगा तो देवी ने दर्शन दिए और समस्या बताने को कहा। आल्हा ने सारी कथा सुना दी। देवी ने आल्हा से कहा—तुम यहीं बैठो, मैं इंद्रलोक जाकर पता करती हूँ। इंद्रदेव ने वासुकि नाग को द्वापरवाले गहने-कपड़े लाने को कहा। वासुकि थोड़ी देर बाद द्रौपदीवाले गहने-कपड़े ले आए। इंद्र ने ये देवी को दिए और देवी दुर्गा ने लाकर आल्हा को दिए। आल्हा उन्हें लेकर लश्कर में आए तथा द्वापरवाली चूड़ियाँ और चुनरी रूपना के हाथ फिर रंगमहल में भिजवा दिए। उन गहनों, चूड़ियों और चुनरी को देखकर बेला बहुत प्रसन्न हुई। उसे पता था कि वह ही द्रौपदी है और आल्हा युधिष्ठिर हैं। सारे पांडव वही हैं।

सब काम हँसी-खुशी निपट सकता था, परंतु माहिल फिर पिथैरा राय के पास जा पहुँचा। वह काम बिगड़वाना ही चाहता था। माहिल ने कहा, ''जितने महोबावाले घर-घर के हैं, उन सबको बुलवा लो। इधर कमरों में हथियारबंद राजपूतों को छिपा दो। सबको मंडप में बिठाकर सिर कटवा लो। अब क्या था, मोती के हाथ सूचना आल्हा के पास भेज दी।

ऊदल ने लश्कर तैयार करना चाहा तो मोती ने कहा कि रिवाज यह है कि केवल घरौआ ही जाएँगे। फिर तो घर-परिवार के लोग ही तैयार हुए और अपने शस्त्र लेकर चल पड़े। ब्रह्मानंद पालकी में गए थे। मंडप में पंडित तैयार थे। अक्षत (चावल) फेंककर वर का स्वागत किया और चौकी पर बैठाया। बेला (कन्या) से गठबंधन करवाया और हवन प्रारंभ कर दिया।

मंडप में भी युद्ध होना जरूरी था। तिलक की चिट्ठी में ही खुलासा कर

दिया था। भाँवर पड़नी शुरू हुईं तो सूरज ने ब्रह्मानंद पर तलवार से वार कर दिया। जगनिक ने तुरंत अपनी ढाल अड़ा दी। फेरा पूरा हो गया। दूसरा फेरा पड़ने लगा तो पृथ्वीराज के दूसरे पुत्र चंदन ने चतुराई से वार किया। दूसरे वार को देवपाल (ढेवा) ने बचा लिया। तीसरी भाँवर शुरू हुई तो मरदन ने तलवार घुमाई। मन्ना गूजर ने उस चोट को अपनी ढाल अड़ाकर नाकाम कर दिया। चौथी भाँवर पर सरदन ने वीरता से कटार मारी तो जोगा वीर ने वार ओट लिया। पाँचवें फेरे पर बेला के भाई गोपी ने हाथ आजमाया तो भोगा आगे अड़ गया। छठवीं भाँवर पर पारथ ने खांडा चलाया तो स्वयं ऊदल ने अपनी ढाल पर रोका। सातवें फेरे पर ताहर भाई ने ब्रह्मानंद पर चोट करी तो वीर मलखान ने सँभाल ली। इतनी बाधाओं के होते हुए भी सातों भाँवर पूरी हो गईं।

आखिर चुगलखोर माहिल की सिखावन का उपाय भी सामने आ गया। कमरों में छिपे हथियारबंद सैनिकों ने हल्ला बोल दिया। महोबावाले भी सोए हुए नहीं थे। दोनों ओर से खटाखट तलवारें चलने लगीं। महोबावाले परिवार के भाइयों ने दो हजार सैनिकों को मारकर भगा दिया। खून में सब लथपथ हो गए, यहाँ तक कि बेला के वस्त्र भी खून में भीग गए। बेला के सातों भाई इन वीरों ने बाँध लिये। पृथ्वीराज के पास समाचार पहुँचा तो वह भी घबरा गया। माहिल की बताई सब तरकीब विफल हो गईं। चौंडा पंडित ने पृथ्वीराज को बताया कि उदयसिंह राय (ऊदल) ही सबसे बड़ा वीर है। मैं अभी उसका इलाज करता हूँ। चौंडा पंडित को द्रोणाचार्य का अवतार कहा गया है। वह युद्ध की हर कला में माहिर (कुशल) था। मंडप में पहुँचकर चौंडा पंडित ने महोबा के वीरों की सराहना करते हुए आल्हा से विनती की कि सातों भाइयों को खोल दे। तुमने हर मोरचे पर विजय प्राप्त कर ली है। जो छोट-मोटे नेग बाकी रह गए हैं, उन्हें जल्दी से निपटाओ। आल्हा ने तुरंत सातों भाइयों को छुड़वा दिया। तभी नाइन ने आकर कहा, "वर (ब्रह्मानंद) को अब भीतर भेज दो। कलेवा (नाश्ता) करके रस्म पूरी करें।" पर नाइन (बाँदी) ने कहा, "महल में अकेला लड़का ही जाएगा।" ऊदल बोले, "हमारे यहाँ वर अकेला नहीं भेजा जाता, उसके साथ घरवाला जरूर जाता है।" ब्रह्मानंद के साथ ऊदल भी कलेवा करने महलों में गए। चौंडा राय ने महलों में जाकर षड्यंत्र का शेष भाग पूरा किया। वह लहँगा-ओढ़ना पहना और चूड़ी-चोली पहनकर घूँघट निकालकर महिलाओं में मिल गया। दुष्ट ने कमर में एक जहर-बुझी छुरी छिपाकर रखी। महिलाओं को भी इस षड्यंत्र का पता न चला। अगमा रानी ने ब्रह्मानंद और ऊदल के लिए जैसे ही थाल परोसकर रखे, पहला कौर (टुकड़ा) लेते ही चौंडा ने

ऊदल के पेट में जहरीली छुरी मार दी। ऊदल विष के प्रभाव से मूर्च्छित हो गया। महिलाएँ रोने लगीं, यहाँ तक कि अगमा रानी भी रोने लगी। चौंडा राय तो तुरंत भागा और कपड़े बदल लिये। किसी के वश में ऊदल की सँभाल नहीं थी। अगमा ने चौंडा को भला-बुरा कहा। ऊदल के रूप और बलवान शरीर को देखकर अगमा को दिवला माँ की पीड़ा की अनुभूति होने लगी। वह और ज्यादा रोने लगी। बेला ने माँ से रोने का कारण पूछा। माता अगमा ने चौंडा पंडित की करतूत बयान कर दी। बेला ने तब ऊदल की छुरी के घाव पर अपनी अंगुली का खून गिराया तो घाव ठीक हो गया। फिर तो ब्रह्मानंद और ऊदल, दोनों अपने लश्कर में लौट गए। राजा परिमाल ने कहा कि अब जल्दी से महोबा लौटने की तैयारी करो। रूपन को भेजकर पृथ्वीराज को संदेश भेजा कि तुरंत विदा करने का प्रबंध करें। पृथ्वीराज ने कहा, "हमारे यहाँ गौने को ही कन्या विदा की जाती है। आप बरात लेकर लौट जाएँ। अगले वर्ष गौना करके बहू ले जाएँ।" रूपन ने लश्कर में जाकर राजा परिमाल को यह बात बताई। फिर से आल्हा का आदेश हो गया। अपने तंबू उखाड़ लिये और महोबा के लिए चल पड़े।

महोबा में पहुँचने की सूचना देने फिर रूपन को पहले ही रवाना कर दिया। माता मल्हना तो प्रतीक्षा ही कर रही थी। रूपन से समाचार सुनकर पहले तो उसे उपहार दिए। फिर स्वागत की तैयारी करवाई। महिलाएँ मंगल गीत गाने लगीं। ब्रह्मानंद की पालकी द्वार पर आई तो उन्हें उतारा गया। आरती उतारी गई। आल्हा, ऊदल, मलखान, ब्रह्मा आदि सभी भाइयों ने माताओं (मल्हना, दिवला, तिलका) के चरण छूकर आशीर्वाद लिया। इस प्रकार ब्रह्मानंद (अर्जुन) का बेला (द्रौपदी) से विवाह संपन्न हुआ।

□

बौरीगढ़ की भीषण लड़ाई

बौरीगढ़ के राजकुमार सूरजमल का विवाह परिमाल राजा की पुत्री चंद्रावलि से तब हुआ था, जब आल्हा-ऊदल बालक ही थे। दस्सराज और बच्छराज को धोखे से मार दिया गया था। राजा परिमाल अपने शस्त्र समुद्र को अर्पित करके युद्ध से संन्यास ले चुके थे। बौरीगढ़ के राजा वीर शाह अपने पुत्र के साथ महोबा पर आक्रमण करके चंद्रावलि को ब्याहने आ चुके थे। तब रानी मल्हना ने राजा परिमाल को समझाया था कि बेटी चंद्रावलि का विवाह किसी राजकुमार से करना ही है, फिर बौरीगढ़ के राजा यदुवंशी हैं। राजकुमार सुंदर है, वीर है। युद्ध का विचार त्यागकर बेटी के ब्याह की तैयारी करो। समधी राजा को बरात लेकर द्वार पर पधारने का निमंत्रण भेजो। रानी की समझदारी से बिना रक्तपात के चंद्रावलि का विवाह धूमधाम से हो गया।

चौदह वर्ष बीत जाने पर भी चंद्रावलि कभी मायके नहीं भेजी गई। छोटे भाई युवा हो गए, परंतु किसी ने बहन को देखा तक नहीं था। एक बार सावन में तीज से पहले रानी मल्हना को बेटी की याद आ गई। बहुत दिन से कुशलता का समाचार भी नहीं मिला था। मल्हना के नेत्रों से आँसू छलक पड़े। उसी समय ऊदल वहाँ आ पहुँचा। पूछने पर माता ने अपनी वेदना कह सुनाई। चौदह वर्ष से बेटी को नहीं देखा। सावन में सब अपने मायके आती हैं, परंतु उसके ससुरालवालों ने उसे कभी नहीं आने दिया। इस पर ऊदल ने ठान लिया कि मैं उसे लेकर आऊँगा। ससुराल के लिए कुछ भेंट का प्रबंध कर दिया जाए। कुछ थोड़ा सा लाव-लश्कर तथा ढेर सारी देने योग्य भेंट लेकर ऊदल चल पड़ा। राजा परिमाल ने कहा, ''बौरीगढ़ से पहले दिल्ली जाते हुए पृथ्वीराज से सलाह लेकर जाना।'' ऊदल ने पहला डेरा दिल्ली से बाहर ही डाला। समाचार पाकर पृथ्वीराज ने ऊदल को बुलवाया, परंतु ऊदल से पहले ही माहिल वहाँ जा पहुँचा। उसने दिल्लीपति पृथ्वीराज को ऊदल

के विरुद्ध भड़काया। माहिल बोला, ''रायपिथौरा! आपका भला इसी में है कि ऊदल को पकड़कर मरवा दो। बौरीगढ़ के बहाने वह दिल्ली पर आक्रमण करेगा। आप पहले ही उस पर हमला कर दो।'' पृथ्वीराज ने माहिल की बात नहीं मानी। वे उरई नरेश माहिल की बातों से पहले भी धोखा खा चुके थे। माहिल तब बौरीगढ़ चला गया। अनेक सेनाओं तथा राजाओं को लड़वाने और मरवाने में माहिल का दोष सर्वाधिक है।

पृथ्वीराज ने ऊदल को अपनी सभा में बुलवाया। ऊदल ने बताया कि वह बौरीगढ़ जाकर चंद्रावलि बहन को सावन में घर लाने जा रहा है। पृथ्वीराज ने न केवल प्रसन्नता व्यक्त की, बल्कि पृथ्वीराज तथा उसकी रानी ने बिटिया के सास-ससुर के लिए कीमती उपहार भी दिए। फिर ऊदल बौरीगढ़ के लिए रवाना हुआ। बौरीगढ़ से बाहर तीन कोस पर ऊदल ने डेरा डाल दिया और राजा को संदेश भेज दिया कि वह अपनी बहन को महोबा ले जाने के लिए आया है। राजा ने दूत भेजकर ऊदल को प्रेम से बुलवाया, स्वागत किया और चंद्रावलि को प्रेम से विदा करने की तैयारी की जाने लगी।

इतने में माहिल राजा के पास जा पहुँचा। माहिल को आसन देकर सम्मानपूर्वक बिठाया और हाल पूछा। माहिल बोला, ''ऊदल और आल्हा को राजा परिमाल ने महोबा से निकाल दिया है। वह चंद्रावलि को लेने आया है, ताकि उसे अपने साथ ले जाकर दासी बनाया जा सके।'' राजा यह सुनकर दुःखी हुए, तब माहिल ने कहा, ''आप ऊदल को पकड़ लो और मरवा दो तो राजा परिमाल पर एहसान होगा।'' माहिल तो आग लगाकर चलता बना। इधर राजा ने पुत्रों को ऊदल को काबू करने का आदेश दिया। ऊदल सहज ही काबू में नहीं आ सकता था। अतः बहुत से वीर मारे गए, परंतु अंत में ऊदल को बाँध लिया गया और महल के पीछे की गहरी खाई में फेंक दिया। चंद्रावलि हैरान, परेशान थी। उसने रात को रस्सी से बाँधकर खाई में ऊदल को भोजन पहुँचाया, परंतु ऊदल ने कहा, ''बहन! किसी प्रकार महोबा में सूचना भिजवा दो। वहाँ से भाई मुझे छुड़ाकर ले जाएँगे और आपको भी महोबा ले चलेंगे।''

चंद्रावलि ने विश्वस्त दूत के हाथ (तोता) संदेश भेजा। माता मल्हना ने पत्र पढ़ा और आल्हा, मलखान, ढेवा और ब्रह्मा को तुरंत बौरीगढ़ भेजा।

बौरीगढ़ में भारी युद्ध हुआ। फौज तो अनगिन मारी ही गई; बौरीगढ़ के सातों राजकुमार भी बारी-बारी कैद कर लिये गए। स्वयं वीर शाह भी युद्ध करने आया। आल्हा और मलखान ने वीर शाह को भी बाँध लिया। मलखान ने राजा से

कहा कि ऊदल को बिना कारण के कैद कर लिया। इतने दिन बाद चंद्रावलि बहन को विदा कराने आए भाई से आपने ऐसा व्यवहार किया। तब वीरशाह ने माहिल की बात बताई और बार-बार क्षमा प्रार्थना की। आल्हा ने ऊदल को तो छुड़ा ही लिया था। तब वीर शाह के सातों बेटों को बंधन-मुक्त कर दिया। राजा को सम्मान सहित आजाद कर दिया। राजा ने चंद्रावलि को विदा करने का प्रबंध किया। सातों राजकुमारों और राजा-रानी को उपहार भेंटकर सम्मानित किया। बहन चंद्रावलि को विदा करवाकर पालकी में बिठाकर महोबा ले आए। माता मल्हना ने आरती करके स्वागत किया। महोबे में खूब खुशियाँ मनाई गईं।

□

सिरसागढ़ की लड़ाई

आल्हा को बड़ा भाई मानकर ऊदल, मलखान, ब्रह्मा और ढेवा उसकी आज्ञा को पिता की आज्ञा मानकर पालन करते थे। एक दिन मलखान ने आल्हा से शिकार खेलने जाने की अनुमति माँगी। आल्हा ने समझाया कि बेवजह कहीं किसी से लड़ाई हो जाएगी। अपने क्षेत्र में ही शिकार खेल लो। अभी मांडौगढ़ की लड़ाई से अपनी सेना उबर नहीं पाई है। मलखान ने कहा, ''दादा! मैं शिकार खेलने जा रहा हूँ। अकेला जाऊँगा। सेना को ले जाने का प्रश्न ही नहीं उठता।'' आल्हा ने अनुमति देते हुए समझाया कि किसी से उलझना मत। मलखे बोला, ''दादा! पहली गलती पर ध्यान नहीं दूँगा। दूसरी बार किसी ने छेड़ा तो क्षमा कर दूँगा, पर तीसरी बार गाली दी तो मुँह में तलवार ठूँस दूँगा।''

इस तरह मलखान अकेला ही शिकार खेलने निकल पड़ा। दूर तक जंगल में भटकता रहा, परंतु कोई शिकारी पशु न मिला। दोपहर बाद एक हिरन दिखाई दिया। मलखान ने तीर मारा। हिरन गिर गया। मलखे हिरन के पास पहुँचा तो सिरसागढ़ का राजा पारथ अपने घोड़े पर आ पहुँचा। बोला, ''मेरे शिकार को तुमने क्यों मारा, मैं इसे घेरकर ला रहा था, तब तुमने इसे क्यों मारा?'' मलखान बोला, ''मैंने मारा तो मेरा हो गया। पहले तुम मार देते तो मैं कुछ न कहता, पर तुम हो कौन?'' पारथ तो नया-नया राजा बना था। क्रोध से काँपने लगा। बोला, ''मैं सिरसा का स्वामी हूँ। मेरा नाम पारथ है। दिल्लीपति पृथ्वीराज का भतीजा हूँ, पर तुम मेरे राज्य में क्यों घुसे, तुम कौन हो?'' मलखान ने कहा, ''मेरा नाम मलखान है। महोबा का राजकुमार हूँ। यह क्षेत्र महोबा की सीमा में है। तुम्हारे बाप का नहीं है।'' पारथ सिंह ने कहा, ''पहले यहाँ बच्छराज का राज था। उसके मरने के बाद दिल्लीपति पृथ्वीराज चौहान ने जीतकर इसे अपने राज्य में मिला लिया और मुझे यहाँ का शासन सौंप दिया।'' यह सुनकर तो मलखान बिफर गया,

"तो यह मेरे ही पिता का है। मैं बच्छराज का ही पुत्र हूँ।"

पारथ सिंह ने कहा, "तो मैं पहले तेरा शिकार करता हूँ। पहले अपने मन की निकाल ले। नहीं तो पीछे पछताएगा।" मलखान ने कहा, "पहला वार तुम ही करो। हम तो कभी पहला वार नहीं करते। भागते हुए के पीछे नहीं भागते। निहत्थे शत्रु को नहीं मारते। स्त्री पर हथियार नहीं उठाते। लो करो पहला वार, मैं हूँ तैयार।" पारथी सिंह ने भाला मारा। मलखे ने बाएँ होकर वार बचा लिया। फिर उसने सांग उठाकर फेंकी तो मलखान की घोड़ी हट गई और सांग धरती पर गिरी। क्रोध में पारथ ने तलवार निकाल ली। बिल्कुल निकट जाकर तलवार की चोट की। मलखान ने अपनी ढाल से चोट बचाई और वार किया। कुछ देर खटाखट तलवारें बजीं, परंतु मलखे की घोड़ी ने अगले दोनों पाँव उठाकर पारथ के घोड़े पर आक्रमण किया तो घोड़ा उलटे पाँव भागा। मलखान तो बता ही चुका था कि भागते हुए शत्रु का पीछा नहीं करते। अब मलखान अपना मारा हुआ शिकार लेकर चला आया। महोबे आकर उसने आल्हा को सारी कहानी सुनाई। फिर सिरसा पर अपने अधिकार की बात कही। आल्हा ने कहा, "उस विषय पर तो बात राजा परिमाल से होनी चाहिए। यह दो राज्यों का मामला है। नीति का प्रश्न है। आप राजा से चर्चा करो।"

राजा परिमाल का दरबार इंद्र के समान शोभित था। मलखान ने प्रवेश करते ही प्रणाम किया और फिर राजा के समीप पहुँच गया। राजा परिमाल ने उसे अपने निकट बैठा लिया और पूछा, "बेटा मलखान! आज क्या समस्या आ गई, क्या किसी ने अपशब्द कहे या मुझसे कुछ लेना चाहते हो? बिना संकोच कहो। बेटे, मेरा सबकुछ तो तुम्हारा ही है। ब्रह्मानंद से पहले तुम मेरे पुत्र हो। तुम्हारे पराक्रम से आज महोबे की शान है। तुम्हारे लिए मैं कुछ भी देने को तैयार हूँ।" तब मलखान ने कहा, "सिरसागढ़ पर मेरे पिता का राज था। मैं अपना राज वापस लेना चाहता हूँ। आप युद्ध की अनुमति प्रदान करें।" राजा परिमाल समझाने लगे, "तुम महोबे के राजकुमार हो। शांति से अपने राज्य में मौज करो। सिरसा की इच्छा ही मत करो। दिल्लीपति पृथ्वीराज से शुत्रता करना हमें भारी पड़ सकता है। बैठे-बिठाए हम मुसीबत मोल क्यों लें?" मलखान की समझ में कोई उपदेश नहीं आया। उसकी तो एक ही रट थी कि हमारे जवान होते हुए हमारे हिस्से पर कोई और राज क्यों करे? यह हमारी शान के विरुद्ध है। अतः वह तो युद्ध की अनुमति के अतिरिक्त कुछ और सुनना ही नहीं चाहता। मलखान बोला, "मैं खुद आग में कूदना चाहता हूँ। मैं स्वयं मृत्यु का स्वाद लेना चाहता हूँ। आपने मुझे पाला है, प्यार दिया है, अतः

आपकी अनुमति चाहता हूँ।'' विवश होकर नम आँखों से राजा परिमाल ने कहा, ''अच्छा तो यही रहेगा कि पृथ्वीराज से शत्रुता मोल न लें, परंतु यदि सिरसा लेना तेरी जिद है तो जा, मैं तुझे आशीर्वाद देता हूँ। तेरी विजय की कामना करता हूँ।''

मलखान ने राजा के चरण-स्पर्श किए और तुरंत दरबार से चल पड़े। उसमें एक अदम्य उत्साह था। वह रानी मल्हना के पास भी आशीर्वाद लेने गया। माता मल्हना ने उसे पुचकारा, छाती से लगाया और विजय के लिए आशीष दिया, परंतु अकेले जाते देख उनकी आँखों में आँसू थे। अंत में वह माता तिलका के पास गया। उनसे भी गले मिला, चरण-स्पर्श किए और चल पड़ा, तब तक और सैकड़ों साथी पहुँच गए। मलखान ने उन्हें लौट जाने को कहा, परंतु वे सब साथ चल दिए। बोले, ''साथ खेले, साथ खाना खाया, साथ पढ़े और साथ ही युद्ध कला सीखी तो अब साथ जीना-मरना है। हम तुम्हारा साथ नहीं छोड़ सकते।'' मलखान अपने साथियों के साथ सिरसा की ओर चल पड़ा। घने जंगल पार करके जब सिरसा तीन कोस रह गया तो उन्होंने काफिला रोक दिया। रात को वहीं विश्राम किया। प्रातः उठकर नित्यकर्म से निवृत्त हो युद्ध की तैयारी की। तभी विचार बना कि सिरसा के पारथ सिंह को पत्र लिखकर सावधान करना चाहिए। मलखान ने पत्र लिखा। सम्मानपूर्वक संबोधन करके लिखा—''सिरसागढ़ मेरे बाप का है। मैं इसे लेने आ गया हूँ। आप तुरंत सिरसा खाली करके चले जाएँ। इसी में दोनों पक्षों और नगरवासियों का हित है, अन्यथा युद्ध से निर्णय तो हो ही जाएगा।'' हरकारा पत्र लेकर पारथ के पास पहुँचा। पत्र पढ़कर पारथ क्रोधित हो गया। इसी समय सेनापति को युद्ध के लिए तैयारी का आदेश कर दिया गया। इधर के नगाड़ों की आवाज के साथ ही मलखान भी सिरसा की ओर आगे बढ़ा। दोनों ओर से सेनाएँ सम्मुख थीं। मलखान से पारथ पहले घबराया हुआ था। अब फिर सिरसा के सैनिकों में भगदड़ मची। पारथ भी शाम होने तक तो लड़ा, फिर उसने दिल्लीपति पृथ्वीराज को संदेश भेज दिया, ''महोबावालों ने आक्रमण कर दिया है। आप मदद के लिए सेना भेज दो।'' हरकारा रात भर घोड़ा दौड़ाता हुआ दिल्ली पहुँचा और राजा पृथ्वीराज को पत्र दे दिया। पृथ्वीराज ने धाँधू के नेतृत्व में कुमुक भेजी, साथ ही धीर सिंह को भी संदेश भेज दिया कि वह अपनी सेना ले जाकर पारथ की सहायता करे।

इधर प्रातः होते ही महोबे में राजा परिमाल ने आल्हा से कहा, ''यदि मलखान को, भगवान् न चाहे कुछ हो गया तो जग-हँसाई होगी। सब कहेंगे कि अकेले लड़के को भेजकर मरवा दिया। अब सेना लेकर सिरसा पहुँचो और मलखान की भरपूर सहायता करो।'' महोबे की सेना, तोपें, हाथी, घोड़े और पैदल सब आनन-

फानन में तैयार होकर चल पड़े। ऊदल के नेतृत्व में सेना सिरसा पहुँचने लगी। जब आल्हा को पता चला कि धीर सिंह भी लड़ने को तैयार है तो आल्हा भी अपनी सेना को साथ लेकर मलखान की सहायता के लिए चल पड़ा।

धाँधू, चौंडा और चंदन की फौज तो दिल्ली से सिरसा पहुँच ही रही थी। धीर सिंह और आल्हा आमने-सामने टकरा गए। धीरज सिंह ने कहा कि सामने से अपना घोड़ा हटाओ। आल्हा बोले, ''हमारा घोड़ा कहर है। आप अपना हाथी दाएँ-बाएँ कर लो।'' दोनों भिड़ गए तो धीरज ने सांग फेंककर मारी। आल्हा ने बचाव कर लिया। सांग नीचे जा गिरी। धीरज ने बुर्ज उठाकर चलाया। आल्हा ने पकड़ लिया। धीरज ने जोर लगाए, पर छुड़ा न सका और हौदे से नीचे कूद गया। धीरज ने तब पूछा, ''तुम कौन हो?'' आल्हा ने कहा, ''मैं दस्सराज का पुत्र हूँ आल्हा। महोबे के राजा परिमाल का पालित हूँ। मैं धीर सिंह से मिलने जा रहा था, सो धीरज सिंह तुमसे मिलकर बड़ी प्रसन्नता हुई।'' धीरज भी आल्हा से मिलकर खुश हुआ। दोनों मित्र बन गए।

आल्हा ने कहा, ''बच्छराज चाचा की मृत्यु के बाद पृथ्वीराज ने हमारे सिरसा पर कब्जा कर लिया। पारथ सिंह से सिरसा वापस दिलवा दो, क्यों खून-खराबा किया जाए?'' धीरज की समझ में यही न्याय लगा। सिरसा पहुँचकर उसने पारथ को बुलाकर समझाया, परंतु स्वार्थ के सामने न्याय कभी समझ में नहीं आता। पारथ नहीं माना और दोनों ओर से सेनाएँ लड़ने को तैयार हो गईं। तब पारथ बोला, ''क्यों न एक-एक वीर अपनी बराबरी से लड़े?'' आल्हा ने समर्थन करते हुए कहा, ''ठीक है, पारथ और मलखान लड़ें। धाँधू और ऊदल भिड़ें। धीरज सिंह से ताल्हन सैयद लड़ें, चंदन से ढेवा और चौड़िया राय से स्वयं आल्हा।''

युद्ध शुरू हो गया। महोबे के वीरों के सामने कोई वीर डट नहीं पाया। दनादन गोलियाँ चलीं। तीर पक्षी की तरह उड़ने लगे। सिरसा की प्रजा भी हाहाकार करने लगी। सेना के जवान गिरते हुए कटे पेड़ों से लग रहे थे। पारथसिंह जान बचाकर दिल्ली भाग गया। सिरसा फतह हो गया। आल्हा ने मलखान को सिरसा में ही राज करने को छोड़ दिया, बाकी वीर महोबा को वापस चले। मलखान ने ताल्हन चाचा से कहा कि मुझे 10 तोप, 50 हाथी, 100 घोड़े और 800 पैदल सैनिक दे दो। ताल्हन ने तुरंत इतने हथियारबंद सैनिक दे दिए और कहा कि जब किसी वस्तु की जरूरत हो तो महोबे को खबर कर देना। आल्हा, ऊदल, ढेवा, ब्रह्मा और ताल्हन महोबा लौट आए। विजय का समाचार सुनकर राजा और प्रजा सब खुश हो गए। माताएँ भी प्रसन्न हो गईं। रानी तिलका और दिवला ने सिरसा जाने की इच्छा प्रकट की।

उधर पारथ ने दिल्ली पहुँचकर पृथ्वीराज से सब हाल सुनाया और कहा, ''आप दिल्ली से भारी सेना भेजकर सिरसागढ़ वापस दिलवाओ।'' पृथ्वीराज ने समझा दिया कि सिरसा एक छोटा सा स्थान है, उसके लिए हमें दिल्ली से सेना नहीं भेजनी चाहिए। कभी मौका देखकर हम सिरसा पर फिर से अधिकार कर लेंगे।'' तब पारथ दिल्ली में ही रह गया और मलखान सिरसा का राजा बन गया।

□

नरवरगढ़ की लड़ाई (ऊदल का विवाह)

राजा परिमाल महोबे में राज कर रहे थे। उन्होंने राजाओं को जीतने के पश्चात् अपने शस्त्रों का त्याग कर दिया था, परंतु उन्हीं के द्वारा पालित आल्हा, ऊदल और मलखान अपने भुजबल से उनके यश की पताका को निरंतर फहरा रहे थे। यद्यपि कुछ क्षत्रिय बनाफर गोत्रीय इन वीरों को अपने से नीचा मानते थे, परंतु युद्ध में इनके सामने उनकी अकड़ मिट जाती थी। माहिल परिमाल की पत्नी मल्हना का सगा भाई था, परंतु वह सदा उनको हानि पहुँचाने के उपाय सोचता रहता था। पहले तो युद्ध करवाने के लिए प्रेरित करता, फिर शत्रु को उनके विरुद्ध भड़काता। एक बार माहिल ने राजा परिमाल के दरबार में काबुल के घोड़ों की जमकर तारीफ की। राजा ने अपने दरबार के वीरों के सामने पान का बीड़ा रखकर चुनौती स्वीकार करने को कहा। चुनौती स्वीकार करने के लिए कोई क्षत्रिय नहीं उठा तो राजा उदास हुआ। उसी समय दरबार में ऊदल आ गया। माहिल ने ऊदल को उकसाया और ऊदल ने बीड़ा उठा लिया। राजा अपने प्यारे पालित पुत्र को काबुल की लंबी यात्रा पर भेजने को तैयार नहीं थे। ऊदल ने अधिक हठ किया तो राजा ने देवपाल (ढेवा) को ऊदल के साथ जाने को कहा। राजा ने दोनों को चौदह खच्चर मँगवाकर दिए और सोने की मुहरें भी खर्च के लिए दीं। इसके पश्चात् दोनों रानी मल्हना, माता दिवला और माता तिलका से आशीर्वाद लेने गए। सब जानती थीं कि ऊदल ने प्रण कर लिया तो अब इसे रोका नहीं जा सकता। अत: सबने आशीर्वाद देकर विदा कर दिया। आल्हा ने भी समझाया, पर ऊदल तो जाने की ठान चुका था। फिर ढेवा अपने मनुरथा घोड़े पर और ऊदल अपने वैंदुल घोड़े पर सवार होकर चल पड़े।

कई दिन चलने के बाद वे एक नगर के पास पहुँचे। उन्होंने खेतों में गाय चराते लोगों से नगर का नाम पूछा। उत्तर मिला कि आगे जो दिखाई दे रहा है, वह नगर नरवरगढ़ है। इस शहर का दूसरा नाम मौरंगगढ़ भी है। यहाँ राजा नरपति सिंह राज

करते हैं। तब तक वे नरवरगढ़ में पहुँच ही गए। ऊदल ने पानी भरनेवाली पनिहारिन से कहा, ''मेरे घोड़े को पानी पिला दो।'' पनिहारिन बोली, ''मैं राजकुमारी फुलवा की दासी हूँ। पानी तो क्या पिलाऊँगी। यदि राजा को पता चल गया तो हे राहगीर, तुम्हारा घोड़ा भी छिन जाएगा और जेल की हवा खाओगे।'' ऊदल ने कहा, ''यह फुलवा कौन है, जिसकी इतनी अकड़ है ?'' दासी बोली, ''फुलवा राजा नरपति की राजकुमारी है। अति सुंदर है। रोज सवेरे ताजे फूलों से तौली जाती है।''

ऊदल ने अपना घोड़ा आगे बढ़ाया और फुलवा के बगीचे में जा पहुँचा। दोनों ने अपने घोड़े बाँधे। ढेवा वहाँ रुकने का खतरा मोल नहीं लेना चाहता था, पर ऊदल ने कहा, ''तुम जाकर घोड़ों के लिए रातब (चारा) ले आओ। रात को रुकेंगे और सवेरे ही चलेंगे।''

ढेवा के जाते ही माली आ गया। उसने बाग में गर्द उड़ाने का विरोध किया और वहाँ से चले जाने को कहा। राजा का भय दिखाया। ऊदल ने कहा कि एक रात की छूट दे दो। सुबह हम अपनी राह चले जाएँगे। यह कहते हुए एक सोने का हार उस माली को दे दिया। माली तो फूला न समाया। घर जाते ही मालिन ने खुशी का कारण पूछा। माली ने हार दिखाया और कहा, ''तुम भी चली जाओ। तुम्हें भी कुछ अवश्य मिल जाएगा।''

हिरिया नाम की वह मालिन तुरंत बगिया में जा पहुँची। ऊदल ने मालिन को भी मोहरों का बना एक हार (कुठला) दे दिया। मालिन ने ऊदल से परिचय पूछा तो ऊदल ने उसे असली परिचय दे दिया कि वे महोबे के राजकुमार हैं। मालिन को यह भी बताया कि बड़े भाई आल्हा नैनागढ़ में ब्याहे हैं। रानी सुनवां मेरी भाभी लगती हैं। मालिन ने भी रिश्ता गाँठ लिया। उसने कहा, ''सुनवां मेरी बहन ही लगती है। मैं भी नैनागढ़ की ही हूँ। आप मेरे भी देवर हो। मैं आपकी सहायता करूँगी।'' तभी ढेवा रातब लेकर आ गया। घोड़ों को रातब डाल दिया। ढेवा बोला, ''अब जल्दी ही अपनी मंजिल की ओर चलो। हमें घोड़े खरीदने काबुल जाना है।'' ऊदल बोला, ''जाएँगे, अवश्य जाएँगे, पर फुलवा को देखे बिना मैं कहीं नहीं जाऊँगा।'' इतना कहकर ऊदल मालिन के घर चले गए। रिश्ता तो बना ही लिया था, वहीं रहने लगे। महीनों तक फुलवा से मिलने का मार्ग नहीं मिला। ढेवा से सलाह की। उसने बताया कि चार लड़ीवाला हार बनाकर नारी वेश बनाकर हिरिया के साथ फुलवा के महल में चले जाओ। उपाय ऊदल को अच्छा लगा। वह हिरिया मालिन के साथ नारी वेश बनाकर तथा चार लड़ी का हार बनाकर, उसमें मोती भी पिरोए, साथ लेकर फुलवा के महल में जा पहुँचा।

हिरिया मालिन ऊदल (नारी वेशधारी) को लेकर सतखंडा पर जा पहुँची। फुलवा ने पूछा, ''यह चार लड़ी का हार किसने गूँथा है? गाँठें भी इतनी सख्त लगाई हैं। यह मर्दाने हाथ की गाँठें हैं।'' तब हिरिया ने बताया, ''महोबे से हमारी बहनौतिन (भानजी) आई है, उसी ने यह हार बनाया है।'' फुलवा ने उसे बुलवाने का आदेश दिया। ऊदल को तो वह नीचे छोड़ गई थी। उसे लिवाकर सतखंडा पर ले गई। साज-शृंगार करके घूँघट करके ऊदल फुलवा के महल में पहुँच गए। फुलवा ने पूछा, ''जनाने महल में यह हाथ भर का घूँघट क्यों निकाल रखा है?'' हिरिया ने कहा, ''यह बड़ी शर्मीली है।'' फुलवा ने पीढ़ा बिछवा दिया, पर ऊदल उस पर नहीं बैठे। हिरिया ने बात सँभाली, ''यह मेरी भानजी महोबे के राजा परिमाल की पुत्री चंद्रावलि की मालिन है। वहाँ उसके साथ पलंग पर बैठकर ही चौसर खेलती है। नीचे पटरे या पीढ़े पर नहीं बैठती।'' फुलवा ने पलंग पर ही पाँयतन की जगह छोड़ दी, परंतु ऊदल सिरहाने जा बैठे। फुलवा के मन में संदेह हो गया। तब फुलवा ने महोबे के महलों का हाल पूछा। ऊदल ने सब जवाब स्त्री जैसे स्वर में बताया। फुलवा ने पूछा, ''आल्हा और ऊदल का विवाह कहाँ से हुआ है?'' तो ऊदल ने बतलाया, ''आल्हा का ब्याह नैनागढ़ की राजकुमारी सुनवां के साथ हुआ है। अभी ऊदल कुँवारे हैं, उनका विवाह होना बाकी है।'' फिर फुलवा ने पूछा, ''कि तुम्हारे पाँव मर्दों जैसे मोटे और सख्त दिखाई पड़ रहे हैं?'' फिर फुलवा ने हिरिया मालिन से कहा, ''आज इसे यहीं छोड़ दे। सुबह वापस ले जाना। मैं इसके साथ चौसर खेलूँगी।''

हिरिया मालिन घर चली गई। फुलवा और ऊदल चौसर खेलने लगे। तभी हवा से ओढ़ना हट गया तो ऊदल की कमर में कटार दिखाई पड़ गई। फिर तो फुलवा ने कहा, ''मैंने तुम्हें पहचान लिया। तुम महोबे के ऊदल हो। जब तुम मांडौगढ़ में जोगी रूप बनाकर गए थे, तब मैं वहीं थी।'' अब तो ऊदल को स्वीकार करना पड़ा। फुलवा ने कहा कि हम अभी आपस में ब्याह रचा लेते हैं। ऊदल ने कहा, ''इस प्रकार चोरी से विवाह करने से हमारी राजपूती शान में बट्टा लग जाएगा। हम महोबे से बरात लेकर आएँगे और विधिपूर्वक तुम्हें विदा करवाकर ले जाएँगे।''

ऊदल ने ब्याह का आश्वासन गंगाजली उठाकर दिया। फिर फुलवा ने खाना खाने के लिए आग्रह किया, परंतु ऊदल ने कहा, ''बिना ब्याहे न तो मैं तुम्हारे हाथ का खाना खाऊँगा और न तुम्हारी सेज पर पाँव रखूँगा। इससे मेरी राजपूती आन टूटती है।'' ऊदल की बात फुलवा ने मान ली। सुबह को जल्दी ही पालकी में बिठाकर हिरिया मालिन उसे लिवा ले गई। मकरंद ठाकुर ने हिरिया से पूछा तो उसने अपनी बहनौतिन बताकर पीछा छुड़वाया।

मालिन के घर पहुँचकर ऊदल ने कपड़े बदले। ढेवा ने कहा कि फुलवा को मैं भी देखना चाहता हूँ। तब दोनों ने अपनी जोगीवाली गूदड़ी निकाली और जोगी बनकर गाते-बजाते महल के सामने जा पहुँचे। पनिहारिन दोनों जवान जोगियों को देखने लगीं। बाँदी ने जाकर रानी को जोगियों की बात सुनाई। रानी ने कहा, "उन जोगियों को महलों में बुलवाओ, हम भी देखें।" दासी ने देर नहीं लगाई। दौड़ी-दौड़ी जोगियों के पास आई और बुलाकर ले गई। राजा ने उन्हें अपने पास बुला लिया। ऊदल ने बाएँ हाथ से राजा को प्रणाम किया तो राजा नाराज हो गया। तब जोगी ने कहा, "जिस हाथ से सुमरनी (माला) जपते हैं, राम नाम लेते हैं, उसी हाथ से आपकी बंदगी करने से हमारा योग-भंग हो जाता। इसलिए बाएँ हाथ का उपयोग करते हैं।" फिर तो राजा की आज्ञा से जोगी गाने-बजाने लगे। ऊदल की तान और ढेवा की खंजरी की आवाज ने सबके मन मोह लिये। वाह-वाह होने लगी।

राजा नरपति सिंह बहुत प्रसन्न हुए। उदय सिंह राय ने नृत्य करना शुरू कर दिया। महलों की दीवारें तक मोहित हो गईं। राजा ने आग्रह किया, "जोगी आज यहीं विश्राम करें तथा हमारा आतिथ्य स्वीकार करें।" ऊदल ने कहा, "महाराज! ब्राह्मण का बना भोजन करके हमारा योग भंग हो जाएगा। हम केवल कुँवारी कन्या या बाल ब्रह्मचारी के हाथ से बना भोजन ही करते हैं।" राजा ने आग्रह किया, "अपनी कन्या फुलवा के हाथ से भोजन बनवाता हूँ, आप स्वीकार कीजिए।" पुत्र मकरंद से राजा ने कहा, "दोनों जोगियों को महलों में ले जाओ। फुलवा के द्वारा भोजन तैयार करवाकर इन्हें भोजन करवाओ।" मकरंद ने राजा की आज्ञा का पालन किया। दोनों भोजन करने बैठ गए। फुलवा ने स्वयं भोजन परोसा। ऊदल ने ढेवा से कहा कि फुलवा को भली प्रकार निहार लो। भोजन करने को कहा गया तो ऊदल ने सोचा, मैं ब्याह से पहले फुलवा के हाथ का भोजन करूँगा॥ तो मेरी राजपूती शान-बान घट जाएगी। तभी ऊदल ने बेहोश होने का नाटक किया। चंपारानी को शक हुआ कि छोटा जोगी मेरी बेटी का रूप देखकर होश खो बैठा है। तब ढेवा ने कहा कि जोगी को चुड़ैलों ने पकड़ लिया है। इस महल में चुड़ैलों का साया घूम रहा है। वैद्यों ने भी उपचार किया, पर व्यर्थ गया। तब स्वयं फुलवा आई और धीरे-धीरे ऊदल से बोली, "क्यों बहाने बना रहे हो? तुम्हारा काम हो गया। अब जल्दी महोबा लौट जाओ और पूरी तैयारी के साथ आकर मेरे साथ भाँवर डलवाकर मुझे ब्याह ले जाओ। ऊदल उठ गए और चलने की तैयारी करने लगे। मालिन के घर पहुँचकर वस्त्र बदले और महोबा को वापस चलने के लिए विचार आते ही सोचा, काबुल गए, न घोड़े खरीदे। जो धन लेकर चले थे, वह सब

खर्च हो गया। राजा परिमाल को तथा अग्रज आल्हा को क्या जवाब देंगे। तब ढेवा ने ऊदल से कहा, "तुम पागल का नाटक करके चलो, बाकी मैं सँभाल लूँगा। जो कहना होगा, मैं कह लूँगा।"

दोनों (ऊदल और ढेवा) लौटकर महोबा पहुँचे। तंबू कीर्ति सागर के पास लगा दिया। एक पलंग पर ऊदल को लिटा दिया। राजा परिमाल के दरबार में जाकर प्रणाम किया। काबुल के घोड़े कहाँ हैं ? पूछने पर देवा ने कहा, "सागर के पास जाकर देख लो।" राजा तुरंत सागर के पास पहुँचे। तंबू में पलंग पर ऊदल को देखकर पूछा, "ऊदल! बेटे की सूरत मलिन क्यों हो गई, शरीर पीला क्यों पड़ गया ?" तब ढेवा ने बताया कि नरवरगढ़ की चुड़ैलों ने ऊदल को पकड़ लिया है। वहीं इलाज करवाते हुए हमने सारा धन खर्च कर दिया। जब बिल्कुल खाली हो गए, तब मजबूरी में महोबा लेकर आया हूँ।" राजा भी घबरा गया और आल्हा को भी भारी चिंता हुई। माता देवै और रानी मल्हना भी यह समाचार सुनकर रोने लगीं। तब रानी सुनवां (मछला) ने ढेवा से कारण पूछा। चुड़ैलोंवाली बात सुनकर मछला बोली, "ऊदल को मेरे पास बुलवाओ।" ऊदल को पालकी में सुनवां के महल में पहुँचाया गया।

खग जाने खग की भाषा। रानी मल्हना ने पूछा, "क्या तुमने कुमारी फुलवा को देखा है ? उसी को पाने के लिए यह सब बहाने बना रहे हो ?" ऊदल मुसकराने लगा। बोला, "भौजी! आपको यह सब कैसे पता चल गया ?" ऊदल ने फिर तो सारी बात विस्तार से सुना दी कि फुलवा से गंगाजली उठाकर वादा करा लिया है कि विवाह उसी से होगा। सुनवां ने बताया कि नरपति सिंह से युद्ध करना सरल नहीं है। उनके पास काठ का घोड़ा है, जो उड़ सकता है। एक बाण है, जो अजेय है, उसका वार खाली नहीं जाता। शनिश्चर की शिला है, जो सब पर भारी पड़ती है। इस पर ऊदल बोला कि कुछ भी हो, ब्याह तो फुलवा से ही करना है। कैसे होगा, यह आप जानें। सुनवां ने आल्हा से जाकर कहा कि नरवरगढ़ से युद्ध करके ऊदल का ब्याह फुलवा से करवाना ही पड़ेगा। आल्हा ने विवशता प्रकट की तो सुनवां ने कहा, "आप घर में चूड़ी पहनकर बैठो। मैं ऊदल का ब्याह करवाकर लाऊँगी।" वीर भला ऐसे ताने सुन सकते हैं ? आल्हा ने राजा परिमाल से कहा। राजा ने भी ऊदल को समझाने का प्रयास किया, परंतु ऊदल को तो फुलवा की रट लगी थी। आखिर शुभ घड़ी देखकर ऊदल को दूल्हा बनाकर मढ़ा पूजा, हल्दी लेपन आदि सब क्रियाएँ करवा दी गईं और अलग-अलग राज्यों के राजाओं को बरात के लिए आमंत्रित कर दिया।

आल्हा, ऊदल, मलखान, ढेवा, ब्रह्मा तो चले ही, शेष सभी राजा भी अपने शस्त्रों से सुसज्जित होकर बरात में सम्मिलित हुए। झुन्नागढ़, बौटीगढ़, नैनागढ़, दिल्ली आदि सभी राजाओं को बरात में बुला लिया गया। सभी तैयारियाँ पूरी करके ऊदल को मुकुट पहनाकर पालकी में बिठा दिया गया। चंद्रावलि बहन के पति इंद्रसेनजी ने ऊदल को गोद में उठाया और कुएँ पर जाकर रख दिया। रानी मल्हना ने कुएँ में पाँव लटका दिए। ऊदल ने माता मल्हना को कुएँ से उठा लिया। फिर माता ने आशीर्वाद दिया। फिर ऊदल पालकी में सवार हुए और बरात रवाना हुई। हाथी सवार हाथियों पर चढ़ गए और घुड़सवार घोड़ों पर चढ़ गए। तोपची भी तोपों के साथ आगे बढ़ने लगे। पंचशावद हाथी पर आल्हा सवार हो गए। कबूतरी घोड़ी पर मलखान चढ़े। घोड़ी हिरोजिन पर सुलिखे सवार हुए। ढेवा मनुरथा घोड़े पर चढ़े और मन्ना गूजर ने अपना सब्जा घोड़ा आगे बढ़ाया। बनारसवाले ताल्हन सैयद की घोड़ी का ही नाम सिंहनी था। बरात नरवरगढ़ के लिए चल पड़ी।

जब नरवरगढ़ आठ कोस रह गया तो बरात ने डेरा डाल दिया। सब लोग हाथी, घोड़ों से उतर गए तथा अपने-अपने तंबू तान दिए। दूर-दूर तक महोबे का लश्कर ही दिखाई पड़ता था। रात को खाना बनाया, खाया और सो गए। प्रात:काल वीर मलखान ने रूपन वारी को बुलवाया और ऐपनवारी (सूचना की चिट्ठी) ले जाने को कहा। पहले तो मना किया, पर फिर रूपन तैयार हो गया। उसने ऊदल का ही घोड़ा वैंदुल साथ लिया। ऊदलवाली बैंगनी रंग की पगड़ी पहनी, नागदौन का भाला लिया और ढाल, तलवार बूँदीवाली लेकर ऐपनवारी देने चला। दरबार पर दरबान ने रोककर पूछा कि कौन हो, कहाँ से आए हो ? तब रूपन ने कहा, ''महोबे के राजा परिमाल का सेवक हूँ, ऊदल के ब्याह के लिए बरात लेकर आए हैं। मेरा नाम रूपन है और मैं ऐपनवारी लेकर आया हूँ। हमारा नेग जो बनता है, हमें दे दें। मेरा नेग है द्वार पर चार घंटे तक तलवार चलेगी।'' राजा नरपति सिंह ने वारी को दरबार में हाजिर करने को कहा, परंतु तब तक रूपन वारी दरबार में पहुँच ही गया। रूपन ने ऐपन वारी (शगुन की चिट्ठी) राजा के पास रख दी। तब नरपति राव ने सिलहट के राजा विजय सिंह को रूपन पर वार करने का आदेश दिया। विजय सिंह की सांग का वार रूपन बचा गया, पर जब रूपन ने भाला चलाया तो वह घायल होकर गिर पड़ा। उपस्थित क्षत्रियों ने एक साथ हल्ला बोल दिया। रूपन ने भी तलवार खींच ली और अनेक क्षत्रियों को दरबार में गिरा दिया। फिर रूपन तलवार चलाते हुए घोड़े को भगाता हुआ फाटक के पार निकल गया।

रक्त-रंजित रूपन को लश्कर में आते हुए देखकर वीर मलखान ने नरवरगढ़

का हाल पूछा। रूपन ने बताया कि द्वार पर भारी युद्ध हुआ, किंतु मैं अपना काम पूरा कर आया।

नरवरगढ़ में फौज तैयार हो गई। मकरंदी के नेतृत्व में मारू बाजे बजने लगे। उधर मलखान के नेतृत्व में महोबा की बरात भी युद्ध के लिए तैयार ही थी। दोनों ओर से सेना आगे बढ़ी। मकरंदी ने वीर मलखान से परिचय पूछा तो वह बोला, "आल्हा का भाई हूँ। महोबे से ऊदल को ब्याहने के लिए नरवरगढ़ आए हैं। चुपचाप फुलवा का विवाह ऊदल से करवा दो तो युद्ध में होनेवाले विनाश से बच जाओगे।" इतना सुनकर मकरंदी ने तोपचियों को तोपें चलाने का हुक्म दिया। तोपें दोनों तरफ से चलीं। धुआँधार मारामारी मच गई। हाथियों के गोला लगता तो हाथी गिरते हुए अपने नीचे और कइयों को दबा लेता। घोड़े के गोला लगता तो भागता हुआ कई सैनिकों पर चढ़ जाता। यदि गोला सैनिक पर पड़ता तो सैनिक के चीथड़े उड़ जाते। ऐसी भयंकर लड़ाई के बीच से घोड़ा दौड़ाकर मकरंदी राजमहल में जा पहुँचा और वहाँ से 'बाण अजीता, शैल शनिश्चर तथा काठ का घोड़ा लेकर पुनः युद्ध करने आय। पहले मालिन हिरिया के पास गया। हिरिया भी जादूगरनी थी। उसकी हमदर्दी तो महोबेवालों से भी थी, परंतु नरवरगढ़ का नमक खाया था। इसलिए मकरंदी की सहायता करने आ गई। मकरंदी ने शैल शनिश्चर और अजीता बाण का प्रयोग कर दिया, पर जब हिरिया मालिन का जादू चला तो महोबे की फौजें बेहोश हो गईं। मलखान ने सांग चलाई तो काठ का घोड़ा मकरंदी को लेकर उड़ गया। सांग धरती पर गिरी। मकरंदी ने शैल शनिश्चर चलाई तो घोड़ी कबूतरी भी उड़कर वार बचा गई, पर घोड़ी लँगड़ी हो गई। जादू के प्रभाव से सबके हाथ सुन्न हो गए। महोबे की ओर से आए सभी वीर राजा बंदी बना लिये गए। यह देखकर ऊदल ने अपना मुकुट उतारा, पगड़ी बाँधी और हथियार लेकर वैंदुल पर सवार होकर युद्ध करने पहुँच गए। उस पर जादू का प्रभाव नहीं था। अतः ऊदल नरवरगढ़ की सेना को पान की तरह आसानी से काटते हुए आगे बढ़ने लगे। हाथियों के बाईस हौदे खाली करते हुए ऊदल आगे बढ़े और मकरंदी पर वार किया। मकरंद ने जब गुर्ज उठाकर वार करना चाहा तो हिरिया ने रोक दिया। वह बोली, "यह दूल्हा है। इस पर वार मत करना।" यह कहकर हिरिया ने अपना जादू कर दिया। वैंदुल घोड़ा खड़ा रह गया। मकरंदी ने फुर्ती से ऊदल को बंदी बना लिया। फिर तो उसे लेकर तुरंत नरवरगढ़ को भाग गया।

सेना तो पहले ही जादू के प्रभाव में अचेत पड़ी थी। आल्हा को ढेवा ने लश्कर का और ऊदल का हाल सुनाया तो वह चिंतित हो गया। आल्हा ने तब

ढेवा से कहा, ''अब सुनवां को महोबे से लिवाकर लाओ। जादू का जवाब वही दे सकती है।'' ढेवा तुरंत महोबे को चल दिया। महोबे में माताएँ ढेवा से हाल जानकर रोने लगीं। सुनवां रानी ने तब आकर माता दिवला से पूछा। हाल जानकर वह बोली, ''मेरा बच्चा छोटा है, नहीं तो मैं तुरंत ढेवा के साथ चली जाती, परंतु मैं अभी देवी की पूजा करके कुछ उपाय करती हूँ।'' रानी सुनवां मठिया में देवी के ध्यान में बैठ गई। देवी ने पूछा तो सुनवां ने समस्या बताई। तब देवी बोली, ''जादू हटाने को अमृतमयी धूनी की भस्म दे दो। उधर मैं नरवरगढ़ जाकर बाण अजीता, शैल शनिश्चर और काठ के घोड़े को छिपा देती हूँ।'' माँ दुर्गा की धूनि की भस्म की पुड़िया लेकर ढेवा को दी। ढेवा बिना देरी किए वापस आल्हा के पास पहुँचे। आल्हा ने अपना हाथी पंचशावद सजवाया। उधर मलखान और ढेवा ने अमृतमयी भस्म अपने लश्कर पर छिड़क दी। सब राम-राम करते हुए उठ बैठे।

पंचशावद पर आल्हा चढ़ गए और घोड़ा पपीहा पर मलखान चढ़ गया। ढेवा ने घोड़ा मनुरथा पर सवारी करी। सारी सेना फिर चैतन्य होकर युद्ध के लिए तैयार हो गई। मकरंद ठाकुर भी फिर युद्ध के लिए तैयार होकर चला। शैल शनिश्चर और बाण अजीता अपनी जगह से गायब थे। काठ का घोड़ा खड़ा था, पर निष्प्राण सा था। मकरंदी मन में घबरा गया, परंतु युद्ध के लिए अपने लश्कर को ललकारने लगा। भारी युद्ध हुआ। अब की बार महोबेवाले वीरों ने ऐसी मार मचाई कि नरवरगढ़ के सैनिक भागने लगे। मकरंदी ने हिरिया मालिन से जादू चलाने को कहा। हिरिया ने मलखान पर जादू का वार कई बार किया, पर निष्फल गया। मलखान ने कहा, ''मुझ पर किसी का जादू नहीं चल सकता। मैं पुष्य नक्षत्र में जन्मा हूँ। कुंडली में बारहवें घर में बृहस्पति बैठे हैं। मुझे काल का भी डर नहीं है।'' मलखान हिरिया के पास जा पहुँचे और जल्दी से उसका जूड़ा काट लिया। फिर तो जिन पर जादू का प्रभाव था, वे भी सब ठीक हो गए, जादू बेअसर हो गया। मकरंदी आगे बढ़ा और मलखे पर वार किया। ढाल अड़ाकर मलखे ने वार बचा लिया। फिर मलखान ने चोट करी। मकरंदी गिरा। अवसर पाते ही मलखान ने उसे बंदी बना लिया। नरवरगढ़ की फौज तो फिर भागती नजर आई।

राजा नरपति ने आल्हा के सामने आकर दीन स्वर में मकरंदी को छोड़ने की गुहार लगाई। फुलवा के विवाह का वायदा किया। आल्हा ने ऊदल को रिहा करने की शर्त रखी। नरपति सिंह ने ऊदल ही नहीं, सभी की रिहाई कर दी। राजा नरपति ने महल में जाकर पंडित बुलवाए और भाँवर की तैयारी शुरू कर दी। तभी माहिल वहाँ पहुँचे और बनाफरों में ब्याह न करने का उपाय सुझाया। उनकी सलाह पर

दो हजार हथियारबंद सैनिक कोठरियों में छिपा दिए गए। आल्हा से कहा गया कि सभी घर-परिवार के ही लोग भाँवर पर आएँ। जैसे ही वे घर-घर के लोग मंडप में पहुँचे, फाटक बंद कर लिये। पहली भाँवर पड़ी तो मकरंदी ने तलवार का वार किया, जिसे मलखान ने रोक लिया। दूसरी भाँवर पर हल्ला मच गया और कोठरियों से निकलकर सब सैनिकों ने आक्रमण कर दिया, परंतु महोबेवालों ने ऐसी तलवार चलाई कि सब मारे गए या भाग गए। मकरंदी को फिर कैद कर लिया तथा सातों भाँवर पूरी हो गईं। राजा ने कहा, अब आपको विदा करूँगा और फुलवा का डोला दूँगा, पर भात बनवा दिया है। आप भात खाकर ही विदा किए जाएँगे। मकरंदी छोड़ दिया।

सब महोबेवाले भात खाने पंगत में बैठ गए। जैसे ही खाना शुरू किया। मकरंदी ने अपने सिपाही फिर बुला लिये और हमला कर दिया। महोबेवालों के पास पानी के लिए लोटे थे। उन्होंने लोटे से ही वार करने शुरू कर दिए। तीन घंटे तक लोटे के वारों से ही उन सैनिकों के छक्के छुड़ा दिए। राजा नरपति ने हाथ जोड़कर कहा, ''हम जान गए कि महोबेवालों का कोई मुकाबला नहीं। आप अपने नेगी बुलवा लो, हम बिटिया को विदा करते हैं।'' आल्हा ने गहनों का टोकरा फुलवा के शृंगार के लिए भेज दिया। शृंगार करके फुलवा पालकी में बिठाकर विदा कर दी गई। सागर पर बरात ठहराकर फिर रूपन ने राजमहल में समाचार दिया। फिर तो स्वागत की तैयारी की गई। मंगल गीत गाए गए। रानी मल्हना ने फुलवा रानी को पालकी से उतरवाया, बधाई बजी। महोबा सारा सजाया गया। सब बरात में आए राजाओं को उपहार दे-देकर विदा किया गया। ब्राह्मणों आदि को नेग-जोग और इनाम दिए गए। इस प्रकार ऊदल का विवाह संपन्न हुआ।

□

कुमायूँ की लड़ाई—सुलिखे का विवाह

मलखान का ही छोटा भाई सुलिखान था। बच्छराज और माँ ब्रह्मा देवी उर्फ तिलका के ये दोनों वीर पुत्र थे। राजा परिमाल ने जस्सराज और बच्छाराज की मृत्यु के बाद उनके बच्चों का पूरी ममता और प्रेम से पालन किया था। रानी मल्हना ने सब बच्चों को भरपूर प्रेम दिया तथा बच्चों ने भी रानी मल्हना और राजा परिमाल को सदा अपने माता-पिता से बढ़कर सम्मान दिया था। महोबा के निकट ही दशपुरवा में बनाफरों ने राजनिवास बनाया था। मलखान सिरसा में राज करने लगा था, परंतु संकेत पाते ही राजा परिमाल और अग्रज आल्हा की सेवा में उपस्थित हो जाता था। एक बार सुलिखान ने निश्चय किया कि बदरीनाथ भगवान् के दर्शन करें तथा केदारनाथ में भगवान् भोलेनाथ पर जल चढ़ाएँ। राह कठिन है, अतः आल्हा व राजा परिमाल ने मना किया। बनाफरों की तो यही आदत थी, जो ठान ली, उसे पूरा करने के लिए जुट गए; फिर मानी किसी की नहीं। मलखान को बुलवाया गया। उसने भाई की इच्छा में रोड़ा नहीं अटकाया। आल्हा ने फिर भाई देवपाल (ढेवा) को यह कठिन कार्य सौंपा। उन दोनों के साथ बहुत सा धन और कुछ सैनिक भेज दिए।

ढेवा सुलिखे को साथ लेकर पूरी तैयारी से तीर्थ करवाने को बदरीनाथ के मार्ग पर निकल पड़े। अनेक गाँव, शहर, नदी, पहाड़ों को पार करते हुए दोनों भाई तीर्थ में पहुँच गए। दर्शन किए, पूजा की, ब्राह्मणों को दान दिया। भगवान् भोलेनाथ पर भी जल चढ़ाया। विधिवत् पूजा की तथा फिर वापस चल पड़े। लौटते हुए राह में थोड़ी सी भूल के कारण वे कुमायूँगढ़ जा पहुँचे। शहर के बाहर ही डेरा डालकर ठहर गए। प्रातः चलने का विचार करके रात्रि को वहीं विश्राम किया। सवेरे उठते ही सुलिखे ने भाई ढेवा को अपना सपना सुनाया। सपने में उसने एक सुंदर बाग देखा। बाग में सखियों के साथ एक राजकुमारी थी। राजकुमारी का नाम

नाम रतन सिंह है और इस ओर आने का साहस किया तो सबके सिर काट लिये जाएँगे।'' पत्र हरकारे के हाथ वापस भेज दिया। पत्र आल्हा को मिला। पढ़ते ही माथे पर चिंता की रेखाएँ उभर आईं। मलखान ने कहा, ''दादा! सोच मत करो। चलने की तैयारी करो।'' राजाओं को चलने की तारीख दे दी गई। अपने वाहन और शस्त्र लेकर सब आ गए। पंचशावद हाथी पर आल्हा सवार हुए। वेंदुल घोड़े पर ऊदल, कबूतरी घोड़ी पर मलखान, ढेवा ने अपना मनुरथा घोड़ा सँभाला। कामजीत और अपरजीत हथिनी पर सवार हो गए। सभी अपने-अपने हथियार और सवारी पर तैयार हो गए तो शुभ मुहूर्त देखकर राजा परिमाल का आशीर्वाद लेकर बरात रवाना हो गई। तब रूपन वारी को बुलवाया गया। रूपन ने घोड़ा पपीहा और ऊदल की ढाल-तलवार, योगी ब्रह्मानंद का भाला लिया और ऐपनवारी लेकर कुमायूँ गढ़ को चल दिया। रूपन रतन सिंह के द्वार पर जा पहुँचा। दरबारी ने पूछा तो साफ कहा, ''महोबे से बरात आ रही है। राजकुमारी कलावती और वीर सुलिखान के विवाह की ऐपन वारी लाया हूँ। राजा से जाकर कहो कि मेरा नेग भेज दें।'' दरबान ने पूछा कि क्या नेग है तुम्हारा, तो रूपन ने कहा, द्वार पर चार घंटे तलवार से सामना करने के लिए वीर भेजो। दरबार में सूचना पहुँची। राजा ने वारी को बुलवाने की आज्ञा दी, पर रूपन तो दरबार में स्वयं ही पहुँच गया था। कुँवर सिंह को आदेश हुआ कि इस वारी को पकड़ लो, पर यह पकड़ में कहाँ आनेवाला था। रूपन ने तलवार खींच ली और ऐसी चलाई कि सबको घायल करता हुआ फाटक पार निकल गया। घोड़ा और रूपन दोनों खून में रँग गए।

इधर राजा रतन सिंह ने फौज तैयार कर ली और दोनों बेटे कुँवर सिंह, लाल सिंह को आदेश दिया कि फाटक पर ऊँचे बाँस गाड़कर उन पर बाज की मूर्ति लगा दो। आल्हा को खबर भेज दो कि दरवाजे पर स्वागत से पहले बाज गिराने होंगे। तभी मंडप में प्रवेश हो सकेगा। आल्हा ने अपने वीर तैयार करवाए और गढ़ के द्वार पर जा पहुँचे। ऊँचे बाँस पर बाज टाँग रखे थे। बाँसों पर चढ़कर बाज उतारने थे। मलखान ने समरजीत को बाज उतारने को कहा। लाल सिंह ने आगे बढ़कर युद्ध शुरू कर दिया। दोनों ओर के वीर लड़ने लगे। वीर ऊदल ने लाल सिंह को अपने साथ युद्ध के लिए ललकारा। तब तक मलखान आगे आ गया। लाल सिंह ने ऊदल पर तलवार चलाई। ऊदल तो बच गया, पर मलखे ने लाल सिंह पर वार कर दिया। धरती पर गिरते ही ऊदल ने घोड़ा कुदाया और बाज उतार लिये। लाल सिंह को बंदी बना लिया गया। फिर कुँवर सिंह को भेजा गया। समरजीत कुँवर सिंह से भिड़ गया। समरजीत के वार से कुँवर सिंह बच गया, पर कुँवर सिंह का

वार वह नहीं झेल पाया और समरजीत को बंदी बना लिया गया।

कामजीत ने भी कुँवर सिंह पर तलवार का वार किया, परंतु तलवार टूट गई। तभी ऊदल वहाँ पहुँच गए। ऊदल का वार कुँवर सिंह की ढाल नहीं झेल पाई। वह गिर गया और ऊदल ने तुरंत कुँवर सिंह को बंदी बना लिया। तब तो रतन सिंह आल्हा के पास पहुँच गए। बड़ी दीनतापूर्वक कहने लगे, अब हमें पता चल गया कि बनाफरों से कोई नहीं जीत सकता। मेरे दोनों पुत्र लाल सिंह और कुँवर सिंह को छोड़ दो। मैं अपनी कन्या की भाँवर डलवाने को तैयार हूँ। आल्हा तो उदार ठहरे। तुरंत उन दोनों को छोड़ने का आदेश कर दिया। फिर रतन सिंह ने कहा, ''दूल्हे को अकेले मंडप में भेज दो। मैं फेरे डलवाकर विदा कर दूँगा।'' अकेले सुलिखान की पालकी मंडप में भेज दी गई। लड़के को महल में ले जाते ही फाटक पर ताले लगा दिए। अंदर सुलिखान को कैद करने की योजना बनाई। कुँवर सिंह बंदी बनाने आया तो सुलिखे ने पालकी का बाँस निकाल लिया। कुँवर सिंह की तलवार बाँस के वार से गिर गई। सुलिखान ने अपनी तलवार निकाल ली और अकेले ही बारह शूरवीरों को मार गिराया। तब राजा ने ध्यान बँटाकर उसे बंदी बना लिया और जमीन के नीचे खंदक में डालकर ऊपर पत्थर रखवाकर बंद कर दिया। कलावती को जब यह समाचार मिला तो उसने अपनी मालिन को बुलवाया। एक पत्र लिखकर उसे दिया। मालिन को आदेश दिया कि इसे परिवार के लोगों से छिपाकर आल्हा के पास पहुँचा दो। मालिन को पहले ऊदल मिल गए। ऊदल ने जान लिया कि मालिन आल्हा के लिए पत्र लाई है तो ऊदल उसे साथ लेकर आल्हा के पास पहुँचे। पत्र पढ़कर आल्हा ने ऊदल को पकड़ा दिया।

आल्हा ने आदेश दिया कि फौज तैयार करो और कुमायूँ राजमहल पर आक्रमण कर दो। सुलिखे को छुड़ाकर भाँवर डलवाओ और महलों में लूटमार कर दो। फिर क्या था, सब सैनिक अपने हाथियों और घोड़ों पर सवार हो गए। दोनों ओर की सेनाएँ हथियारों सहित भिड़ गईं। तोप और तीर-कमान पीछे रह गए। भाले और तलवारें खटाखट चलने लगीं। पग-पग पर शूरों की लाशें गिरने लगीं। चहुँ ओर मारो-मारो की आवाजें आ रही थीं। कटोरा भर पानी भी कहीं नहीं मिल रहा था। अपने-पराए की पहचान ही नहीं रही, जो सामने पड़ गया, वही तलवार का शिकार हो गया। ऊदल का वैंदुल घोड़ा हर तरफ, हर मोरचे पर नाचता दिखाई दे रहा था। ऊदल वीरों को प्रेरणा दे रहे थे, ''खाट पर पड़कर मर गए तो संसार में कोई नहीं पूछेगा। रणखेत में मारे गए तो तुम्हारी पीढ़ी ही अमर हो जाएगी। मारो-मारो, आगे बढ़ो।'' फिर तो कुमायूँ के सैनिक भागने लगे। कुँवर

सिंह ने आगे बढ़कर ऊदल का सामना किया। कुँवर सिंह ने तीन वार किए, जो ऊदल ने बचा लिये, परंतु ऊदल ने जो ढाल से धक्का दिया, कुँवर सिंह के गिरते ही ऊदल ने बंदी बना लिया। लाल सिंह आगे बढ़ा तो मलखान से सामना हो गया। उसे मलखान ने कैद कर लिया। रतन सिंह आगे बढ़े तो आल्हा अपने पंचशावद हाथी पर सामने अड़ गए। आल्हा ने कहा, ''राजा! अभी कुछ नहीं बिगड़ा। अभी भाँवर डलवा दो, दोनों ओर का धर्म रह जाएगा। नहीं तो राज्य का नाश निश्चित है।'' राजा रतन सिंह की समझ में बात आ गई। उसने फिर अपने पुत्रों को कैद से छुड़वाने का आग्रह किया। आल्हा ने मलखे को साथ भेजा और सुलिखे को खंदक से निकलवाया। पंडितजी को बुलवाकर विधि-विधान से भाँवर डलवाईं। ढेवा और ऊदल ने गहनों का बक्सा रंगमहल में भिजवा दिया। कलावती का शृंगार कर दिया गया। सब नेग-जोग और दान-दक्षिणा दी गई। राजा रतन सिंह ने बिना देर किए कलावती को पालकी में बिठाकर विदा कर दिया। उन सभी को लग रहा था कि विलंब हुआ तो फिर कोई बाधा आ सकती है। अत: आल्हा ने भी लश्कर को महोबे के लिए कूच करने का आदेश तुरंत कर दिया।

पंद्रह दिन की लंबी यात्रा करके आल्हा का लश्कर महोबे पहुँचा। पहले ही सूचना भेज दी गई थी। रानी मल्हना ने सभी रानियों और अन्य महिलाओं को बुलवाकर मंगल गीत गाने शुरू कर दिए। वीर सुलिखान तथा दुलहन कलावती को तिलक करके आरती उतारी गई। इतना ही नहीं, महोबे के सभी ब्राह्मणों को दान दिए गए। जितने राजा बरात में आए थे, उन सभी को उचित सम्मान देकर विदा कर दिया। आल्हा, ऊदल, मलखान और ढेवा ने राजा परिमाल की जयकार करते हुए जाकर प्रणाम किया। राजा परिमाल ने अपने सभी लाड़लों को आशीर्वाद दिया। इस प्रकार सुलिखान और कलावती का विवाह संपन्न हुआ।

□

बुखारे की लड़ाई—धाँधू का विवाह

द्वापर में महाभारत युद्ध के पश्चात् हस्तिनापुर में विराजमान पांडवों के महल के द्वार पर एक बार नंदी पर सवार शिवजी अपने गणों के साथ पधारे। द्वार पर घंटा गणों ने खड़काया। समस्त पांडव वहाँ उपस्थित थे। घंटा ध्वनि से कुपित हुए अर्जुन ने आते ही कहा, ''कौन अपराधी है, जिसने घंटा बजाया?'' भगवान् शंकर को यह व्यवहार दुःखद लगा। न प्रणाम, न स्वागत, न कुशल समाचार, सीधे ही अपराधी करार। भगवान् भोलेनाथ प्रसन्न भी शीघ्र होते हैं, परंतु ऐसे अपमान के पश्चात् क्रोधित हो गए। पांडवों को शाप दे दिया, ''कलियुग में तुम्हारा पुनर्जन्म होगा। द्रौपदी भी बेला नाम से राजकन्या बनेगी। सारे जीवन तुम्हें अनेक राजाओं से युद्ध करने पड़ेंगे। तुम्हारा शत्रु दुर्योधन पृथ्वीराज होगा और दुःशासन तुम्हारे वंश में उत्पन्न होकर भी दुर्योधन के पास ही चला जाएगा।'' भगवान् शिव तो शाप देकर चले गए। पांडव चिंतित हुए, परंतु शिवजी के शाप के पश्चात् कोई उपाय संभव ही नहीं था।

बच्छराज की मृत्यु के पश्चात् उत्पन्न हुए बच्चे को अशुभ जानकर रानी ब्रह्मा देवी ने उसे बाँदी के हाथ में दे दिया। राजा परिमाल ने बाँदी को एक जगह अलग मंदिर में स्थान दे दिया और बच्चे का पालन करने को कहा। जब वह बाँदी गंगास्नान को गई तो पृथ्वीराज ने किसी नटनी के हाथों उस बालक को उठवा लिया। उसके चाचा के पास कोई संतान नहीं थी, अतः उसे गोद दे दिया गया। बाँदी ने बच्चे के खोने की सूचना राजा परिमाल को दी। जब कुछ दिन बाद समाचार मिला कि पृथ्वीराज के चाचा कान्ह कुमार ने कोई शिशु गोद लिया है, तब परिमाल आश्वस्त हो गया कि शिशु जहाँ पहुँचा है, वहाँ भी इसका पालन अच्छी तरह हो ही जाएगा। अतः राजा परिमाल ने मन में संतोष कर लिया। उसी बच्चे का नाम 'धाँधू' रखा गया, क्योंकि वह बहुत मोटा और मस्त था।

बलख और बुखारा दो नगर हैं। बलख नगर के राजा हैं अभिनंदन, जो भवानी अंबा के भक्त हैं। उसकी बेटी चंद्रलेखा है। बुखारे के भूपति हैं रणधीर सिंह। दोनों चचेरे भाई हैं। रणधीर सिंह की कन्या केशर हैं। केशर की सगाई के लिए राजा रणधीर सिंह ने अपने पुत्र मोती सिंह को चार नेगियों के साथ टीका लेकर भेज दिया।

मोती टीका (सगाई का प्रस्ताव) लेकर बहुत से राजाओं के पास गया, परंतु किसी ने स्वीकार नहीं किया, यहाँ तक कि वह कन्नौज गया, परंतु जयचंद ने लाखनि की सगाई स्वीकार नहीं की। नैनागढ़ में राजा नैपाली सिंह के दरबार में भी मोती सिंह टीका लेकर गए। उन्होंने भी स्वीकार नहीं किया। उरई नरेश माहिल के पास लड़का पूछने के इरादे से जाने लगे तो पृथ्वीराज पुत्र ताहर मिल गया। ताहर ने पूछा, ''चारों नेगी साथ लेकर कहाँ घूम रहे हो?'' मोती सिंह ने कहा, ''राजा माहिल से मिलने उरई जा रहे हैं, ताकि उनकी जानकारी में कोई विवाह योग्य लड़का हो तो बताएँ।'' ताहर ने कहा, ''दिल्ली में हमारे कान्हा सिंह का पुत्र धाँधू विवाह योग्य है। मेरे साथ दिल्ली चलो।'' मोती बोला, ''वह बनाफर गोत्र का है। मुझे बनाफरों में जाने के लिए मना किया है, तभी महोबे भी नहीं जा रहा।'' ताहर ने समझाया, लड़का सुंदर है, स्वस्थ है, वीर है। उसका टीका चढ़ा दो। खाली वापस जाने से तो यही अच्छा है। ताहर के साथ मोती दिल्ली चला गया। पृथ्वीराज ने टीका का पत्र पढ़ा और वापस कर दिया। ''हमें धाँधू का विवाह नहीं करना। बुखारे जाकर अपनी फौज कौन कटवाएगा?''

ताहर ने कहा, ''यदि धाँधू का विवाह करवा देंगे तो वह दिल्ली से महोबे कभी नहीं जाएगा।'' पृथ्वीराज की समझ में भी बात आ गई और टीका स्वीकार कर लिया।

मोती सिंह ने बुखारे जाकर राजा रणधीर सिंह को टीका चढ़ाने की सूचना दी। धाँधू को टीका चढ़ाने की बात से वह नाराज था। सोचा—द्वारे पर आएँगे, तब देखा जाएगा। इधर दिल्ली में धाँधू के ब्याह की तैयारी शुरू हो गई। तेल-बान की सब क्रियाएँ शुरू हो गईं। चौंडा राय पंडित ने अगहन में बरात ले जाने की तैयारी करवाई। ठीक मुहूर्त में दिल्ली से बरात चली। हाथी, घोड़ों पर सवार बराती बुखारे के लिए चल पड़े। बरात की सूचना देने को छेदा नाम के बारी को ऐपनवारी चिट्ठी लेकर भेजा गया। छेदा बारी के द्वार पर पहुँचने पर राजा ने मोती सिंह को द्वार पर भेजा, परंतु छेदा बारी स्वयं दरबार में जा पहुँचा। नेग पूछने पर तलवार से मुकाबला करने को ही नेग बताया। राजा की आज्ञा पाकर ज्यों ही क्षत्रिय वीर आगे बढ़े, छेदा ने तलवार खींच ली और वेग से तलवार चलाने लगा। छेदा ने घोड़े को एड़ लगाई

और मार-काट मचाता हुआ फाटक पार करके निकल गया। छेदा बारी ने आकर अपनी सफलता की सूचना दी।

राजा रणधीर सिंह ने दूती बुलाकर कहा कि छल करके धाँधू को पकड़कर ले आओ। दूती ने सोलह शृंगार किए, पालकी पर झालरदार परदे लगाए और बाग में जा पहुँची, साथ में सहेलियाँ भी थीं। धाँधू भी बाग में बने मठ में दर्शन करने आए थे। दूती ने धाँधू को बुलाकर परिचय किया। धाँधू ने जब बताया कि दिल्ली से राजकुमारी केशर से ब्याह करने आया हूँ, दूती ने तब स्वयं को राजकुमारी केशर बताया और आग्रह किया कि आज रात को मेरे साथ चलो। सवेरे ही मैं आपको आपके डेरे तक पहुँचा दूँगी। धाँधू ने उसे अच्छा अवसर समझा। उसने अपने हाथी के पीलवान को बुलाकर हाथी डेरे पर ले जाने को कहा और बोला, ''मैं स्वयं आ जाऊँगा।'' धाँधू दूती के एक डोले में बैठकर चला गया। महल में पहुँचने पर रणधीर सिंह ने धाँधू को एक तहखाने में कैद कर लिया। ऊपर से पत्थर रखकर बंद कर दिया। राजकुमारी केशर को पिता के इस कारनामे का पता चला तो वह दुःखी हुई। उसने अपनी बाँदी (दासी) के हाथ पृथ्वीराज को पत्र लिखकर सूचित किया कि दूल्हा तो बंदी बना लिया गया।

पृथ्वीराज हैरान हुआ कि धाँधू उनके चंगुल में कैसे फँस गया। ताहर ने तुरंत अपनी फौज तैयार की और बुखारे पर चढ़ाई कर दी। उधर रणधीर सिंह ने भी बेटे मोती सिंह को सामना करने के लिए तैयार कर लिया। मोती सिंह ने कहा, ''कौन हमलावर है, कहाँ से आया है? जरा सामने आकर जवाब दो।'' ताहर ने तुरंत सामने जाकर जवाब दिया, ''हम दिल्ली से धाँधू को ब्याहने के लिए आए हैं। अपनी बहन का ब्याह करा दो। नाहक क्यों खून-खराबा करवा रहे हो?'' मोती ने कहा, ''धाँधू बनाफर गोत्रीय है। वह राजपूत से नीचा है, उससे ब्याह नहीं हो सकता।'' बातों-बातों में बात बढ़ गई और दोनों ओर से तोपें दाग दी गईं। गोले दनादन छूटने लगे। फौजें आगे बढ़ती रहीं। आमने-सामने पहुँच भिड़ गईं तो भाले और तलवार चलने लगे। तलवारों की खनक के बीच और कुछ सुनाई नहीं पड़ता था। तब तक जीवन नाम की मालिन जादूगरनी राजा रणधीर ने बुलवा ली। उसने पृथ्वीराज की फौज को पत्थर बना दिया। सारी फौज जहाँ थी, वहीं पत्थर हो गई। पृथ्वीराज डेरे से आगे आया ही नहीं, दिल्ली चला गया। उसने स्वयं को पत्थर होने से बचा लिया। केशर को भी पता लगा कि पिथौरा राय दिल्ली लौट गया तो वह निराश हुई। तब उसने महोबा पत्र भिजवाने का निश्चय किया। उसने रानी मल्हना के नाम पत्र लिखा और अपने तोते के गले में बाँध दिया।

तोता महोबे में ठीक मल्हना के महल में जा बैठा। मल्हना ने अपना नाम देखा तो पत्र खोलकर पढ़ा। केशर ने सब विवरण लिख दिया कि धाँधू को उसके पिता ने तहखाने में कैद कर रखा है। पृथ्वीराज युद्ध छोड़कर दिल्ली चले गए। मेरे ब्याह की तो संभावना ही नहीं रही। बनाफर गोत्रीय धाँधू भी कैद में ही सड़ेगा। आप चाहें तो हम दोनों का कल्याण कर सकती हैं। माता ने मलखे को बुलवाकर पत्र पढ़वाया। मलखे ने कहा, ''हमें धाँधू को छुड़ाने के लिए जाना चाहिए।'' फिर ऊदल पहुँच गए तो सारी बात सुनकर बोले, ''धाँधू हमारा भाई ही है। हम तुरंत जाते हैं और उसको छुड़वाकर भाँवर भी डलवा लाते हैं।''

आल्हा भी चलने को तैयार हो गए। ब्रह्मानंद, ऊदल, मलखान, सुलिखान, ढेवा सबने अपने-अपने सैनिक तैयार किए और बुखारे के लिए रवाना होने से पहले राजा परिमाल का आशीर्वाद लिया। फिर ऊदल और मलखान पहले पृथ्वीराज के दरबार में गए। पृथ्वीराज दोनों को आया देखकर हैरान हुआ, परंतु स्वागत किया तथा सम्मान किया। पूछने पर उन्होंने बताया, ''आप धाँधू को कैद में छोड़कर यहाँ क्यों चले आए?'' पृथ्वीराज ने कहा, ''फौज पत्थर हो गई। जादू के सामने मैं विवश हो गया। लड़ने जाता तो मैं भी पत्थर हो जाता, इसीलिए चला आया। अब आप लोगों के साथ हूँ।'' जादू का जवाब तलवार से नहीं दिया जा सकता। मलखान की बात मानकर पृथ्वीराज भी सेना लेकर साथ चल पड़ा।

बुखारे से पाँच कोस पहले ही लश्कर ने डेरे डाल दिए। मलखान ने सबको समझा दिया, ''अभी किसी को अपने आने का कारण प्रगट मत करना। पहले हम जोगी बनकर भीतर का भेद लेने के लिए जाएँगे। आप सब डेरे में ही रहना। बाहर जाने का कतई प्रयास न करना।''

इसके बाद तो मलखान, ढेवा, ऊदल और गंगू चारों जोगी का वेश धारण करके नगर बुखारे में प्रवेश कर गए। फिर संगीत की मधुर स्वर-लहरी नगर में गूँजने लगी। ऊदल ने सुरीली बाँसुरी बजाई। वीर मलखान ने खंजरी (झाँझ) उठा ली। गंगू भाट ने इकतारा बजाना शुरू किया और ढेवा ने डमरू पर तान छेड़ी। तरह-तरह के राग-रागनी गाने लगे। दरबान ने पूछा तो ऊदल ने बता दिया कि जोगी बंगाल के रहनेवाले हैं, हमारी कुटी गोरखपुर में है और अब हिंगलाज देवी के दर्शन करने के लिए जा रहे हैं। राजा के महल के द्वार पर जो संगीत गूँजा। राजा ने तुरंत जोगियों को बुलवाया। राजा के पूछने पर भी ऊदल ने वही परिचय दिया, कहा कि आज तो तुम्हारी नगरी में रहेंगे, परंतु सुबह जल्दी ही अगली यात्रा पर निकल जाएँगे। राजा ने जोगियों को मोती भेंट किए तो जोगियों ने लौटा दिए। बोले, ''बाबा, हमें

मोतियों की चाह होती तो जोगी क्यों बनते? हम तो थके-माँदे आए हैं, बस एक समय का भोजन करा दो। कल किसी और घर का दाना-पानी मिलेगा।''

राजा इसे अपना सौभाग्य मानकर तुरंत महल में गए तथा रानी से भोजन तैयार करवाने का आग्रह किया। रानी ने भोजन तैयार करवाकर जोगियों को बुलाकर भोजन करवाया। रानी बोली, ''मेरी पुत्री कुछ बीमार है, उदास है। क्या आप उसे ठीक कर देंगे?'' ऊदल ने कहा, ''बेटी को दिखाइए, फिर बताएँगे कि क्या उपाय करना होगा?'' रानी ने बेटी केशर को बुलवाया। बेटी को देखकर ऊदल ने कहा, ''मैं इसकी बीमारी देखूँगा। परदा लगा दो। कोई बीच में अंदर न आवे।'' रानी तो बेटी को सुखी करने के लिए सब शर्त मान सकती थी। परदा कर दिया। राजकुमारी केशर और ऊदल ही परदे में रहे। तब ऊदल ने कहा, ''भौजी हम महोबे से आए हैं। मैं ऊदल हूँ। धाँधू भाई कहाँ कैद है? मुझे बताओ। मैं उन्हें निकाल ले जाऊँगा।'' केशर ने तहखाने की जगह बताकर कहा कि मलखान को भी बुलवा लो। ऊदल ने संकेत से वीर मलखान को बुला लिया। तब रस्से की सहायता से ऊदल नीचे उतर गए और धाँधू को ऊपर ले आए। धाँधू को भी भस्म मलकर जोगी बाना पहनाया और केशर को विवाह का आश्वासन दिया, फिर पाँचों गाते-बजाते अपने डेरे पर पहुँच गए।

राजा रणधीर सिंह बघेल नित्य नगर के बाहर देवी मंदिर जाकर पूजा किया करते थे। ऊदल ने धाँधू को मुँह पर भस्म मलकर मठ में बिठा दिया। उसे बाल बिखेरकर भयंकर बना दिया। ज्यों ही मठ में राजा आया तो धाँधू ने फुरती से राजा को बाँध लिया। तब धाँधू को पहचानकर राजा बहुत हैरान हुआ। तुम्हें तो तहखाने में डाला था, तुम यहाँ कैसे पहुँच गए? धाँधू ने उत्तर दिया कि तुमने भी तो दूती के हाथ छल से मुझे बुलवाया था। छल का उत्तर छल से ही तो दिया जाएगा। बहुत समय तक राजा नहीं लौटा तो राजमहल में हल्ला मच गया। निजी रक्षक ने जाकर बताया कि राजा को महोबावालों ने कैद कर लिया है। पिता को छुड़ाने के लिए मोती सिंह ने फौज तैयार की और महाबावालों का मुकाबल करने के लिए चल पड़ा। दोनों ओर से रणभेरी बजने लगी। तोपें गरजने लगीं। मोती सिंह ने अपना हाथी आगे बढ़ाया। ऊदल को ललकारकर कहा कि राजा को छोड़ दो और महोबा को लौट जाओ। इस पर ऊदल ने उत्तर दिया। हम महोबा अवश्य जाएँगे, परंतु तुम्हारी बहन केशर का डोला लेकर ही जाएँगे। अत: जल्दी धाँधू के साथ भाँवर डलवा दो। मोती भी क्रुद्ध था और ऊदल भी। दोनों ओर से तोपों के गोले चलने लगे और गोलियाँ सन्न-सन्न बजने लगीं। हाथी, घोड़े कट-कटकर रुंड-मुंड दिखाई देने

लगे। खून के फव्वारे चलने लगे। नदियाँ बहने लगीं। दोनों दल और निकट आए तो भाले, बरछी और तलवारें खटाखट बजने लगीं। घुड़सवार घुड़सवारों से भिड़ गए और पैदल सैनिक पैदलवालों से द्वंद्व करने लगे। पाँच कोस तक सिर्फ सिरोही की खनक ही सुनाई दे रही थी, जो पैदल सैनिक एक बार धरती पर गिर गए, फिर उठ न सके। उन पर दूसरे जा गिरे। कुछ ने अपने बचाव के लिए स्वयं ही लाश को अपने ऊपर ढक लिया। महोबे के शूरवीरों ने ऐसी मार-काट मचाई कि बुखारे के सैनिक जान बचाकर भागने लगे। कोई अपने लड़कों को याद कर रहा था तो कोई अपने पुरखों को मना रहा था। कोई अपने माँ-बाप को याद कर रहा था तो कोई कह रहा था, इससे तो अच्छा था, हम जंगल की लकड़ी काटकर गुजारा कर लेते, व्यर्थ ही फौजी बने।

मोती सिंह की सहायता के लिए फिर मालिन जादूगरनी आई। मालिन बार-बार मलखान पर जादू मार रही थी, परंतु घोड़ी कबूतरी फुरती से इधर-से-उधर निकल जाती थी। वीर मलखान की दृष्टि मालिन पर पड़ी तो बता दिया, ''मैं हूँ मलखान। मुझ पर जादू काम नहीं करता। मेरा जन्म पुष्य नक्षत्र में हुआ है और जन्म से बारहवें घर में बृहस्पति बैठा है। जादू तो क्या, मौत भी मुझसे घबराती है।'' कहते-कहते मलखान ने अपनी ढाल से धक्का दिया। मालिन जमीन पर गिर पड़ी। मलखान को मौका मिल गया। फुरती से उसने मालिन का जूड़ा काट लिया। जूड़ा कटते ही उसकी जादू करने की शक्ति समाप्त हो गई। मालिन को बंदी बना लिया गया। तब उससे कहा, ''जिन क्षत्रियों को तुमने पत्थर बना दिया था, उन्हें फिर से सही-सलामत मनुष्य बना दो।'' मालिन ने जादू की पुड़िया मलखान को ही पकड़ा दी और कहा, इसे छिड़क दो, सब फिर इनसान बन जाएँगे।

पुड़िया के प्रभाव से मलखे ने दिल्ली के पत्थर बने सैनिकों को पुनः जीवित कर दिया। मालिन का बंधन खोल दिया। मालिन महलों में लौट गई। मोती ने देखा, मालिन भी काम नहीं कर पाई तो ऊदल के सामने अपना हाथी ले गया। नाहक इन लोगों को मरवा रहे हो। आओ हम-तुम आपस में निपट लें। ऊदल ने इस प्रस्ताव का स्वागत किया और अपना घोड़ा मोती की ओर बढ़ा दिया। मोती ने पहले सांग फेंकी, ऊदल बच गए। ऊदल पर एक बार और वार कर लो, कहीं फिर पछताओ कि मौका नहीं मिला। मोती ने गुर्ज उठाकर वार किया। ऊदल ने फुरती से स्वयं को बचा लिया। फिर मोती सिंह ने सिरोही से वार किया। वार बचाते हुए ऊदल बोला, ''तुमने लगातार तीन वार कर लिये, अब सावधान हो जाओ। मैं वार कर रहा हूँ।'' ऊदल ने वैंदुल घोड़े को एड़ लगाई। वैंदुल ने अगले दोनों पाँव हाथी के

मस्तक पर दे मारे। ऊदल ने हौदे की रस्सी काट दी। हौदा सहित मोती धरती पर आ गिरा। मौका मिलते ही ऊदल ने उसे बंदी बना लिया। मोती को बंदी बनाकर आल्हा के पास ले आए। राजा तो पहले ही वहाँ बँधा हुआ था।

राजा बोला, "हम दोनों को रिहा कर दो। हम केशर बिटिया के फेरे डलवा देते हैं। हम समझ गए कि बनाफर सचमुच शूरवीर हैं; उनका मुकाबला कोई नहीं कर सकता।" आल्हा ने दोनों को तभी रिहा कर दिया। राजमहल में पहुँचकर उन्होंने पंडित को बुलवाकर मंडप में विधि-विधान करना शुरू कर दिया। मोती ने अपने चाचा अभिनंदन को भी न्योता भेज दिया। उसकी राजकुमारी चित्रलेखा भी साथ आई। वेदी बनाई गई। महिलाएँ मंगलगीत गाने लगीं। फिर गहनों का डिब्बा मँगाया। ऊदल ने पृथ्वीराज से कहा। पृथ्वीराज ने कहा, "हम तो गहनों का डिब्बा लाए ही नहीं।" ऊदल तब अपने डेरे में आए और गहनों का डिब्बा रूपन के हाथों महल में भेज दिया। केशर ने रेशमी साड़ी पहनी। ऊपर झालरदार ओढ़ना ओढ़ा, घुमेरदार लहँगा, जिसमें सुनहरी गोटा लगा था। ऊपर से चमकदार गहने। कर्णफूल और झुमके सुंदर लग रहे थे। सातलड़ीवाली चंपाकली और मोहन माला। हार की शोभा निराली थी।

केशर की शोभा अपार थी। फिर धाँधू को बुलवाया गया, साथ में घर-परिवार के लोग भी बुलवाए गए। पृथ्वीराज को भी बुलवाया गया। आल्हा, चौंडा पंडित, ढेवा, ब्रह्मानंद, जगनिक, मलखान, सुलिखान और ऊदल सब साथ चले। ऊदल तो सबसे आगे थे ही। खूब नाच करके घोड़ों ने दिखाया। द्वार पर ही पंडितों ने स्वागत में श्लोक उच्चारण किया। धाँधू को वेदी पर बिठा दिया। गणेश पूजन तथा गौरी पूजन किया गया। नवग्रहों की पूजा करवाई गई। केशर और धाँधू का गठबंधन करवाया गया। कन्यादान करवाया गया। भाँवर पड़नी जैसे ही शुरू हुई, मोती ने तलवार खींच ली, पर ऊदल सावधान था, उसने तुरंत ढाल अड़ा दी। दूसरी भाँवर के लिए ज्यों ही खड़े हुए, तुरंत क्षत्रिय दौड़ पड़े। ऊदल ने कहा, "आल्हा! आप फेरों की चिंता करो। इन सबको मैं सँभालता हूँ।" ऊदल, ढेवा, मलखे और ब्रह्मा चारों वीर खड़े हो गए। सबका मुकाबला किया और सबको मारकर भगा दिया। इधर भाँवरें पूरी हुईं। राजा रणधीर ने बेटी केशर को डोली में बिठा दिया। पिथौरा राय को डोले की रक्षा के लिए साथ कर दिया। पहले अपने डेरे में डोला ले गए। वहाँ से मिलकर दिल्ली को रवाना हुए। चार दिन सफर करके लश्कर दिल्ली पहुँचा। पृथ्वीराज ने महोबावालों को भी कुछ दिन अपने यहाँ ठहराकर स्वागत किया। धाँधू और बहू केशर को महोबे माता के पास ले जाने को कहा तो

पृथ्वीराज बोले, ''अब महोबे जाने की बात मत करो।'' तो मलखान और ऊदल को बहुत बुरा लगा। उन्होंने कहा, ''क्या भूल गए कि रानी मल्हना के पास ही चिट्ठी आई थी। उसी ने हमको बुखारे भेजा था। इसलिए माता मल्हना के दर्शन करवाकर हम इन्हें (दूल्हा-दुलहन) वापस दिल्ली भेज देंगे। आप चाहें तो केशर से ही पूछ लें।'' रानी अगमा ने केशर से पूछा, तो उसने बताया कि पाती तो रानी मल्हना को ही भेजी थी। वह बोली, ''माता मल्हना के चरण-स्पर्श करना जरूरी है, फिर दिल्ली आ जाऊँगी।''

सबकी राजी से ऊदल ने लश्कर महोबे के लिए रवाना कर दिया। रूपन को भेज दिया कि पहले जाकर माता मल्हना को खुश खबरी दे दो कि दुलहन आ रही है। मल्हना तो इंतजार कर ही रही थी। रूपन ने ब्याह का सब हाल सुना दिया और पहुँच रहे हैं, यह भी सूचना दे दी। मल्हना माता ने स्वागत का भारी प्रबंध किया। सारे नगर की महिलाएँ बुलाकर मंगल गान करवाए। दिवला और तिलका (ब्रह्मा) भी थीं, रानी मछला और फुलवा भी स्वयं सज-धजकर उपस्थित थीं। माताओं ने सब बेटों की बलैया ली। दुलहन को आशीर्वाद दिए। धाँधू और केशर ने सभी माताओं के चरण-स्पर्श किए। केशर ने कहा, ''माता! आपने बड़ी कृपा की, जो मेरे स्वामी के प्राण बचाए और मेरा विवाह संपन्न करवाया।'' आठ रोज तक महोबे में आनंद से रहने के पश्चात् उन दोनों को दिल्ली रवाना कर दिया गया। धाँधू ने जाकर पृथ्वीराज को प्रणाम किया। रानी अगमा ने दुलहन केशर को महल में स्वागत करके भरपूर प्रेम दिया। इस प्रकार धाँधू और केशर का ब्याह संपन्न हुआ।

□

इंदल हरण

आल्हा से एक बार ऊदल ने जेठ के दशहरे पर गंगास्नान के लिए जाने की अनुमति माँगी। आल्हा ने मना तो किया, परंतु बहुत आग्रह करने पर ढेवा को साथ भेज दिया, ताकि व्यर्थ में किसी से झगड़ा-रगड़ा न करे। ऊदल को मेले में जाते देखकर आल्हा का एकमात्र पुत्र इंदल भी साथ जाने की जिद करने लगा। अनुमति लेने गए तो आल्हा ने साफ इनकार कर दिया, परंतु नवयुवक इंदल ने एक न मानी और साथ चला गया। बिठूर में गंगा किनारे जाकर ऊदल ने डेरा लगा दिया। कन्नौज के राजकुमार लाखन ने भी पड़ोस में ही डेरा लगा रखा था। मेले में सभी गंगा किनारे अपने तंबू गाड़कर रहते। ऊदल के डेरे में जोर से ढोल-नगाड़े बज रहे थे। लाखन ने एक नौकर भेजा कि ढोल बंद करवा दो, यहाँ बातचीत तक सुनाई नहीं दे रही है। कर्मचारी ने लाखन का संदेश सुनाया तो ऊदल ने कह दिया, "जाकर बता दो, ये ढोल बंद नहीं होंगे। हम महोबावाले हैं।" संदेशवाहक तो चला गया। ढेवा ने समझाया, "इसी डर से तो आल्हा तुम्हें मेले में आने से रोक रहे थे। बेमतलब झगड़ा मोल लेना तुम्हारी आदत है। कन्नौज के राजा जयचंद से हमारे अच्छे संबंध हैं। आड़े समय हम उनकी और वे हमारी सहायता करते हैं। जरा सी बात पर तुम उन्हें महोबा का शत्रु बना लोगे। अच्छा यही है कि शोर बंद करो और चलकर लाखन भाई से मिलो।" बात ऊदल की समझ में आ गई। फौरन ढोल-नगाड़े बंद किए और दोनों भाई लाखन के डेरे में गए। जाकर प्रणाम किया तो लाखन खुश हो गया। दोनों गले मिले और परिवार का समाचार पूछा। लाखन ने भी कहा, "कोई बात नहीं, मेला है, खूब नगाड़े बजाओ, नाचो-गाओ। अरे, मेले में ढोल नहीं बजाएँगे तो क्या घर में बजाएँगे?"

मेले में बलख बुखारे से राजा अभिनंदन की पुत्री चित्रलेखा भी अपने भाई हंसराज के साथ आई थी। सुबह जल्दी स्नान से निवृत्त होकर वह मेला घूमने

निकली। घूमते हुए वह महोबा के डेरे के पास पहुँची। केसर नाम की नटनी भी साथ थी। महोबे के डेरे को देखकर वह इंदल की तलाश करने लगी। धाँधू की शादी में उसने इंदल को देखा था। उसने तभी सोचा था, इंदल से ब्याह करूँगी। इसीलिए वह इंदल की तलाश कर रही थी। राजकुमारी चित्रलेखा ने केसर नटनी जैसा ही रूप बनाया और इंदल की तलाश करने लगी। ढेवा ने बुखारेवाली नटनी को पहचान लिया और कुछ मोहरें देकर विदा कर दिया। चित्रलेखा ने इंदल को देखा तो ताड़ में रही। जब ऊदल, ढेवा और इंदल गंगा में स्नान करने को चले तो चित्रलेखा भी गंगा तट पर जा पहुँची। ऊदल ने केवट से नाव मँगाई और नाव को गंगा के बीच धार में ले गए। इधर चित्रलेखा भी केसर नटनी के साथ नाव में बैठकर बीच धार में जा पहुँची। जादू की एक पुड़िया चित्रलेखा ने ऊदल पर फेंकी, वह अचेत होकर गिर पड़ा। नटनी ने ढेवा पर जादू की पुड़िया फेंकी। वह भी अचेत हो गया। चित्रलेखा ने अब जादू की पुड़िया फेंककर इंदल को तोता बना लिया और पिंजरे में डालकर अपनी नाव किनारे की ओर बढ़ा दी। इंदल का हरण करके वह अपने डेरे में लौट आई।

जब ऊदल और ढेवा की चेतना जागी तो इंदल को न पाकर चिंतित हुए। दोनों ने सारा मेला खोजा, पर इंदल नहीं मिला। गंगा में भी जाल लगवाया; कोई सुराग नहीं लगा। अब इंदल के बिना महोबा लौटना भारी हो गया। माहिल भी इनके साथ आया था, उसने तो आग लगाने का कोई मौका कभी छोड़ा ही नहीं था। वह बोला, "मैं पहले चलकर आल्हा को समझा देता हूँ। जब तुम देखो कि शांति है, तब आकर बता देना कि हो सकता है कोई जादूगर ले गया हो। हमें पाँच महीने की मोहलत दे दो तो हम अवश्य इंदल को खोजकर ले आएँगे।"

ये दोनों आल्हा से मिलने में डर ही रहे थे। अतः माहिल को आगे जाने दिया। माहिल तो सदा बनाफरों की काट करता ही रहा था। उसने बताया, "ऊदल ने तुम्हारे पुत्र इंदल को मार दिया। जैसे ही उसने डुबकी लगाई, ऊदल ने तलवार से वार करके उसका सिर धड़ से अलग कर दिया। सिर और धड़ गंगा में ही बहा दिए।" आल्हा को पहले तो विश्वास नहीं हुआ, परंतु माहिल ने गंगाजी की सौगंध ली तो विश्वास आ गया। जवान पुत्र की हत्या पर किसे क्रोध नहीं आता! आल्हा भी आग-बबूला हो गया। ढेवा की बात सुने बिना ही ऊदल को बुलवाकर खूब डाँटा। उसकी एक न सुनी और खंभे से बाँधकर खूब पीटा। माता की भी नहीं सुनी। अपनी पत्नी मछला, ऊदल की पत्नी फुलवा की भी गुहार बेकार गई। सुनवां ने बहुत समझाया कि इंदल तो और पैदा हो जाएगा, परंतु ऊदल को मार दिया तो

ऐसा भाई कहाँ से लाओगे? परंतु आल्हा का क्रोध आसमान पर था। उसने जल्लाद बुलवाए और आदेश दिया कि ऊदल की हत्या करके इसकी आँखें सबूत के तौर पर मुझे लाकर दो।

जल्लाद चले तो सुनवां साथ चली। उन्हें रोककर कहा, किसी हिरण का शिकार करके आँखें निकाल लाना, पर ऊदल को मत मारना। इनाम के रूप में सुनवां ने अपने गले का कीमती हार जल्लादों को दे दिया। फुलवा ने भी ऐसा ही किया। जल्लादों ने जंगल में ले जाकर ऐसा ही किया। ऊदल से कहा, "जहाँ भी जाना, पर महोबे की ओर मत आना, अन्यथा तुम्हारा जीवन बचाते हमारा जीवन चला जाएगा।" ऊदल अब अकेला सोचने लगा कि जाऊँ तो जाऊँ कहाँ? वह सिरसा पहुँचा। दरबान से कहा, "मलखान से कहो कि ऊदल आया है।" दरबान ने लौटकर बताया कि ऊदल से मलखान नहीं मिलना चाहते और फाटक बंद कर लिया। ऊदल हैरान था कि मुसीबत में कैसे अपने सगे भी आँखें फेर लेते हैं। उसी शाम ढेवा इधर आ निकले। ढेवा ने ऊदल से पूछा कि अब कहाँ जाने का विचार है। तब ऊदल ने कहा, "मलखे से ज्यादा और कौन घनिष्ठ होगा? जब मलखे ने मेरे लिए फाटक बंद करवा दिया तो समझ गया कि अब दुनिया में कोई भी अपना नहीं है।" विपत्ति में ही अपने-पराए की सही पहचान हो पाती है। तब ढेवा ने कहा, "चिंता मत करो। मैं तुम्हारा साथ कभी नहीं छोड़ूँगा। एक बार ससुराल में मकरंदी को और आजमा लें। एक उदया ठाकुर भी साथ था। तीनों नरवरगढ़ को चल दिए। नरवर पहुँचकर महल के पास एक कुएँ पर जा बैठे। वहाँ हिरिया मालिन आ गई और पूछने लगी, "कौन हो, कहाँ से आए हो?" तब ऊदल ने कहा, "विपत्ति में तुमने भी नहीं पहचाना। मैं ऊदल हूँ, महोबे का ऊदल, आल्हा का भाई।" हिरिया हैरान हो गई। न साथ फौज, न हथियार, न घोड़ा, न तलवार। भला ऊदल को कोई कैसे पहचाने?"

ऊदल ने बात बनाई, दिल्ली के पृथ्वीराज ने महोबा लूट लिया। सुनवां और फुलवा को भी ले गए। हम प्राण बचाकर भागे हुए हैं। हिरिया ने रानी को सारी बात बताई। रानी ने मालिन के द्वारा ऊदल को महलों में बुलवाया। ये तीनों भी महल में पहुँचे, तभी मकरंदी भी आ पहुँचा। उसने पूछा, "तुम्हारा वैंदुल घोड़ा कहाँ गया? हथियार के बिना कैसे चले आए?" जब ऊदल ने पृथ्वीराज की लूटवाली कहानी सुनाई तो मकरंदी ने लानत भेजी कि तुम्हारे जीवन को धिक्कार है। डोला लुट गया तो तुम्हें जीवित नहीं रहना था। अब मैं फौज तैयार करता हूँ। चलकर हम दिल्ली लूट लेते हैं। तब ऊदल ने सच बात बताई कि कैसे बड़े भाई आल्हा का पुत्र किसी

ने चुरा लिया और भाई ने पीटकर जल्लादों को सौंप दिया। तब रानी ने कहा कि यहाँ मठ में देवी की पूजा और यज्ञ करो। देवी इंदल का सही पता बताएगी। रात को ऊदल ने मठ में जाकर देवी की पूजा की। आधी रात को देवी की आभा ने बताया कि इंदल को बलख की राजकुमारी चित्रलेखा चुराकर ले गई। उसने जादू से तोता बना रखा है। रात को उसे मनुष्य बना लेती है। सो अगले दिन ही बलख बुखारे जाने को तैयार हो गए। अगले दिन जोगियों का वेश बनाकर चारों चल पड़े। मकरंदी ने भी जोगी वेश धारण कर लिया। नीचे हथियार भी छिपा लिये, ऊपर गूदड़ी पहन ली। टोपी में हीरे-मोती छिपा लिये। भस्म रमाई और रामनंदी तिलक लगाकर चल पड़े।

बलख के राजमहल के सामने जाकर खेल शुरू किया। मकरंदी ने डमरू पकड़ा, ढेवा ने खंजरी और उदया ने मंजीरा बजाया। स्वयं ऊदल बाँसुरी बजा रहे थे। महिलाओं ने जोगियों की सूरत देखी तो मुग्ध हो गईं। वहाँ सब महिलाएँ ही जादू करना जानती थीं। उन पर कइयों ने जादू चलाने का प्रयास किया। उन पर प्रभाव नहीं हुआ तो पूछने लगी, ''कहाँ से पधारे हो ?'' ऊदल बताया कि हम बंगाल के रहनेवाले हैं। अब हिंगलाज माता के दर्शन के लिए जा रहे हैं। रानी ने उन्हें रुकने के लिए आग्रह किया। ऊदल ने कहा कि रमता जोगी और बहता पानी किसी के लिए नहीं रुकता। तब रानी ने कहा कि जरा ठहरो, मैं अपनी बेटी को बुला लेती हूँ। बेटी आई तो पान का बीड़ा साथ लाई। रानी ने जोगियों को गाना-बजाना दिखाने को कहा। सबने अपने साज उठा लिये। ऊदल ने पहले बाँसुरी बजाई थी, फिर नाचना शुरू किया। नाचते हुए चित्रलेखा ने उसे पान दे दिया। पान लेते ही ऊदल अचेत हो गया। रानी को संदेह हुआ कि जोगी सच्चे संयमी नहीं। तब ढेवा ने रानी को बताया कि तीन पहर से जोगी ने कुछ खाया नहीं। पैदल घूमे और नाचते हुए थककर चक्कर आ गया। शायद पान में तंबाकू होगा। उसका नशा भी हो सकता है। चित्रलेखा ने कहा, ''जोगी को मेरे कमरे में पहुँचा दो, मैं ठीक कर दूँगी।'' ऊदल को चित्रलेखा अपने कमरे में ले गई। उसने इंदल को तोते से मनुष्य बनाया। चाचा-भतीजे मिले। ऊदल ने अपना हाल बताया और साथ चलने को कहा। चित्रलेखा ने कहा, ''पहले अभी पंडित बुलवाकर भाँवर डलवाओ, तब जाने दूँगी।'' ऊदल ने कहा, चोरी से विवाह करना हमारी शान के खिलाफ है। हम वादा करते हैं कि बरात लेकर आएँगे और बहादुरी से ब्याह करके ले जाएँगे। राजकुमारी ने इंदल से गंगाजली उठवा ली। फिर तोता बनाकर ऊदल के हाथ में पिंजरा दे दिया। एक जादू की पुड़िया दे दी। कहा, ''कहीं दूर जाकर इसे आदमी बना लेना।''

ऊदल, ढेवा, उदया ठाकुर और मकरंदी इंदल को लेकर चल पड़े। ऊदल ने उसे ढेवा के हवाले कर दिया और स्वयं मकरंदी के साथ नरवरगढ़ चला गया। मलखान को ऊदल ने सारा हाल सुनाया। तब मलखान इंदल और ढेवा के साथ महोबा पहुँचे। राजा परिमाल के दरबार में इंदल को पेश किया। फिर परिमाल भी दशपुरवा आल्हा से मिलने चले। मलखान ने इंदल को आल्हा के सामने खड़ा करके कहा, ''जैसे मैंने इंदल को खड़ा कर दिया, क्या आप ऊदल को खड़ा कर सकते हैं?'' आल्हा को शर्मिंदा होने के अलावा कोई उपाय नहीं था। वह स्वयं अपने प्राण देने को तैयार हो गया। तब मलखे ने कहा, ''अब इंदल के ब्याह की तैयारी करो। इसे अभिनंदन की पुत्री चंद्रलेखा तोता बनाकर ले गई थी। उसने ब्याह का वादा करवाने के बाद ही इसको आने दिया है। अब चुनौती सामने है। ऊदल के बिना बलख बुखारे की फौजों से कैसे जीत पाओगे?''

माता सुनवां व फुलवा दोनों को इंदल ने ऊदल के पत्र पकड़ा दिए। दोनों ऊदल की जानकारी पाकर प्रसन्न हो गईं। माता मल्हना, दिवला और तिलका ने इंदल के विवाह की तैयारी शुरू कर दी। मलखे ने महोबा और सिरसा की फौजें तैयार करके बलख बुखारे को कूच कर दिया।

□

इंदल का विवाह : बलख बुखारे का युद्ध

उन दिनों राजाओं में बिना युद्ध के बेटी ब्याहना कमजोरी मानी जाती थी, जबकि हारकर विवाह करने में वे अपनी मान-प्रतिष्ठा समझते थे। इंदल की बरात भी बलख पहुँच गई तो सूचना के लिए फिर रूपन वारी को भेजा। जैसा कि उनका रिवाज ही था। रूपन को दरबार में बैठे सात भाइयों ने घेर लिया। उसने भी घंटों तलवार चलाई और सबको चकमा देकर अपने डेरे में वापस आ गया।

इधर राजा अभिनंदन ने अपने सातों पुत्रों को आदेश दिया कि बरात के डेरे पर आक्रमण करो। हथियार और माल सब लूट लो। सातों ने फौज तैयार कर ली। उधर मलखान भी सावधान था। उसने भी सेना को युद्ध के लिए तैयार कर लिया। दोनों तरफ से तोपें चलने लगीं। धड़ाधड़ गोले बरस रहे थे। हाथी, घोड़े और पैदल गोले के प्रहार से गिर रहे थे। हाथी के गोला लगता तो चिंघाड़ता हुआ भागता। घोड़ा चारों पैरों से वहीं बैठ जाता और पैदल सैनिक के तो चीथड़े उड़ जाते।

आखिर दोनों सेनाएँ आमने-सामने आ गईं, फिर तो भयंकर तलवारें चलीं। हजारों सैनिकों की लाशें रणभूमि में बिछ गईं। अभिनंदन के सैनिक जान बचाकर भागने लगे। तब मिलारन मलखान के सामने आकर बोले, "क्या इरादा है तुम्हारा, हमारे राज्य पर क्यों आक्रमण किया?" तब मलखान ने राजा अभिनंदन को चित्रलेखा द्वारा इंदल को तोता बनाने की घटना सुनाई। फिर कहा, "बरात तो तुम्हारी बेटी ने बुलाई है। हम इंदल की भाँवर डाले बिना यहाँ से नहीं जाएँगे।" यह सुनकर अभिनंदन ने अपने सातों बेटे बुला लिये और मलखान से जोरदार युद्ध होने लगा। मलखान ने तभी रूपना वारी को ऊदल को बुलाने भेजा। रूपन बिना विलंब किए ऊदल के पास पहुँचे। ऊदल तो प्रतीक्षा ही कर रहा था, साथ में मकरंदी भी चला। अपनी सेना लेकर तुरंत पहुँचे, किंतु पहले मठिया में देवी की पूजा करके आशीर्वाद लेना नहीं भूले। मकरंद, कांतामल और ऊदल ने रणक्षेत्र में पहुँचकर

भारी मार मचाई। आल्हा ने कहा, "यह वीर तो बहुत तेज है।" तब मलखान ने बताया, "दादा! तुम्हारी नजर धोखा खा रही है। ऊदल को पहचान नहीं रहे?" तब आल्हा ने तीर-कमान छोड़कर ऊदल को छाती से लगा लिया। तब ऊदल ने कहा, "तुम्हारी बुद्धि को क्या हो गया था, जो मेरा विश्वास नहीं किया।" आल्हा बोले, "मामा माहिल ने गंगाजी की कसम खाकर कहा था कि मेरे सामने ऊदल ने इंदल का सिर काटा था।" आल्हा ने अपनी गलती पर बहुत पछतावा किया तथा कहा कि उरई में जाकर माहिल को इस झूठ की सजा देंगे। ऊदल फिर अपने वैंदुल घोड़े पर सवार हुआ तथा भारी तलवार चलाई। अभिनंदन के पुत्र हंसामनि पर वार करना ही चाहता था, तब तक मलखान से कहा, "हंसामनि को मारना मत। यह चित्रलेखा का भाई है।" ऊदल ने उसे हौदे से गिराकर बंदी बना लिया। फिर मोहन, सुक्खा आदि सातों बेटे ज्यों ही आगे आए, त्यों ही बाँध लिये गए। अभिनंदन ने अपना हाथी आगे बढ़ाया तो चौंडा पंडित उससे भिड़ गया। अभिनंदन ने चोट बचा ली। तभी मकरंदी ने अपना घोड़ा आगे अड़ा दिया। ऊदल और ढेवा भी साथ आ गए। आल्हा और मलखान भी वहीं आ डटे। अभिनंदन और आल्हा, दोनों के हाथी पास-पास पहुँच गए। आल्हा ने तब पंचशावद हाथी की जंजीर खोलकर सूँड़ में पकड़ा दी। हाथी ने जब जंजीर घुमाई तो अभिनंदन के सिपाही भागने लगे। जो जंजीर की चपेट में आ जाता, वह तो जीवित बच ही नहीं पाता था। हाथी ने हौदे को गिरा दिया और अभिनंदन को भी आल्हा ने बंदी बना लिया। सातों बेटे बाँधे जा चुके थे, जैसे ही राजा अभिनंदन बंधन में आए, रूपन ने जीत का डंका बजवा दिया।

आल्हा ने इंदल को बुलवा लिया। पंडित चूड़ामणि को भी बुलवाया और विवाह के लिए शुभ घड़ी दिखवाई। पंडित चूड़ामणि ने पंचांग खोलकर बताया कि इस समय शुभ मुहूर्त चल रहा है, जल्दी भाँवर डलवा लेनी चाहिए। आल्हा ने चारों नेगी और सब परिवारीजनों को बुलवाया। राजमहल में भाँवर की तैयारी का समाचार भिजवा दिया। राजा अभिनंदन ने कहा, "आप सब प्रकार से योग्य हैं। मेरी और सातों बेटों की कैद से रिहाई करवा दें तो हम ब्याह का कार्य खुशी से पूर्ण करेंगे।" ऊदल ने सभी को छुड़वा दिया।

पंडित ने मंडप छवाया और वेदी रचाई। विधि-विधान से फेरे डलवाए गए। राजा ने कन्यादान किया। ऊदल ने सभी नेगियों तथा पंडित को दक्षिणा दी। फिर बेटी विदा करने की बात, माता ने चित्रलेखा को गले मिलकर विदा किया। सखियाँ भी गले मिलीं। पालकी में बहू जैसे ही बैठी, ऊदल ने 12 तोले सोने के मोतियोंवाले

हार को तोड़कर लुटा दिया। बरात विदा होकर चल पड़ी। पहले झुन्नागढ़ रुके, फिर महोबे के लिए चले। महोबे में रूपन से सूचना पाकर सब तैयारियाँ पहले ही कर ली गई थीं। रानी मल्हना ने नवेली बहू का स्वागत किया। दिवला और तिलवा के भी दोनों दूल्हा-दुलहन ने चरण स्पर्श किए। रानी सुनवां ने अपने बहू-बेटों का स्वागत करके दान-दक्षिणा जी भरकर बाँटी। घर-घर में मंगलाचार होने लगे। इंदल का ब्याह संपन्न हुआ। आल्हा-ऊदल पुनः प्रेम से रहने लगे।

□

पथरीकोट की लड़ाई

कभी-कभी बड़े भी बच्चों की तरह हठ पकड़ लेते हैं। रानी सुनवां ने जिद ही पकड़ ली कि कन्नौज के बाग लखेरा में ही झूलने जाना है। सास-ससुर और पति के मना करने पर भी नहीं मानी। सासू दिवला ने ऊदल से कहा, परंतु वह पहले इंदल के अपहरण में ही भारी परेशान हुआ था, अत: वह भी तैयार नहीं हुआ। ताला सैयद आल्हा के पिता का साथी था। वह तैयार हो गया और रानी सुनवां को बाग लखेरा में झूला झुलाने ले गया।

वहाँ पथरिया कोट का राजा ज्वाला सिंह भी आया हुआ था। उसने रानी सुनवां के शरीर की चमक देखी तो हैरान हो गया; जाकर उसने विवाह का प्रस्ताव रखा। रानी ने बताया कि न वह कुँआरी है और न किसी कमजोर गरीब की पत्नी। मेरे पति आल्हा को पता चला तो तेरी खाल में भुस भरवा देंगे। ज्वाला सिंह ने जादू की पुड़िया भी फेंकी, परंतु सुनवां स्वयं जादू की माहिर थी। तब ताला सैयद वहाँ आ पहुँचा। ज्वाला सिंह तुरंत गायब हो गया। अपने पथरीकोट में जाकर वह उदास होकर बिस्तर पर पड़ गया। किसी को कुछ नहीं बतलाया, पर मठ में चंडी की पूजा की, हवन किया तथा अपनी बलि देने को कटार निकाल ली। चंडी माता ने पूछा तो उसने बताया कि मुझे सुनवां किसी भी तरह अपने घर लानी है। देवी ने काम पूर्ण होने का भरोसा दिया।

आधी रात को देवी अपने गणों के साथ गई और रानी सुनवां को पलंग सहित उठवा लाई। प्रात:काल महलों में तलाश मची। कहीं खोज-खबर नहीं लगी तो ऊदल को भेजा गया। छह महीने तक उसने भी सब उपाय किए, परंतु पता नहीं चला। उधर रानी की जब आँख खुली तो वह अपने को अनजान जगह में पाकर दु:खी हुई। तभी ज्वाला सिंह की बेटी सुआपंखिनी जल का लोटा लेकर आई। सुनवां को समझाने लगी। आप बिल्कुल चिंता न करें। जैसे आल्हा महोबावाले,

ऐसे ही ज्वाला सिंह पथरीकोटवाले। रानी सुनवां ने उसे डाँटकर भगाया और कहा, मैं तुझे ही अपने बेटे के लिए ब्याहकर ले जाऊँगी।

ज्वाला सिंह रानी सुनवां के पास आया तो रानी ने खूब खरी-खोटी सुनाई। फिर कहा कि सात महीने तक मेरा-तुम्हारा नाता बहन-भाई का रहेगा। अगर सात मास तक मैं आजाद नहीं हो सकी तो मैं तुम्हें स्वामी स्वीकार कर लूँगी। राजा को लगा पता लगने का या आजाद होने का तो सवाल ही नहीं उठता, अतः शर्त मान ली। बाँदी ने सलाह दी, रानी के पास चार गिद्धनी रहती थीं। उनको भेजकर ही खोज करवा सकती हैं। गिद्धनी चारों दिशाओं में भेज दी गईं।

एक गिद्धनी की दृष्टि में रानी आ गई और उसने आल्हा को जाकर सारी घटना बताई कि कैसे देवी उसे उठाकर ले गई, परंतु आल्हा ने कहा, "चलो ठीक हुआ। मेरी ओर से रानी मर चुकी। उसके लिए मैं अपने सैनिकों को क्यों मरवाऊँ?" ऊदल ने आल्हा को कहा, "यह महोबा की इज्जत का सवाल है। सुनवां स्वयं तो नहीं गई, देवी लेकर गई। हमें हर कुर्बानी देकर भाभी को लाना ही होगा।" ताल्हन सैयद के समझाने के बाद आल्हा ने फौज को तैयार होने को कहा और मित्र राजाओं को बुलाने को पत्र भेज दिए।

अंततः पथरीकोट पर महोबेवाले चढ़ आए। आल्हा ने ज्वाला सिंह को संदेश भेजा कि रानी सुनवां को डोला सहित हमारे पास भेज दो, नहीं तो ईंट-से-ईंट बजा दी जाएगी। ज्वाला सिंह ने बड़े पुत्र हाथीराम को आक्रमण करने भेज दिया। तोप चलीं, बंदूकें चलीं और फिर तलवारें चलीं। ज्वाला सिंह की फौजें लगातार कट-कटकर गिरने लगीं। ऊदल और इंदल ने भारी मार मचाई। ज्वाला सिंह फिर देवी के मठ में जाकर रोया। चंडी ने जादू की पुड़िया दे दी और महोबा के बनाफर सब पत्थर बना दिए। इंदल बचकर कन्नौज पहुँच गया और बाकी सब पत्थर बन गए। कन्नौजी जयचंद और लाखन बनाफरों के घरों पर जबरन कब्जा करने लगे। इंदल ने जाकर मलखे को सूचित किया। मलखान अपनी विशाल सेना लेकर आया। लाखन और जयचंद को ललकारा। दोनों ने मलखान का लोहा माना। मलखे फिर अमर गुरु के पास गए। मलखान तीन दिन तक एक पाँव पर खड़ा रहा और अपना सिर काटने के लिए तैयार हो गया तो गुरु अमरनाथ ने कारण पूछा। मलखे ने सारी बात बताई। उन्होंने चंडी को प्रसन्न करने को कहा, साथ ही गुरु अमरनाथ ने अपनी सारी विद्या मलखान को दे दी। मलखान ने गुरु अमर की विद्या से जादू फेंके और सब, जो पत्थर हो गए थे, जीवित हो गए। हाथी, घोड़े, मनुष्य सब जीवित हो गए। उसी समय चंडी भी वहाँ पहुँच गई और ज्वाला सिंह से पुत्र सूबेसिंह की बलि

माँगी। राजा ने कहा, ''माते! सौ-दो सौ बकरे, घोड़े, हाथी की बलि ले लो, परंतु पुत्र की बलि नहीं दे सकूँगा।'' चंडी कुपित हो गई और चली गई। फिर मलखान ने चंडी का स्मरण किया। चंडी बोली, ज्वाला सिंह ने वादा करके भेंट नहीं दी। अब मैं पहले भेंट लूँगी, तब कार्य करूँगी। इंदल से कहा कि तुम अपनी भेंट दे दो। इंदल तुरंत ही तैयार हो गया। इसे उसने अपना सौभाग्य माना कि अपने परिवार तथा राज्य के लिए उसकी भेंट देवी ने स्वीकार की है। इंदल पूजा करके भेंट देने के लिए तलवार निकालकर खड़ा हो गया। ज्यों ही तलवार चलाई, माता ने हाथ पकड़ लिया और कार्यसिद्ध होने का वरदान दिया। मलखान ने ज्वालासिंह को पत्र लिखा। अब भी युद्ध करना चाहो तो मैदान में आ जाओ। ज्वालासिंह की फौज एक बार फिर युद्ध करने आ गई। दोनों बेटों सहित ज्वालासिंह रण में भिड़ गया। उसके सब सैनिक खप गए। चाचा ताल्हन सैयद, आल्हा, ऊदल, ढेवा, इंदल सब मलखान के साथ खड़े दिखाई दिए। ज्वालासिंह की सेना भाग खड़ी हुई। तब राजा ज्वालासिंह ने हाथ जोड़कर क्षमा-याचना की और माना कि बनाफरों का कोई मुकाबला नहीं। राजा और उसके दोनों बेटे हाथीराम और सूबेसिंह को कैद से मुक्त कर दिया। एक डोला रानी सुनवां का तथा दूसरा अपनी पुत्री सुआपंखिनी का आल्हा को सौंप दिया। महोबे जाकर इंदल का सुआपंखिनी से विधिवत् विवाह किया गया।

□

आल्हा परिवार : महोबे के बाहर

महोबे के जिन बनाफर बंधुओं की बावनगढ़ में धाक थी, उनकी वीरता का सामना करने की हिम्मत प्राय: राजा नहीं जुटा पाते थे। राजा परिमाल तो शस्त्र त्याग कर चुके थे। सच तो यह है कि परिमाल बनाफर बंधुओं के बल पर ही शांति से राज कर रहे थे। एक दिन ऐसा आया कि राजा परिमाल ने आल्हा को महोबा छोड़ने का आदेश दे दिया।

मामा माहिल राजा परिमाल और बनाफरों को हानि पहुँचाने की छल भरी चाल चलने का कोई अवसर नहीं छोड़ता था। एक दिन उसे खुराफात सूझी और वह दिल्लीपति पृथ्वीराज के दरबार में जा पहुँचा। राजा ने उसे सादर बिठाया और आने का कारण पूछा। माहिल ने कहा, ''चंदेले परिमाल आपके समधी हैं। आप जाँच के देखो कि वे आपको अधिक सम्मान देते हैं या बनाफरों को? आप उनसे हाथी पंचशावद, घोड़ा पपीहा, वैंदुल, मनुरथा और घोड़ी कबूतरी कुछ दिन के लिए माँगकर देखो। पता चल जाएगा कि मान-सम्मान किसका ज्यादा है?'' पृथ्वीराज को यह उपाय अच्छा लगा। उसने तुरंत कागज-कलम उठाकर राजा परिमाल को पत्र लिखा।

एक धामन के हाथ पत्र महोबे भेज दिया। राजा परिमाल को जैसे ही पत्र मिला, उन्होंने आल्हा को बुलवाकर पत्र पढ़वा दिया। आल्हा-ऊदल दोनों ने उस प्रस्ताव को ठुकरा दिया। आल्हा ने कहा, ''आप हमारे पिता समान हैं। आपके एक संकेत पर हम अपनी जान कुर्बान करने को तैयार हैं, परंतु क्षत्रिय अपनी सवारी किसी को नहीं देते। यह हमारे लिए अपमानजनक है।'' राजा परिमाल ने क्रोधपूर्वक आज्ञा दी तो आल्हा ने साफ इनकार कर दिया। राजा ने क्रोध में कहा, ''महोबा से तुरंत निकल जाओ। यहाँ का भोजन किया तो गोमांस भक्षण का पाप लगेगा।'' आल्हा-ऊदल ने अपनी माताओं तथा रानियों को तुरंत तैयार होने को

कहा। दिवला माता ने समझाया कि मल्हना ने तुम्हें पाला है, उसका कहना मानो। मल्हना ने मनाने का प्रयास किया, पर आल्हा नहीं माना। राजा ने सख्त लहजे में कसम ही ऐसी दिलाई थी कि अब महोबा का पानी भी पीना हराम था। किसी ने मलखान को खबर कर दी। वह स्वयं आया। कारण जाना और फिर उन सबसे सिरसा चलने का आग्रह किया।

आल्हा ने जो निश्चय किया था, उस पर अटल रहा। राजा ने उन्हें भादों के महीने में निकाला है, जिसमें साधु-संन्यासी तक भी प्रवास नहीं करते। ये लोग करणयी और परहुल से होते हुए सियारमऊ जा पहुँचे। वहाँ इन्होंने अपने डेरे लगा दिए। वहाँ से एक दिन आल्हा कन्नौज में राजा जयचंद से मिलने के लिए गए। दरबान ने परिचय पूछा तो आल्हा ने बताया कि "मैं आल्हा महोबा से आया हूँ।" राजा जयचंद ने तुरंत आदर से बुलवाया। राजा परिमाल का तथा महोबे का हाल पूछा। आल्हा ने कहा, "परिमाल का महोबा हम सदा के लिए छोड़ आए हैं। आपकी शरण में हैं, बताइए कहाँ रहें?" जयचंद का जवाब था, "जिन्हें चंदेलों ने निकाल दिया है, उन्हें हम नहीं रख सकते।" आल्हा इतना सुनते ही बाहर चले आए और सीतारमऊ वाले डेरे पर पहुँच गए। ऊदल को इस पर बहुत क्रोध आया। उसने देवी फूलमती के मंदिर में पूजा की तथा कन्या जिमाईं। इसके पश्चात् आस-पास बाजार की दुकानों को लूटने का आदेश दे दिया। सिपाही लूटने लगे। राजा जयचंद को सूचना मिली तो लाखन को तोपें ले जाकर ऊदल को मारने के लिए भेजा। इसी बीच ताला सैयद ने जयचंद से कहा, "तोपों से भी तुम ऊदल को नहीं हरा सकते। उसने मांडौगढ़ जीता, पथरीगढ़ जीता, पृथ्वीराज की कन्या से ब्रह्मा का ब्याह कराया, बलख बुखारा और कुमायूँगढ़ भी जीता।" जयचंद ने कहा, "हमारे जौरा-भौरा दोनों हाथियों को शराब पिला दी जाए। फिर यदि ऊदल उन्हें काबू में कर ले तो हम उसको सम्मानित करेंगे।" ऐसा ही किया गया। शराब छकाकर हाथी द्वार पर खड़े कर दिए। ऊदल को उनसे लड़ने का आह्वान किया गया। पंचशावद पर आल्हा और वैंदुल घोड़े पर ऊदल आए। जयचंद ने उनसे द्वार पर खड़े हाथियों से भिड़ने को कहा। ऊदल अपने घोड़े से उतरा और हाथी को एक भाला मारकर गिरा दिया। दूसरे भौरा हाथी का दाँत पकड़कर उसे पटककर दे मारा। तब जयचंद ने ऊदल का बल स्वीकार कर लिया। जयचंद ने तब राजगिरि नगर को इन्हें पुरस्कार स्वरूप दे दिया। आल्हा-ऊदल का परिवार तब से वहीं बस गया।

□

बूँदी (बंगाल) की लड़ाई : लाखन का ब्याह

कन्नौज के राजा जयचंद के अनुज रतिभानु का पुत्र था लाखन। अब ऊदल जयचंद के दरबार में बैठने लगे थे। एक दिन बंगाल के कामरू राज्य के बूँदीगढ़ से राजा गंगाधर राव की पुत्री कुसुमा का टीका लेकर राजकुमार जवाहर सिंह कन्नौज पहुँचे। इससे पूर्व दिल्ली, पथरीगढ़, बौरीगढ़ होकर आए थे। किसी राजा ने उनका टीका स्वीकार नहीं किया था। जयचंद ने भी बंगाल का नाम सुनते ही टीका लेने से इनकार कर दिया। सभी का कारण एक ही था कि बंगाल जादू के लिए प्रसिद्ध है। जान-बूझकर मधुमक्खियों के छत्ते में कोई हाथ नहीं देना चाहता। राजा जयचंद ने इनकार किया तो ऊदल ने कहा, "टीका आया है। लाखन सुंदर है, जवान है, कुँवारा है, फिर टीका स्वीकार न करना हमारी राजपूती शान का अपमान है।"

जयचंद ने कहा, "ऊदल यदि अपने बल पर चाहे तो टीका स्वीकार कर ले।" ऊदल ने लाखन का टीका स्वीकार कर लिया। पंडित को बुलवाकर टीका चढ़ा दिया गया। महलों में मंगलाचार होने लगे। विवाह फाल्गुन में होना तय करके जवाहर सिंह लौट गए। निश्चित किया गया समय जल्दी ही बीत जाता है। फाल्गुन की शिव त्रयोदशी का मुहूर्त निकला था। अपने व्यवहारी राजाओं की बरात लेकर आल्हा बूँदी जा पहुँचे। बूँदी के राजा गंगाधर को सूचना देने के लिए ऐपन वारी (ब्याह की पीली चिट्ठी) लेकर रूपन को भेजा गया। गंगाधर के दरबार में पहुँचकर रूपन ने पत्र सौंपा और अपना नेग माँगा। उसका नेग ही था तलवारबाजी। दरबार के बत्तीस क्षत्रियों को घंटों तलवार चलाकर मौत के घाट उतार दिया। राजा गंगाधर डर गए। उन्होंने बल के मुकाबले छल को प्रबल माना। अपने दोनों पुत्रों (जवाहर सिंह तथा मोती सिंह) को भेजकर अकेले लाखन को ही मंडप में भेजने को कहा, वह भी बिना शस्त्रों के। आल्हा ने कहा, "हमारा रिवाज है कि अकेला दूल्हा कहीं नहीं जाता, अत: उसके साथ एक नेगी अवश्य जाएगा।" आल्हा ने नेगी की जगह

ऊदल को भेज दिया। महल के द्वार पर पहुँचकर राजकुमारों ने कहा, "मंडप में शस्त्र लेकर प्रवेश नहीं कर सकते।" अत: उनके शस्त्र उतरवाकर रख लिये। मंडप में पहुँचकर पूजन कराने के स्थान पर दोनों भाइयों (जवाहर और मोती सिंह) ने तलवारें खींच लीं, अंदर और भी क्षत्रिय छिपे थे, सब इन दोनों निहत्थे वीरों पर टूट पड़े। दोनों ने निहत्थे ही बहुत देर तक मुकाबला किया। थाली, लोटा आदि से ही अपना बचाव और वार किया। फिर धोखे से ही दोनों को बाँध लिया गया। बाँधकर खंदक (गहरी खाई) में फेंक दिया गया।

यह सूचना राजकुमारी कुसुमा को मिली तो उसे अच्छा नहीं लगा। वह रेशम की डोरी लेकर आधी रात को गई। उन्हें निकालने के लिए डोरी लटकाई तथा भोजन भी करने का आग्रह किया। ऊदल ने कुसुमा को समझाया कि हम चोरी से निकलने के पक्ष में नहीं। यह हमारी शान के विरुद्ध है। यदि तुम कुछ कर सकती हो तो यह सूचना आल्हा के पास पहुँचा दो। कुसुमा ने सवेरा होते ही पत्र लिखकर फूलों की डलिया में छिपाकर अपनी मालिन के द्वारा आल्हा के पास भेज दिया। मालिन पूछताछ करके आल्हा के तंबू में पहुँची। पत्र पढ़कर आल्हा ने उसे पुरस्कार दिया और कुसुमा को भरोसा रखने का आश्वासन दिया।

आल्हा ने सभी सैनिकों को तुरंत रण के लिए तैयार होने का आदेश दिया। हाथी चढ़नेवाले अपने हाथियों पर चढ़ गए। कुछ घोड़ों पर सवार हो गए। सबने अपने-अपने हथियार सँभाल लिये। उधर जवाहर सिंह और मोती सिंह ने भी अपनी सेना को तैयार कर लिया। जल्दी ही दोनों सेनाएँ आमने-सामने पहुँच गईं। आल्हा ने मोती से कहा कि तुमने गंगाजली कसम खाने के बाद भी धोखा किया। अब मैं बूँदी को तहस-नहस कर दूँगा। मोती सिंह ने बातों का जवाब तोपों के गोले दागकर दिया। आल्हा ने भी तोपों के जवाब में तोपें चलवा दीं। लग रहा था गोले नहीं, ओले बरस रहे थे। गोलियाँ ऐसे चल रही थीं, जैसे वर्षा की मोटी बूँदें। गोले-गोलियों के बाद भाले और तलवारें चलीं। लाशें गिरने लगीं; खून की नदियाँ बहने लगीं, तब आल्हा ने जाकर भगवती अंबिका का यज्ञ किया। भगवती से यह प्रार्थना की कि आज हम पर मुसीबत पड़ी है। यदि लाखन का ब्याह नहीं करवा पाए तो जग में हँसाई होगी। देवी की आभा ने कहा, "सिरसा से मलखान को बुलवाओ तथा महोबे से ब्रह्मानंद को बुलवा लो। उन दोनों के आने पर ही लाखन का विवाह होगा।" देवी के आदेशानुसार आल्हा ने मलखान और ब्रह्मानंद को पत्र लिखे और एक तेज गतिवाले धामन को रवाना कर दिया। धामन महोबे पहुँचा और ब्रह्मानंद को पत्र दिया तो पत्र पढ़कर उसकी प्रतिक्रिया यही थी कि जब तो माता

मल्हना ने इतना प्रयास किया, पर आल्हा रुके नहीं, अब मैं भी क्यों जाऊँ? धामन (पत्रवाहक) फिर सिरसा गया। मलखान को पत्र मिला तो उसका भी मन दुःखी हुआ। उसने भी यही सोचा कि तब तो हमारी बात मानी नहीं, महोबे से निकले थे तो सिरसा में रह जाते। अब भुगतो अकेले ही।

तभी मलखान की पत्नी गजमोतिन आ गई। मलखान ने जब उसे बताया कि पत्र आया है। ऊदल और लाखन दोनों बंदी बनाकर खंदक में डाल दिए हैं। आल्हा की सेना भी मर-कट गई है। उन्होंने सहायता के लिए बुलाया है। तब रानी गजमोतिन ने कहा, ''सोचने का समय नहीं है। आप बिना एक पल की देर किए तुरंत जाओ। रानी ने याद दिलाया कि जब तुम भी खंदक में पड़े थे, तो ऊदल ने ही तुम्हारी जान बचाई थी। जरा सी देर के कारण ऊदल मारे गए तो सारी जिंदगी पछताते रहोगे।'' गजमोतिन रानी की बात मलखान की समझ में आ गई और अपनी फौज को तैयार होने का आदेश दिया। सिरसा से चला तो महोबा पहुँचा। उसने यही बातें ब्रह्मानंद को समझाईं तो उसने भी बूँदी जाने की तैयारी कर ली। दोनों माता मल्हना का आशीर्वाद लेने पहुँचे। माता ने दोनों को विजय का आशीर्वाद देकर विदा किया।

उधर आल्हा ने ढेवा से विचार-विमर्श किया कि सेना का तीन चौथाई भाग समाप्त हो गया। एक चौथाई को भी कटवा दें और यहीं हम भी खप जाएँ। दूसरा विकल्प है कि लौट जाएँ तथा फिर नई कुमुक लाकर आक्रमण करें। मलखान और ब्रह्मानंद तो आए नहीं। फिर यही तय हुआ कि लौट ही चलें। अतः सेना को वापसी रुख करने का आदेश दे दिया। थोड़ी ही दूर चले तो उधर से बड़ी भारी सेना को आता देखा। आल्हा ने ढेवा को आक्रमण का आदेश दिया ही था, तभी किसी ने मलखान के पहुँचने की सूचना दी। ढेवा ने तुरंत आदेश रुकवाया और आल्हा को सूचित किया। फिर थोड़ी ही देर बाद ब्रह्मा और मलखान पहुँच गए। दोनों ने आल्हा को प्रणाम किया। आल्हा ने दोनों को गले लगाया। अब युद्ध की नीति इस प्रकार बनाई गई।

बूँदी पर उत्तर की ओर से ढेवा को आक्रमण के लिए मोरचा लगाने को कहा। जब बूँदी की फौजें आगे बढ़ें तो आप धीरे-धीरे पीछे हटते जाना। उधर दक्षिण से मलखान की फौज आगे बढ़ेगी। इसी युद्ध नीति से काम लिया। बूँदी के जवाहर सिंह और मोती सिंह दोनों भाई उत्तर की ओर युद्ध को निकले। युद्ध शुरू हो गया था। तय नीति के अनुसार ढेवा ने अपनी सेना पीछे हटाई तो बूँदी की फौजें आगे बढ़ गईं। दूसरी ओर दक्षिणी फाटक को मलखान ने तोपों की मार से तोड़ दिया और किले में प्रवेश कर गए। रंगमहल से रानी आई तो बोली, ''महिला पर वार मत

करना।'' मलखान ने भी कहा, ''आप मेरी माता हैं। आपको मैं कोई नुकसान नहीं पहुँचा सकता। आप केवल यह बतला दो कि ऊदल और लाखन कहाँ कैद हैं?'' रानी ने बता दिया कि महल के नीचे ही एक खंदक है, उसी में दोनों पड़े हैं, उन्हें जल्दी निकाल लो। मलखान ने वहाँ पहुँचकर सभी पहरेदारों को मार गिराया। ऊदल से बोले, ''भैया निकल आओ। मैं और ब्रह्मानंद महोबा से आ गए हैं।'' ऊदल ने देखा, शरीर बँधा है और घायल है, बाहर कैसे आएँ? मलखान ने अपने विवाह की याद दिलाई और ऊदल को अपना बल याद दिलाया। तब ऊदल ने जोर लगाया और बंधन तोड़कर बाहर आ गए। ऊदल ने ब्रह्मानंद को प्रणाम किया। फिर चारों गले मिले। लाखन का शरीर बहुत घायल था, अतः पालकी में दोनों को (ऊदल और लाखन) बिठाकर डेरे के लिए रवाना कर दिया। वहाँ दोनों की मलहम-पट्टी कर दी गई। अब पश्चिम से सैयद और पूरब से ब्रह्मानंद ने आक्रमण किया। मलखान तो दक्षिण से भीतर घुस ही चुके थे। बूँदी को चारों दिशाओं से घेर लिया।

ब्रह्मानंद के सामने मोती सिंह पहुँचा। मोती सिंह ने तीर चलाया, ब्रह्मा बचा गया। फिर मोती ने तलवार का वार किया। ब्रह्मा ने ढाल अड़ा दी। मोती की तलवार टूट गई। ब्रह्मा ने आगे बढ़कर मोती को गिराया और बंदी बना लिया। जवाहर ने मोती को बंधन में देखा तो आगे बढ़कर ब्रह्मा पर वार कर दिया। तभी मलखान बीच में आ गए। जवाहर ने मलखान पर तलवार का वार किया। ढाल अड़ाकर उसने रोकी तो तलवार की मूठ हाथ में रह गई। मलखान ने ढाल की मार से गिराकर जवाहर सिंह को बंदी बना लिया। दोनों बेटे भी बंदी बना लिये गए तो गंगाधर राजा ने हाथी आगे बढ़ाया। अब वह मलखान पर जादू चलाने लगा। जादू मलखान पर कोई असर नहीं कर रहा था, तब मलखान ने स्वयं कहा, ''पुष्य नक्षत्र में जन्मा हूँ, मेरी कुंडली में बारहवें घर पर बृहस्पति है, जादू मुझ पर असर नहीं करता।'' फिर मलखान ने आल्हा से कहा कि राजा गंगाधर से तुम भिड़ जाओ। आल्हा ने अपना हाथी बढ़ाया और गंगाधर को ललकारा। गंगाधर ने भाला मारा, आल्हा ने दाएँ हटकर चोट बचा ली। फिर गंगाधर ने आल्हा के हौदे की रस्सी काट दी, पर आल्हा गिरने से बच गए। अब आल्हा ने गंगाधर को बाँध लिया। गंगाधर ने तब खुशामद करते हुए कहा, ''महोबेवाले बनाफर सब वीर हैं, तुम्हारा कोई मुकाबला नहीं। अब मेरे दोनों लड़कों को रिहा कर दो, मैं अभी अपनी पुत्री की भाँवर डलवा दूँगा।'' गंगाधर की बात मानकर वीर मलखान ने दोनों मोती और जवाहर को छोड़ दिया। गंगाधर को भी आजाद कर दिया। गंगाधर ने पंडित को बुलवाकर मंडप में चौक पुरवाया। मोती- जवाहर बेटों को बुलाकर कहा कि कमरों में शूरवीर बुलाकर

छिपा दो। फिर महोबावालों को बुलवा लो। जैसे ही आ जाएँ, दरवाजे बंद करके सबके सिर कटवा दो।

मोती ने जाकर बरात में राजा जयचंद से मुलाकात की और घर-घर के लोगों को मंडप में चलने को कहा। वहाँ सब तैयारी हो चुकी थी। लाखन के पास कुसुमा को भी बिठा दिया। पंडित ने गौरी-गणेश पुजवाए। अचानक गंगाधर ने कोई संकेत किया और छिपे सैनिक निकल आए। चारों ओर से मारा-मारी होने लगी। महोबावाले वीरों ने सारे सैनिकों को मार गिराया। फिर तो गंगाधर को कन्यादान करना पड़ा। विधिवत् भाँवर पड़ गईं, पर विदा तो हम साल बाद करेंगे, परंतु रानी ने आग्रह कर के कुसुमा को पूरे दान-दहेज के साथ विदा करवाया।

इसके पश्चात् भोजन करवाकर लाखन को मोहनमाला पहनाकर विदा कर दिया। बरात डोला लेकर चली और कन्नौज पहुँची। महलों में समाचार भेज दिया। स्वागत की तैयारियाँ पहले ही हो गईं। मंगलगान होने लगे। रानी तिलका ने आरता करके लाखन और कुसुमा का स्वागत किया। ब्रह्मा और मलखान विदा लेकर महोबा और सिरसा को चले गए। आल्हा, ऊदल और ढेवा अपनी नगरी को चले गए। इस प्रकार लाखन राणा का विवाह लाखों में एक ही हुआ।

□

सिंहलगढ़ की लड़ाई

माना जाता है कि सिंहलगढ़ श्रीलंका का ही नाम है। इसको सिंहल द्वीप कहा गया है। श्रीलंका से निकट और कोई द्वीप नहीं है। उन दिनों वहाँ के राजा सरहनाग की पुत्री लेखा पद्मिनी अतीव सुंदरी थी। तपस्या करके उसने आल्हा के पुत्र इंदल को वर रूप में प्राप्त करने का वरदान माँगा। ईश्वर सबकी इच्छा पूर्ण करते हैं। उसने पता लगाया कि इंदल का भवन कौन सा है, वह सोता कहाँ है? एक दिन वह उड़नखटोले (हेलीकॉप्टर) पर चढ़कर इंदल के महल में पहुँच गई। उसे जगाया तो वह चकित हो गया। लेखा ने अपना परिचय दिया और विवाह की इच्छा जताई। इंदल विवश था। सामने बैठी सुंदरी को निराश नहीं करना चाहता था। उसने पासे खेलने को कहा। लेखा पद्मिनी ने कहा, "शर्त यह रहेगी कि जो तुम जीते तो मैं यहीं रह जाऊँगी और यदि मैं जीती तो तुम्हें अपने साथ ले जाऊँगी।" इंदल ने शर्त स्वीकार कर ली। खेल रोज रात को चलता और सवेरे से पहले ही वह लौट जाती। रोज चौसर की बाजी जमती। लगातार कई दिन इंदल जीतता रहा। लेखा भाँवर लेने को राजी थी। तीन फेरे लेने पर वह बोली, "मैं कोई चोरी-चोरी विवाह नहीं करना चाहती। शेष चार फेरे तब होंगे, जब सिंहल द्वीप में आओगे। युद्ध में मुझे जीत करके प्राप्त करोगे। पिता कन्यादान करेंगे।" ऐसा कहकर वह उड़नखटोले में बैठकर उड़ गई।

सवेरे इंदल उठा ही नहीं। प्रातः न स्नान, न पूजा, न नाश्ता। माँ सुनवां, दादी दिवला और रानी मल्हना सभी ने पूछा, पर इंदल ने मन की बात नहीं बताई। सुनवां स्वयं आई और इंदल से प्रेमपूर्वक पूछा तो इंदल ने लेखा के साथ तीन फेरे की बात स्पष्ट कह दी। आल्हा से कहा तो उन्होंने इस बात को महत्त्व नहीं दिया। जब इंदल नहीं माना तो आल्हा ने उसे कैद कर लिया। हाथ-पाँव बाँध दिए तथा सात तालों के पीछे बंद कर दिया। उसने अन्न-पानी भी छोड़ दिया। दुर्गा माँ का ध्यान

करने लगा। फिर एक पैर से खड़ा होकर तप करने लगा। माता को भक्त का पता चला तो वे स्वयं उपस्थित हुईं। सारा परिवार तथा पहरेदार सब सो गए। माता के प्रताप से बंधन सब खुल गए। कार्य सिद्ध होगा। माता ने इंदल को बगिया में फुलवा मालिन को प्रातः से पूर्व नगर से बाहर निकलवाने की प्रार्थना की। फुलवा ने इंदल को जनाने वस्त्राभूषण पहनाए और डोले में बिठाकर नगर से बाहर करवा दिया।

इंदल बबुरी वन में गुरु अमरा के स्थान पर गया। उनका श्रद्धापूर्वक ध्यान किया। समस्या सुनकर गुरुदेव ने भी मना किया, पर इंदल ने बहुत हठ किया तो गुरुजी ने उसे जोगी बनने का आदेश दिया। इंदल ने भगवा चोला पहन लिया। माला ले ली और गुरु की दी हुई शिक्षा धारण कर ली। जोगी बनकर इंदल चाचा ऊदल के, मलखान के, अपनी दादी दिवला के, माता सुनवां के पास भिक्षाटन के लिए गया और किसी ने भी उसे नहीं पहचाना। फिर गुरु अमरा की दी हुई खड़ाऊँ के सहारे उड़कर वह सिंहल द्वीप चला गया। राजा के बाग में सूखा पड़ा था। जोगी बने हुए इंदल ने उसी सूखे बाग में डेरा लगाया। गुरु अमरा की कृपा और इंदल की साधना से बाग हरा-भरा हो गया। बाग की हालत सँवर गई। माली-मालिन आए और जोगी के पाँव पकड़ लिये। गुरु की दी हुई वीणा थी, जिसमें इच्छा मात्र से सब राग बजने लगते थे। गुरु का दिया सोटा भी उसके पास था, जिसके वार से कोई बच ही नहीं सकता था। गुदड़ी ही ऐसी थी, जिसे पहनकर भूख-प्यास नहीं लगती थी। राजा-रानी, सारी प्रजा, सभी जोगी के दर्शन को आने लगे। राजकुमारी लेखा को भी पता चला, वह भी दर्शन करने आई। जोगाजित भाई घुड़सवारों के साथ आए। लेखा ने दासी को सुंदर वस्त्र पहनाकर भोजन लेकर जोगी के पास भेजा। जोगी नाराज हो गया, मुँह फेर लिया। तब लेखा समझ गई कि यह जोगी नहीं, राजकुमार इंदल ही है।

फिर तो सुलेखा अपनी सखियों के साथ बाग में जोगी के दर्शन करने के लिए जा पहुँची। पहले औरों को दर्शन करने हेतु भेजा। सबसे अंत में स्वयं लेखा जोगी के दर्शन को पहुँची। जोगी की परिक्रमा करके लेखा ने शीश झुकाकर प्रणाम किया। जैसे ही लेखा ने मुख उठाकर जोगी की ओर देखा तो जोगी की दृष्टि मिल गई। आँखें चार होते ही दोनों ने एक-दूसरे को पहचान लिया। लेखा बोली, "अब भय नहीं, आनंद से रहो। रोज रात को मैं आपसे मिलने आया करूँगी तथा आपको महलों में ले जाया करूँगी।" इस प्रकार वादा करके लेखा अपने महल में वापस चली गई। महल में पहुँचकर भी उसकी प्रसन्नता हाव-भाव से झलकने लगी। इधर इंदल जोगी बनकर नगर की गली-गली में घूमे, सभी से मिले, घर-घर में श्रद्धालु

उनका स्वागत करने लगे। दिन भर जोगी का नगर-भ्रमण रहता और रात्रि को लेखा के महल में पहुँचकर विश्राम करते। यह खेल रोज चलने लगा।

मालिन लेखा को रोज फूलों में तौला करती थी। उसे लगा कि लेखा का वजन बढ़ता जा रहा है। एक दिन मालिन ने यह रहस्य राजा को बता दिया कि लेखा का वजन बढ़ रहा है। लगता है, कोई महलों में आता है। राजा ने कुटनी (जासूस) लगाई और छिपकर पता लगाया कि जोगी ने राजमहल की इज्जत लूट ली है। राजा ने 20 सिपाही भेजे, जोगाजित भी गया, परंतु जोगी ने सोटे की सहायता से सबको मार दिया। इसके बाद सैकड़ों सैनिक भेजे, परंतु जोगी के सोटे के सामने सब परास्त हो गए। जोगाजित और राजा में सलाह बनी कि जोगी पर ब्रह्मफाँस लगाकर बाँध लेना चाहिए। हुआ भी ऐसा ही। ब्रह्मफाँस से इंदल को बाँध लिया गया। राजा के सामने पेश किया गया। राजा ने कहा, "जोगी के वेश में भोगी तू कौन है, तूने यह छल क्यों किया?" तब इंदल ने कहा, "राजन! मैं जोगी नहीं हूँ। मैं तो आल्हा का पुत्र इंदल हूँ। मैंने किसी परस्त्री को नहीं छुआ। तब उसने सारी घटना सुनाकर कहा कि आधी भाँवर तो पड़ चुकी हैं। अब शेष भाँवर भी डलवाकर पूरा विवाह करवा दीजिए।" मंत्री की सलाह पर राजा ने इंदल को गहरे तहखाने में डलवा दिया। राजा सरहनाग ने लोहागढ़ के गजराज सिंह को पत्र लिखकर लेखा के विवाह का प्रस्ताव दिया। गज राजा ने प्रसन्न होकर नेगी को नेग दिया। उसने वीर मलखान को अपनी सहायता के लिए आमंत्रित किया।

कैद में पड़ा इंदल भारी परेशान था, दूसरी ओर लेखा भी दिन-रात बेचैन थी। दोनों का कोई वश नहीं चल रहा था। तब पद्मावती लेखा ने अपने महल से तहखाने तक सुरंग बनाई और स्वयं जाकर इंदल से मिली।

उधर लोहागढ़ की बरात सिंहल द्वीप पहुँच गई, साथ में वीर मलखान की फौज भी लड़ने पहुँची। सिंहल द्वीप की सेना भी तैयार कर ली गई और मुकाबले को तैयार हो गई। दोनों ओर से युद्ध होने लगा। पहली लड़ाई तोपों की हुई, दूसरी बंदूकों से हुई। फिर तमंचों से गोली चलीं। फिर सांग और भालों से युद्ध हुआ। इसके बाद तलवारें बजने लगीं। लोहा और जोगा दोनों आमने-सामने भिड़ गए। जोगा पर लोहा वार करने ही वाला था तो मलखे ने रोक दिया, क्योंकि सगे साले को मारना उचित नहीं, अत: जोगा को बाँध लिया। दूसरी ओर मलखान ने गजपति सिंह को बाँध लिया। दोनों भाइयों के बँधते ही सेना भाग खड़ी हुई। कोई अपने शस्त्र छोड़ गया तो कोई अपने वस्त्र छोड़ गया। राजा सरह नाग को सूचना मिली कि दोनों पुत्र बंदी बना लिये, सेना ने हार मान ली। तब उसको एक उपाय सूझा। उसने सोचा,

वह योगी बड़ा वीर है। उसे ही रण में भिड़ा देता हूँ। वे मरें या यह मरे, मेरा तो लाभ ही है। तभी राजा ने योगी बने इंदल को बुलवाया और कहा कि मेरे दोनों बेटे बंदी हो चुके हैं। युद्ध में तुम लड़ो। जीत गए तो पुत्री का विवाह तुम्हारे साथ कर दूँगा। अंधा क्या चाहे, दो आँखें। इंदल को मनचाही मुराद मिल गई। नया घोड़ा और पाँचों हथियार लेकर मैदान में उतर पड़ा। ऐसी मार-काट मचाई कि शत्रु भी दाँतों तले अंगुली दबाने लगे। लोहा पर इंदल ने मंत्र पढ़कर वार किया। उसको हौदे में गिरते ही बाँध लिया। फिर मलखान ने वार किए, इंदल ने वे सब बचा लिये।

मलखान की ढाल काट दी तो मलखान बहुत हैरान हुआ। बावनगढ़ में उसकी तलवार को सहनेवाला कोई नहीं मिला था। यह जोगी कहाँ से आया है, इसका परिचय जानने की जिज्ञासा हुई तो मलखान ने पूछा, ''जोगी, तुम कौन हो, किस क्षत्रिय के पुत्र हो ?'' तब इंदल ने परिचय दिया, ''मैं बनाफरों का बेटा यहाँ अकेला फँसा हूँ। मैं महोबे का रहनेवाला हूँ, जहाँ के राजा परिमाल हैं। वीर आल्हा तथा सुनवां का पुत्र हूँ। ऊदल और वीर मलखान मेरे चाचा हैं, जिनके नाम से बच्चे भी रोना बंद कर देते हैं।'' ज्यों ही मलखे ने इंदल की बात सुनी, त्यों ही इंदल की बाँह पकड़कर छाती से लगा लिया, फिर इंदल ने अपने यहाँ आने की सब कहानी सुनाई। दोनों गले मिलकर रोए। उनके मिलन का आनंद उन्हें तो आ ही रहा था, देखनेवाले भी ऐसे प्रसन्न थे, जैसे गाय बछड़े के मिलन को देखकर सब प्रसन्न होते हैं। तब मलखान ने लोहा को समझाया कि अब तुम लौट जाओ। यह लड़की तो अधब्याही है। साढ़े तीन फेरे इंदल के साथ ले चुकी है। अब इसका ब्याह इंदल से ही होगा। लोहा गुजरात को लौट गया।

उधर इंदल के गायब हो जाने से महोबा में हाहाकार मच गया था। माँ-दादी सब रोने लगीं। ऊदल सोचते हुए निराश होकर गुरु अमरा के पास पहुँचे। गुरु ने इंदल की सारी हकीकत बताई। ऊदल ने आल्हा को आकर इंदल के सिंहल द्वीप जाने की कथा सुनाई। फिर तो आल्हा, ऊदल, ताला, सुलिखे सब सिंहल द्वीप को चल पड़े। उधर से मलखान और इंदल लौट रहे थे। राह में ही दोनों की भेंट हो गई। इंदल का विवाह तो मलखे करवा ही लाए थे। सब महोबे वापस आ गए। मलखान फिर सिरसा पहुँचे। उनकी पत्नी ने जब यह कथा सुनी तो वह खुश कम हुई, दु:खी ज्यादा; क्योंकि उसके भाई को बिना ब्याहे लौटना पड़ा, जिससे उनके बघेल परिवार की जग-हँसाई हुई।

□

गाँजर (कर-वसूली) की लड़ाई

कन्नौज के राजा जयचंद ने अपने दरबार में सोने के कलश पर पान का बीड़ा रखकर वीरों को चुनौती दी कि कुछ तहसीलों में कर-वसूली का धन बरसों से फँसा हुआ है, जो वीर इसे वसूल करके लाएगा, वह इस चुनौती को स्वीकार करे और बीड़ा उठा ले। दोपहर तक भी किसी वीर ने बीड़ा नहीं उठाया। ऊदल को ज्यों ही पता चला, उसने आकर बीड़ा उठा लिया। राजा से पूछा कि कर कहाँ-कहाँ अटका हुआ है, उनके नाम बताओ। नाम पूछकर लाखन को साथ लिया। जोगा-भोगा को भी तैयार किया और ऊदल ने लश्कर (हाथी, घोड़ा, पैदल) लेकर कूच कर दिया।

जब बिरियागढ़ पाँच कोस रह गया तो वहाँ डेरा डाल दिया। वहाँ से ऊदल ने पत्र लिखकर भिजवाया कि पिछले बारह साल का कर तुम्हारी ओर बाकी है। मुझे राजा जयचंद ने भेजा है। मेरा नाम ऊदल है। अब बिना देरी किए कर चुका दो, वरना बिरियागढ़ को तहस-नहस कर दिया जाएगा। हरकारा पत्र लेकर गया। हीर सिंह और वीर सिंह दोनों भाई दरबार में बैठे थे। पत्र पढ़ते ही उन्होंने युद्ध का डंका बजा दिया। हरकारे ने लौटकर वहाँ का हाल बताया तो ऊदल ने भी लाखन को लश्कर को सावधान होने को कह दिया। दोनों सेनाओं का सामना मैदान में हुआ। ऊदल ने फिर कहा कि तुमने बारह साल से कर नहीं चुकाया है। हीर सिंह ने कहा, ''स्वयं जयचंद भी धमकी देने आया था, उसे भी हमने एक पैसा तक नहीं दिया। तुम कौन, किस खेत की मूली हो?'' हीर सिंह ने ऊदल पर भाले से वार किया। ऊदल ने बचा लिया। तब ऊदल ने अपना घोड़ा आगे बढ़ाया और हीर सिंह को बाँध लिया। इस बार वीर सिंह ने गुर्ज उठाकर फेंका। घोड़ा जरा दाएँ हो गया, गुर्ज नीचे गिरा। वीर सिंह ने तलवार के लगातार तीन वार किए, ऊदल ने चोट बचा ली। तलवार की मूठ हाथ में

रह गई, तलवार टूटकर धरती पर जा गिरी। वैंदुल घोड़े ने हाथी के माथे पर टाप मारी और हौदा टूटकर नीचे गिर गया। वीर सिंह भी नीचे गिर पड़ा। उसने ताल ठोंकी और कहा, ''दम है तो कुश्ती लड़ ले।'' जैसे ही ऊदल घोड़े से उतरा, वैसे ही वीर सिंह ने झपटकर उठा लिया। बोला, ''बता कहाँ फेंकूँ ?'' ऊदल ने ऊपर से ही दाव मारा और जमीन पर गिराकर छाती पर चढ़ बैठा। फटाफट ऊदल ने उसे भी बाँध लिया। जीत का डंका बजा दिया। खजाना लूट लिया और कैदी बना उसे साथ लिये लश्कर आगे बढ़ गया।

इसके बाद पट्टी के राजा सातनि को पत्र लिखकर भेजा। हीर सिंह, वीर सिंह की क्या दशा हुई, यह भी बता दिया। सातनि राजा ने पत्र पढ़ा, वह भी युद्ध को तैयार हो गए। जब तक स्वयं न हार जाएँ, तब तक हर क्षत्रिय जीतने की ही सोचता है। राजा सातनि ने तो तोपें चलवा दीं। गोले ओलों की तरह बरसने लगे। जब दोनों फौजें पास पहुँच गईं तो सिरोही बजने लगी। वीर आमने-सामने लड़ने, कटने लगे। ऊदल का तलवार का वार सातनि ने बचा लिया। सातनि ने गुर्ज उठाकर फेंका तो वैंदुल घोड़ा पीछे हट गया। पीछे से आगे कूदकर वैंदुल ने हाथी पर टाप मारी और ऊदल ने हौदे की रस्सी काट दी। सातनि फिर घोड़े पर सवार हो गया। जोगा पर सातनि ने आक्रमण कर दिया। जोगा के गिरते ही भोगा ने सामना किया। तीन बार सातनि के लगातार वार से उसकी तलवार टूटकर गिर पड़ी। मूठ हाथ में रह गई, पर भोगा भी भूमि पर गिर पड़ा। तब ऊदल ने आगे बढ़कर ढाल के धक्के से सातनि को नीचे गिरा दिया। ऊदल ने फुरती से सातनि को बंदी बना लिया। बाँधकर लाखन के पास भिजवा दिया और जीत का डंका बजवा दिया। पट्टी के खजाने की भी लूट करवा दी, परंतु जोगा-भोगा के मारे जाने से जीतकर भी आल्हा-ऊदल दुःखी हुए।

इसके पश्चात् कामरूप के राजा कमलापति पर चढ़ाई की तैयारी कर दी। पत्र में लिख दिया कि विरिथागढ़ और पट्टी का क्या हाल हुआ, परंतु सब राजा अपने आपको महावीर ही मानते हैं। युद्ध हुआ और ऊदल ने कमलापति को भी बंदी बना लिया। उसका भी कोष लूट लिया और आगे बढ़ गया।

ऊदल ने बंगाल के राजा गोरखा को इसी प्रकार का पत्र लिखा। पत्र पढ़कर राजा गोरखा स्वयं ही युद्ध करने पहुँच गया। ऊदल को ललकारा और वार कर दिया। वैंदुल घोड़ा ऊपर उड़ गया, परंतु ऊदल ने पहली ही चोट में उसे हाथी से गिराकर बाँध लिया। उसका भी खजाना लूट लिया गया।

इसी क्रम से ऊदल ने कटक, जिन्सी, गोरखपुर और पटना के राजाओं को

भी हराया और बहुत बड़ा खजाना लेकर कन्नौज के राजा जयचंद को दिया। बारह कैदी राजाओं को भी राजा जयचंद को सौंप दिया। जयचंद ने उनको माफी मँगवाकर आजाद कर दिया। ऊदल और बनाफरों की सभी दिशाओं में बड़ी प्रशंसा हुई।

□

सिरसागढ़ की दूसरी लड़ाई

माहिल उरई का राजा था। राजा परिमाल की पत्नी रानी मल्हना उसकी सगी बहन थी। राजा परिमाल ने महोबे को जीतकर माहिल को उरई का राज दे दिया था। बनाफर आल्हा, ऊदल, मलखान, ढेवा आदि को मल्हना ने पुत्रवत् पाला था। इसीलिए माहिल को ये सब मामा के नाते सम्मान देता था। माहिल राजा परिमाल और बनाफरों से बदला लेने का कोई अवसर जाने नहीं देता था। जहाँ कहीं विवाह हुआ या युद्ध हुआ, वहाँ के राजाओं को चुगली करके इन्हें मरवाने की योजना बनाता रहता था। बनाफर बंधुओं के कारण वह राजा परिमाल को कोई हानि नहीं पहुँचा पाता था, इसीलिए उसके बदले की भावना और भड़क जाती थी।

जब आल्हा-ऊदल महोबे से कन्नौज चले गए तो माहिल अपनी घोड़ी पर सवार होकर दिल्ली जा पहुँचे। राजा पृथ्वीराज भी बनाफर बंधुओं से हार खा चुका था। उन्हीं के शौर्य के कारण पृथ्वीराज की पुत्री बेला का विवाह परिमाल के पुत्र राजकुमार ब्रह्मानंद से हुआ था। अत: माहिल आया तो पृथ्वीराज ने सम्मानपूर्वक आसन दिया तथा कुशलता पूछी। माहिल ने एहसान जताते हुए राजा को सलाह दी, ''मेरी बात ध्यान से सुनो। सुनकर मानो, इसी में आपकी भलाई है। महोबे से आल्हा-ऊदल और ढेवा को परिमाल राजा ने निकाल दिया है।'' मलखान तो पहले ही सिरसा में जा बसा था। इस प्रकार राजा परिमाल असहाय है। राजा परिमाल ने शस्त्र न उठाने का प्रण किया हुआ है, अत: महोबे पर आक्रमण करने का इससे उत्तम अवसर कभी नहीं आएगा। अवसर हाथ से निकल जाने पर पछतावे से केवल कष्ट ही होता है। सिरसागढ़ में मलखान भी अकेला है। एक ही हल्ले में पहले सिरसा को जीतो, फिर महोबे पर चढ़ जाओ।''

पृथ्वीराज भी मन-ही-मन बनाफरों से जलता तो था ही, फिर अपने शत्रु जयचंद के दरबार में उनकी उपस्थिति से ज्यादा चुभन सी महसूस हुई। उसने बिना

किसी ना-नुकर किए माहिल की सलाह फटाफट मान ली। उसके सात बेटे थे। सब एक-से-एक बढ़कर वीर। राजा ने सेना को तैयार होने का आदेश दिया। आदि भयंकर नाम के हाथी पर वह स्वयं सवार हो गए। इकदंता हाथी पर पंडित चौंडा राय सवार हो गए। इसी प्रकार धाँधू और पृथ्वीराज के सातों पुत्र अपने-अपने तय हाथियों पर चढ़ गए। अपनी भारी सेना साथ लेकर चल दिए।

पृथ्वीराज ने सोचा, यदि महोबे पर आक्रमण किया तो पीछे से मलखान आक्रमण कर सकता है। यदि हम पहले सिरसा पर ही आक्रमण कर दें तो महोबे से कोई सहायता के लिए नहीं आ सकता। अत: पहले सिरसा पर ही आक्रमण करने का निश्चय किया। फौज सिरसागढ़ की ओर बढ़ने लगी। चौंडा राय के नेतृत्व में सिरसा घेर लिया गया। एक हरकारे ने मलखान को सूचित किया कि सिरसा पर आक्रमण करने सेना झुक आई है। पृथ्वीराज की ओर से पंडित चौंडा राय अगवानी कर रहा है। मलखान ने अपने अनुज सुलखान को सेना तैयार करने की आज्ञा दी। सिरसा की सेना भी शीघ्र तैयार हो गई। माता ब्रह्मा ने कहा, ''अपशकुन हो गया है। घोड़ी कबूतरी पर सवार होते ही सामने से छींक हुई है। अत: युद्ध में मत जाओ।'' वीर मलखान शकुन-अपशुकन पर भरोसा नहीं करता था। उसने कहा, ''माते! आप जल्दी से आशीर्वाद दीजिए, युद्ध शकुन विचार से नहीं लड़े जाते।'' माता ने आशीर्वाद दिया। दोनों युद्ध के मैदान में पहुँच गए। चौंडा राय ने मलखान को देखते ही कहा, ''पृथ्वीराज का आदेश है कि सिरसागढ़ का किला गिरा दिया जाए।'' मलखान ने कहा, ''किला मैंने अपने बल पर बनाया है। किसमें दम है, जो सिरसा का किला गिरवा दे।'' चौंडा राय ने तोपों में बत्ती लगवा दी। मलखान की ओर से भी तोपें चलने लगीं। फिर भाला व तलवारों से जबरदस्त लड़ाई हुई। आखिर चौंडा को बंदी बना लिया और उसे जनाना वेश पहना दिया। जनाना शृंगार करके पालकी में बिठाकर पृथ्वीराज के पास भेज दिया। पृथ्वीराज चौंडा की हालत देखकर हैरान हुआ। तभी पारथ ने बीड़ा उठाया और युद्ध की कमान सँभाली।

पारस और मलखान की तलवार के बीच जोरदार लड़ाई हुई। सात दिन तक दोनों लड़ते रहे। फिर गजमोतिन (पत्नी) की सलाह पर संध्या समय लड़ाई जारी रखी। मलखान ने सांग चलाई और पारथ मारा गया। पृथ्वीराज सूचना पाकर दु:खी हुआ। पृथ्वीराज ने धीर सिंह को भेजा। वह चालाकी से मलखान को पृथ्वीराज के दरबार में उपस्थित करने की कोशिश करता रहा। उसे कुछ भी न बिगड़ने का भरोसा भी दे दिया, पर मलखान चलने को तैयार नहीं हुए। धीर सिंह ने तभी सांग धरती पर जमा दी। सांग को उखाड़कर दिखाने की चुनौती दे दी। मलखान ने एक

ठोकर मारी और सांग आसानी से निकालकर दे दी। धीर सिंह ने जाकर पृथ्वीराज को उत्तर दिया कि मलखान को कोई नहीं जीत सकता, वह अनुपम वीर है। फिर पृथ्वीराज स्वयं अपने पुत्रों के साथ युद्ध के लिए चला। धाँधू भी हथियारबंद होकर युद्ध में चला। वीर मलखान भी तैयार होकर पृथ्वीराज से भिड़ने आ गया। पृथ्वीराज ने मलखान से किला गिरवाने की बात कही। मलखान का वही जवाब था। बंजर पड़ी जमीन पर मैंने अपने दम पर किला बनाया है। मैं आपकी बहुत इज्जत करता हूँ, परंतु किला गिराने का हुक्म नहीं मानूँगा। युद्ध होना तय था। पृथ्वीराज की सेना में उसके सातों पुत्र, धाँधू और वह स्वयं; जबकि मलखान के साथ सुलिखान। पृथ्वीराज के पुत्र चंदन ने सुलिखे पर सांग चलाई। सांग से बच गया तो तलवारों से भारी युद्ध हुआ। चंदन वीरगति को प्राप्त हुआ। तब ताहर आगे बढ़ा। ताहर के वार को रोकते समय उस सुलिखान की ढाल असफल हो गई और सुलिखान भी शहीद हो गया। फिर तो मलखान ने भयंकर मार मचाई। नैमिसार का राजा अंगद, सूरत का राजा हाड़ावाला, बाँदा का राजा इंद्रसेन, दिल्ली के तीन सरदार सब मलखान की तलवार के शिकार बन गए। पृथ्वीराज की सेनाएँ भाग खड़ी हुईं।

सामने बेशक अन्य राजा लड़ रहे थे, परंतु दिमाग तो माहिल का लगा हुआ था। माहिल मामा सिरसागढ़ में ही जा पहुँचा। मल्हना की देवरानी ब्रह्मादे भी तो उसकी बहन जैसी ही थी। माहिल उसके पास जाकर मलखान की वीरता की प्रशंसा करने लगा, साथ ही सुलिखान के शहीद होने के लिए शोक प्रगट करने लगा। सीधी-सादी ब्रह्मा ने माहिल को भाई मानकर यह बता दिया, "मलखान पुष्य नक्षत्र में जन्मा है, बृहस्पति इसकी कुंडली में बारहवें घर में विराजमान है। यह हार तो सकता ही नहीं। भगवत् कृपा से इसके पाँव में पद्म है। जब तक वह पद्म सुरक्षित है, तब तक कोई मलखान को मार नहीं सकता।" ब्रह्मा से माहिल को वह सत्य ज्ञात हो गया, जिसे जानने के लिए वह परेशान था।

फिर तो माहिल सीधा दिल्ली पहुँचा और पृथ्वीराज को यह रहस्य बताया, साथ ही उपाय भी बताया कि युद्ध क्षेत्र में पहले पाँच कोस तक गड्ढे खुदवाओ। उनमें बड़े-बड़े शूल-त्रिशूल खड़े कर दो, फिर पोली-पोली मिट्टी भर दो। तब करो आक्रमण जोर-शोर से। तोपें चलाओ, आगे मत बढ़ो। वह जब आगे आएगा तो किसी-न-किसी गड्ढे में गिरेगा। शूल के लगने से तलवे में बना पद्म फट जाएगा। फिर तो कोई भी उसे मार सकता है।

हारे हुए पृथ्वीराज में जोश की लहर दौड़ गई। वह इस उपाय पर अमल करने को तैयार हो गया। उसने सुरंग खोदनेवाले कुछ मजदूर सिरसा भेज दिए। सिरसा

से पहले ही सीमा पर बताए हुए तरीके से गड्ढे खोदे गए, उनमें बरछी-भाले और त्रिशूल गाड़ दिए गए। फिर सिरसा पर आक्रमण कर दिया। अपने हाथी, घोड़े और तोपें सजाकर युद्ध करने जा पहुँचे। सिरसा को घेर लिया। मलखान को सूचना मिली कि दिल्लीवाले फिर चढ़ आए हैं। मलखान अपनी सेना लेकर युद्ध के लिए निकल पड़ा। मलखे ने बाईस हाथियों के हौदे खाली कर दिए। दिल्ली के सिपाही भागने लगे। खून की नदियाँ बहने लगीं। पृथ्वीराज ने ताहर को लड़ने भेजा। ताहर का मुकाबला करने ज्यों ही मलखान ने कबूतरी घोड़ी को आगे बढ़ाया, घोड़ी गड्ढे में धँस गई। गड्ढे में खड़ा भाला पाँव में धँस गया। तलवे का पद्म फट गया। मलखान जान गया कि उसके साथ धोखा किया गया है। अब मेरा काल आ गया। घोड़ी जोर लगाकर गड्ढे से बाहर तो आ गई, परंतु मलखान के प्राण-पखेरू उड़ चुके थे। धावन (हरकारे) ने सिरसा महलों में खबर पहुँचाई। मलखान की मृत्यु का समाचार पाकर ब्रह्मा माता भारी विलाप करने लगी। तब उन्हें याद आया और माहिल ने यह धोखा किया और स्वयं को कोसने लगी।

रानी गजमोतिन को खबर मिली तो उसने सती होने का निश्चय किया। डोला मँगवाया और वीर मलखान की लाश की ओर चली। माता ब्रह्मा को भी साथ ले लिया। पृथ्वीराज चौहान भी मलखान की लाश के पास पहुँचा था। रानी गजमोतिन ने उसे ललकारकर कहा, "हे चौहान! सिरसा में प्रवेश करने की मत सोचना। मलखान नहीं रहे तो भी मैं दिल्ली तक तुम्हारा सामना कर सकती हूँ। अपना भला चाहते हो तो दिल्ली तुरंत लौट जाओ। नहीं तो मैं शाप देकर भस्म भी कर सकती हूँ। तुमने वीर के साथ धोखा किया है। मैं शाप देती हूँ कि तीन महीने, तेरह दिन के अंदर ऐसा युद्ध होगा कि महोबे से दिल्ली तक खून की नदी बहेगी। सब वीरों की सुहागिनें विधवा हो जाएँगी।" शाप से भयभीत पृथ्वीराज ने सेनाओं को मोड़कर दिल्ली कूच कर दिया। माता ब्रह्मा ने भी थोड़ी ही देर में प्राण त्याग दिए। रानी ने सिरसा का खजाना दान में बाँट दिया। सबने रोकने और समझाने का प्रयास किया, परंतु गजमोतिन वीर मलखान के शव के साथ चिता में बैठ गई। चिता में आग धधक उठी। चिता पर बैठकर रानी ने माता मल्हना, जिठानी दिवला और आल्हा-ऊदल को सुमिरन किया। पति-पत्नी दोनों साथ-साथ स्वर्ग सिधार गए।

□

कीर्ति सागर पर युद्ध

सावन मास में महिलाएँ अपने मायके जाती हैं। वहाँ झूला झूलती हैं। सावन के गीत (मल्हार) गाती हैं। रक्षाबंधन पर राखी बाँधती हैं। झील या नदी पर पुष्प भरे दौने डालती हैं। भाई उन्हें उठाकर लाते हैं। इस उत्सव को 'भुजरियाँ' भी कहा जाता है, सलोने या श्रावणी भी कहलाता है। इस पर्व से पूर्व सावन में चंद्रावलि भी महोबे आई थी, परंतु आल्हा, ऊदल, मलखान भाइयों के महोबे में न होने से उदास थी।

माहिल फिर से पृथ्वीराज चौहान के दरबार में पहुँचा। मलखान को मरवाने से भी उनका मन संतुष्ट नहीं हुआ। वह अब राजा परिमाल और महोबे को लुटवाना चाहता था। इतिहास में पृथ्वीराज चौहान को एक अच्छे राजा के नाते देखा जाता है, परंतु उसकी गलतियों का परिणाम सारे देश ने भोगा है। परिमाल का पुत्र ब्रह्मानंद उसका दामाद था। उसकी पुत्री बेला का विवाह महोबे के चंदेला परिवार में हुआ था। माहिल के कहने में आकर मलखान जैसे वरदानी वीर को मारने का षड्यंत्र रचा। फिर भी बुद्धि नहीं आई। माहिल के कहने से फिर फौजें लेकर महोबे पर चढ़ आया। माहिल ने कहा, "आक्रमण करने में देर मत करो। आल्हा-ऊदल कन्नौज के राजगिरि में हैं। मलखान का काम तमाम हो गया। ब्रह्मानंद तो लड़ ही नहीं पाएगा। परिमाल को मारना या बाँधना सरल है, क्योंकि वह शस्त्र उठाना छोड़ चुका है। बस महोबे को तहस-नहस कर दो।" चालाकी दिखाने में अग्रणी एक मूर्ख ने सलाह दी, दूसरे मूर्ख ने मानी और पृथ्वीराज ने चौंडिया राय को सेना लेकर आक्रमण करने का आदेश दे दिया। आदेश का पालन कर पृथ्वीराज की सेना ने महोबे को घेर लिया। बाहर से कोई आ न सके। महोबे से कोई जा न सके। रानी मल्हना की चिंता बढ़ना स्वाभाविक था। जब कोई सहारा नहीं दिखाई देता, तब देवी-देवता और भगवान् याद आते हैं। रानी मल्हना देवी के मठ में पहुँची। मंत्र

जाप किया, फिर चामुंडा का हवन किया। माता से बचाने की प्रार्थना की। माता ने आशीर्वाद दिया।

माता स्वयं उसी समय ऊदल के पास पहुँची। स्वप्न में देवी ने महोबे की समस्या ऊदल को समझा दी और सहायता के लिए जाने की प्रेरणा दी। सुबह होते ही ऊदल ने स्वप्न की सारी बात ढेवा को सुनाई। विचार कर लाखन से मिले। आल्हा को बताने से मना हो सकती थी। अत: लाखन के शिकार खेलने जाने का बहाना करके तीनों ने राजा जयचंद से अनुमति ली। अंत में रानी सुनवां (आल्हा की पत्नी) से प्रणाम करके ऊदल ने असली बात बता दी। सुनवां ने भी महोबे की रक्षा के लिए जाने का समर्थन करके आशीर्वाद दिया। तीनों अपने साथ हाथी, घोड़े और सैनिक लेकर चले। ढेवा ने चार गुदड़ी जोगी वेश के लिए साथ ले लीं। मीरा सैयद ने इकतारा बजाया, ढेवा ने खंजरी बजानी शुरू कर दी, लाखन ने डमरू बजाया और ऊदल को बाँसुरी पकड़ा दी।

महोबा पहुँचकर देखा तो दिल्ली के सैनिक निगरानी कर रहे थे। जोगियों को जाने से रोका। ऊदल बोले, "हम तो भिक्षा माँगकर चले जाएँगे, आप अपना काम करो।" चारों जोगी प्रवेश कर गए। थोड़ी देर में महल के पास पहुँच गए। बाग के पास किसानों ने जोगियों से कहा, "यहाँ कोई भिक्षा नहीं देगा। आल्हा-ऊदल यहाँ से चले गए हैं। सिरसा में मलखान मारा जा चुका है।" यह सुनते ऊदल रोने लगा। किसानों ने पूछा तो ऊदल बोला, "पहले हम आए थे तो मलखान से मिले थे। अब नहीं मिलेंगे, पर मलखान को किसने मारा? यह तो बताओ।" फिर किसान ने पृथ्वीराज के द्वारा धोखे से मलखान के मारे जाने की सारी बात सुनाई। एक बार ऊदल का मन हुआ कि महोबे न जाए। उन्हें दु:ख था कि ब्रह्मानंद ने मलखान की सहायता क्यों नहीं की, तभी गजमोतिन की आभा ने ऊदल को महाबे जाकर सहायता करने की प्रेरणा दी। रानी मल्हना को बाँदी से जोगियों के आने की सूचना मिली तो उसने जोगियों को बुलवा लिया। महल देखकर लाखन राजा को बहुत अच्छा लगा। मल्हना को लगा, ये जोगी पृथ्वीराज के जासूस हो सकते हैं। ऊदल ने विश्वास दिलाकर कहा कि दुविधा में मत पड़ो। पृथ्वीराज से हमारा कोई संबंध नहीं। अपने सोने के कुंडल ऊदल ने कन्नौज के ऊदल-आल्हा के दिए हुए बताए। ऊदल का नाम सुनते ही मल्हना के आँसू निकल गए। वह बोली, "यदि तुम अभी कन्नौज जाओ तो ऊदल को महोबे पर मुसीबत की खबर सुनाना। माता मल्हना याद कर रही है, यह कहना। महलों में भुजरियाँ धरी गई हैं, ऊदल के बिना कौन सागर में इन्हें सिराएगा?" ऊदल ने कहा, "हम जोगी हैं, परंतु भुजरियाँ सिराने

की जिम्मेदारी हम लेते हैं।'' इसके बाद जोगी महल से अपने डेरे पर पहुँच गए।

माहिल फिर आग में घी डालने पहुँच गया। बोला, ''हे पिथौरा राय! मैंने चुगली कर बनाफरों को महोबे से निकलवाया, मलखान को मारने का रहस्य बताया। अब ये जोगी आ गए हैं, जादू करके मुकाबला करेंगे। जाओ, तुम दिल्ली वापस लौट जाओ। तुम्हारे करने से कुछ नहीं होगा।'' माहिल पृथ्वीराज को उकसाकर रानी मल्हना अपनी बहन के पास पहुँचा और बोला, ''चौहान लौट जाएगा। उसे ग्वालियर शहर दे दो, नौलखा हार दे दो, खजुहागढ़ की बैठक भी माँग रहा है। चंद्रावली का डोला भी वह ताहर के लिए माँग रहा है। पारसमणि भी पृथ्वीराज लेना चाहता है। बिना हील-हुज्जत के ये सारी चीजें चौहान को दे दो तो वह लौट जाएगा।'' बेशर्म माहिल ने अपनी सगी बहन से अपनी विवाहित भानजी को ताहर को देने के लिए कहा तो मल्हना रोने लगी। माहिल के जाते ही दोनों ब्रह्मानंद के पास गईं। सारी बात उसे बताई। ब्रह्मा ने कहा, ''जोगियों ने भरोसा दिया तो वे ही पवनी करा देंगे।'' माहिल का पुत्र अभई भी वहाँ पहुँचा। उसके भुजरियाँ सिलाने की पवनी की प्रक्रिया करने के लिए तैयारी शुरू हो गई। फिर मल्हना ने सब डोलों में बारूद का एक-एक मटका रख दिया और एक-एक जहर बुझी छुरी भी डोले में रखवा दी, ताकि यदि पृथ्वीराज की सेना आकर लूट मचाए और डोला छीने तो छुरी से अपनी हत्या कर लेना, जीते जी काबू में मत आना।

अभई और रंजीत के संरक्षण में डोले कीर्ति सागर पर जा पहुँचे। पृथ्वीराज की फौज पं. चौंडा राय के नेतृत्व में डोले लूटने आ गई। अभई और रंजीत की चौंडा राय से लड़ाई हुई। तीन घंटे तक तलवारें चलीं। चौंडा राय के सिपाही भागने लगे तो चौंडा ने स्वयं गुर्ज उठाकर अभई पर वार किया। अभई के घोड़े की टाप पड़ी तो चौंडा का हाथी भाग निकला। फिर पृथ्वीराज ने बेटे सूरज को भेजा। सूरज ने डोला रखने की बात कही तो अभई ने कहा, ''डोलों की ओर नजर घुमाई तो दोनों आँखें निकाल लूँगा।'' फिर तो जोरदार युद्ध हुआ। रंजीत ने दो बार चोट बचा ली। फिर रंजीत ने वार किया तो सूरज धरती पर गिर गया। इधर से टंकराज आ गए, उन्होंने अभई पर सांग चला दी। अभई तो बच गया, परंतु उसने भाला मारा तो टंकराज के पेट में घुस गया। तब राजा ने सरदनि-मरदनि को भेजा। ताहर भी आगे आया। दोनों फौजें मारा-मार मचाने लगीं। ताहर ने ललकारा, ''मेरे भाई सूरज को किसने मारा है?'' अभई सामने आ गए और कहा, ''डोले की बात की तो जीभ खींच ली जाएगी।'' ताहर से युद्ध करते समय रंजीत शहीद हो गया। चकमा देकर ताहर ने अभई को भी मार गिराया। उनके रुंड भी लड़ने लगे, तब ब्रह्मानंद को खबर पहुँची।

ब्रह्मानंद ने सोचा कि महोबे की लाज बचाने को मेरा युद्ध में जाना जरूरी है। घोड़ा हर नागर पर सवार होकर अपनी फौज के साथ ब्रह्मानंद अपने ससुर पृथ्वीराज का सामना करने मैदान में पहुँच गया। तब तक रंजीत और अभई के बिना सिर के धड़ लड़ रहे थे। ताहर ने लीला झंडा घुमाकर उन्हें शांत किया। दोनों रुंड मल्हना के डोले के पास जाकर गिरे। ब्रह्मानंद ने उनकी लाश भिजवा दी और फिर हनुमानजी को याद करके युद्ध करने लगे। शत्रु सेना को ऐसे काटने लगे, जैसे खेत काटकर खलिहान में फेंक रहा हो। ब्रह्मानंद की भयंकर मार से पृथ्वीराज के सिपाही भागने लगे। ताहर ने पृथ्वीराज के पास समाचार भेजा कि राजा और फौज लेकर जल्दी सागर पर पहुँचे, नहीं तो सब काम बिगड़ जाएगा।

तब तक माहिल वहाँ पहुँच गया और पृथ्वीराज से कहा, ''अच्छा अवसर है। ब्रह्मानंद अकेला रह गया है। तुरंत जोरदार आक्रमण करके उसे बाँध लो और चंद्रावलि का डोला छीन लो। महोबे को लूटकर तहस-नहस कर दो।'' पृथ्वीराज ने चौंडा व धाँधू को साथ लिया और भारी फौज लेकर सागर पर पहुँच गए। पृथ्वीराज को आता देखकर ब्रह्मानंद और जोश से लड़ने लगा। किसान जैसे फसल काटता है या तमोली पान काटता है, सब मोह त्यागकर ब्रह्मानंद शत्रु सेना का नाश कर रहा था। चौंडा पंडित ने गुर्ज चलाया। ब्रह्मानंद ने बचाव कर लिया, पर सोचा कि क्षत्रिय होकर मैं ब्राह्मण को मारूँ तो ठीक नहीं। तो ब्रह्मानंद ने सम्मोहन बाण चला दिया। चौंडा रणभूमि में अचेत होकर गिर पड़ा। तब धाँधू सामने आए। धाँधू ब्रह्मा पर वार करने में सकुचा गए, क्योंकि ब्रह्मानंद बड़े भाई ही तो लगे। ब्रह्मा के बाण से धाँधू भी हौदा से गिर गया, तब सरदनि-मरदनि दोनों सामने आ गए। वे दोनों भी गिर गए तो ताहर मुकाबले पर आ पहुँचे।

ब्रह्मानंद का वार होने पर ताहर अपना घोड़ा भगाकर ले गया। तब पृथ्वीराज ने धीर सिंह को आगे बढ़ने को कहा। धीर सिंह सामने आया और डोला माँगने लगा तो ब्रह्मानंद ने कहा, ''तुम आल्हा के मित्र हो और आल्हा मेरे बड़े भाई हैं। पृथ्वीराज की नीति को क्या कहूँ, मुझसे उनकी पुत्री का विवाह हुआ है। महोबे को ही लूटने फौज लेकर चले आए हैं।'' धीर सिंह ने गुर्ज फेंका, ब्रह्मानंद ने बचा लिया। ब्रह्मा पर जितने वार किए, सब व्यर्थ गए। धीर सिंह ने अपना हाथी वापस हटा लिया। पृथ्वीराज ब्रह्मा की बहादुरी देखकर हैरान रह गए। चौंडा और ताहर ने जाकर डोले घेर लिये और जोर से नगाड़ा बजाया। नगाड़े की आवाज से लाखन और ऊदल को भनक लगी। ढेवा और मीरा सैयद चारों जोगी वेश में ही अपनी जोगियों की टोली लेकर कीर्ति सागर पर पहुँच गए। धाँधू ने जोगियों से कहा, ''जोगी होकर

क्यों प्राण गँवाने चले आए। वापस लौट जाओ।'' तब ऊदल ने तलवार खींच ली और ऐसे घुस गया, जैसे भेड़ों के दल में भेड़िया घुस जाता है। धाँधू के हौदे पर वार करके रस्से काट दिए तो धाँधू मोरचे से वापस हट गया।

उधर चौंडा पंडित मल्हना के डोला पर पहुँच गया। पृथ्वीराज की आज्ञा है, हमें नौलखा हार दे दो। मल्हना तब आसमान की ओर देखकर ऊदल को याद करने लगी। तब तक ऊदल वहाँ पहुँच ही गया। जोगी रूप देखकर मल्हना ने सोचा कि भगवान् ने ही जोगी भेज दिए हैं। ऊदल ने वैंदुल को एड़ लगाई और चौंडा के सामने जा पहुँचा। चौंडा का हौदा गिरा दिया। फिर ऊदल रानी मल्हना के पास जा पहुँचा और कहा, हमारी भिक्षा मँगवा दो। तब मल्हना ने कहा, ''पृथ्वीराज बेटी चंद्रावलि का डोला छीनकर ले जाना चाहता है, हमारी रक्षा करो।'' ऊदल ने कहा, ''तुम्हारी पवनी हम करवाएँगे। डोला ले जाने की शक्ति किसी में नहीं।'' लाखन और ऊदल पंचपेड़न (पंचवटी) के पास पहुँच गए। ऊदल ने ताहर को बता दिया कि पवनी हम करवाएँगे, यह हम वादा कर चुके हैं। ताहर ने फौज से कहा, इन जोगियों को भगाओ। ताहर ने लाखन पर वार किया। लाखन ने बचाव कर लिया। लाखन ने गुर्ज चलाया तो ताहर अपना घोड़ा भगा ले गया। ऊदल ने चंद्रावलि का डोला मल्हना के पास ले जाकर रख दिया।

इधर पृथ्वीराज ने ब्रह्मा पर वार करने के लिए लाव कमान उठाई। ब्रह्मानंद को लगा मेरे ससुर हैं, पिता समान हैं, अतः मोहन बाण चला दिया। पृथ्वीराज मूर्च्छित होकर गिर गए। तब तक ऊदल भी वहाँ पहुँच गया। जोगी का वेश धरे जो राजा ऊदल के साथ आए थे, सब बढ़कर आगे आ गए। ब्रह्मानंद जोगियों का लश्कर देख लौट पड़े। उधर पृथ्वीराज की मूर्च्छा खुली तो सेनाओं में फिर जोश आ गया। खटाखट तलवारें बजने लगीं। लाखन अपनी हथिनी भुरूही को लेकर पृथ्वीराज के सामने जा पहुँचा। भुरूही की टक्कर ने आदि भयंकर हाथी को पीछे हटा दिया। फिर ऊदल को सामने देख पृथ्वीराज अपने लश्कर को सागर के दक्षिण की ओर ले गए। उत्तर में ऊदल का लश्कर था। ऊदल ने चंद्रावलि से कहा, ''बहन, अपनी भुजरियाँ सागर में सिरा दो।'' माहिल बोला, ''सागर में से सगुन का दौना उठवा लो।'' चौंडा राय दौना लेने को बढ़ा तो चंद्रावलि बोली, ''ऊदल भैया होते तो कोई और यह दौना कैसे ले जाता?'' लाखन ने संकेत दिया, ऊदल ने दौना लेने को हाथ बढ़ाया। चौंडा भी बढ़ा। चौंडा ने ऊदल पर भाला फेंका। ऊदल ने फुरती से चोट बचाई और दौना उठा लिया। दौना बहन चंद्रावलि को पकड़ा दिया। मल्हना ने कहा, ''बेटी, सामने जोगी खड़े हैं। इनको ही तुम अपना ऊदल भैया मान लो।''

ऊदल ने अपना कंगन बहन को दक्षिणा में दे दिया। चंद्रावलि बोली, ''यह कंगन तो ऊदल भैया का ही है।'' ऊदल मुसकराए तो मल्हना पहचान गई कि यह जोगी नहीं, ऊदल है। फिर ऊदल माता मल्हना और सबसे मिले। सब सखियों ने सागर में दौने सिरा दिए। पृथ्वीराज ने फिर कहा, ''कुछ दौने उठा लाओ।'' परंतु ऊदल ने लाखन को सावधान कर दिया, ''एक भी दौना दिल्ली नहीं जाना चाहिए।''

धाँधू ज्यों ही आगे बढ़ा, ऊदल ने अपना घोड़ा हाथी के आगे अड़ा दिया। ढाल का धक्का मारकर हौदा के कलश गिरा दिए। उसने अपना हाथी वापस दौड़ा दिया। युद्ध में दोनों ओर के वीर काम आए। तब माहिल ने ही पृथ्वीराज को वापस लौटने की सलाह दी। बोला, ''जब ऊदल कन्नौज लौट जाएगा, तो मैं तुम्हें फिर सूचित करूँगा।'' उधर परिमाल राजा ने ऊदल का नाम व काम सुना। राजा पालकी में बैठकर वहाँ आए। ऊदल ने राजा के चरण छुए। राजा ने उसे छाती से लगा लिया। परिमाल ने ऊदल से अब यहीं रहने का आग्रह किया। ऊदल ने कहा, ''आपने प्यार को त्यागकर माहिल की बात मानी। अब हम महोबा नहीं आएँगे।'' रानी मल्हना ने अपने पालन-पोषण की याद दिलाई। ब्रह्मानंद के भी तुम ही रखवाले हो। तब ऊदल ने बताया कि मैं कहकर नहीं आया। आल्हा से छिपकर बहाने से आया हूँ। पृथ्वीराज या और कोई शत्रु आक्रमण कर दे, तो सूचना भेजना, मैं तुरंत आऊँगा। फिर रानी मल्हना को प्रणाम करके ऊदल ढेवा और लाखन ने विदा ली और कन्नौज लौट गए।

□

आल्हा की महोबा वापसी

दूसरों की प्रसिद्धि से जलनेवाले उनको हानि पहुँचाने का अवसर खोजते रहते हैं। माहिल ऐसे ही स्वभाव का व्यक्ति था। ऊदल के कन्नौज जाने की जानकारी जैसे ही माहिल को मिली, वैसे ही वह दिल्ली पहुँच गया। पृथ्वीराज को जाकर उकसाया कि अब महोबे में कोई मर्द नहीं है। बिना देर किए चलकर महोबा को लूट लो। जबकि माहिल की सगी बहन है मल्हना। उसी को बार-बार धोखा देने और नुकसान पहुँचाने का वह प्रयास करता है। लूट से भी उसे कुछ नहीं मिलेगा, पर उसका दुर्भाव संतुष्ट होगा। पृथ्वीराज भी लोभी-लालची था। जहाँ उसकी अपनी बेटी ब्याही है, उसी परिवार को अपमानित करने और लूटने को तैयार हुआ। अपना लश्कर तैयार किया और घेर लिया महोबा को। वही माहिल हमदर्द बनकर बहन मल्हना के पास आया और बोला, ''पृथ्वीराज को दंड (जुर्माना) दे दो तो वह वापस चला जाएगा, वरना महल ही नहीं, पूरे शहर को लूट लेगा।'' मल्हना ने कहा, ''पंद्रह दिन की मोहलत मुझे सोचने के लिए दे दो। सोलहवें दिन मैं दंड न भरूँ तो जो जी में आए, सो करना।''

माहिल ने जाकर पृथ्वीराज को पंद्रह दिन की मोहलत की बात बताई। इधर मल्हना ने जगजेरी पहुँचकर जगनिक से भेंट की। जगनिक को पृथ्वीराज के आक्रमण की सारी बात बताई। जगनिक से कहा कि मेरा पत्र ले जाकर आल्हा को देना और शीघ्र महोबा आने का आग्रह करना। पहले तो जगनिक ने मना किया, परंतु फिर परिस्थिति समझ, जाने को तैयार हो गया। शर्त रख दी कि ब्रह्मानंदवाला घोड़ा हरनागर मिले तो मैं जाऊँगा। मल्हना ने शर्त मान ली और ब्रह्मा पर दबाव डालकर हरनागर घोड़ा भी उसे दे दिया। जगनिक पत्र लेकर चल पड़ा। माहिल ने फिर चौहान को खबर कर दी कि जगनिक ऊदल को बुलाने जा रहा है। वह जाने ही न पाए, इसलिए नदी के किनारे घाट पर घोड़ा छीन लो। फिर तो ब्रह्मानंद भी

कमजोर हो जाएगा। पृथ्वीराज ने चौंडा राय और धाँधू को घाटों पर भेज दिया। जगनिक इनसे बचकर निकल गया, साथ ही धाँधू की कलगी उतार ले गया। कुडहर पहुँचकर वह एक बगिया में घोड़ा खड़ा करके आराम करने लगा। माली ने राजा को सूचित किया और राजा ने घोड़ा खुलवाकर अपने महल में बाँध लिया। आँख खुली तो घोड़ा न देखकर जगनिक राजा के पास पहुँचा। राजा ने उसकी बात नहीं सुनी, पर रानी से जगनिक ने महोबे की समस्या सुनाई तो उसने घोड़ा दे दिया। जगनिक पूछताछ करता हुआ राजगिरि पहुँचा। जगनिक के आने की सूचना आल्हा को दी गई। उसे फिर ऊदल मिल गया, तो आदर सहित आल्हा से मिलवाने ले गया। माता मल्हना का पत्र पढ़कर आल्हा चलने को तैयार हो गया, परंतु जब उसे पता चला कि मलखान मारा गया, तो वह दुःखी हुआ और चंदेलों ने उसकी न सहायता की, न हमें खबर करी, यह सोचकर महोबा जाने से इनकार करने लगा। ऊदल, सुनवां, माता दिवला ने समझाया, तब वह जयचंद से अनुमति लेने गया। जयचंद ने इनकार कर दिया। फिर ऊदल ने उसे अपने कौशल से राजी कर लिया। लाखन को भी साथ ले लिया तथा उसकी फौज भी साथ ले ली। लाखन को रोकने की कुसुमा रानी ने कोशिश की, परंतु वह गंगाजली उठा चुका था, अतः ऊदल के साथ चल पड़ा।

रास्ते में परहुल के राजा सिंहा ठाकुर से युद्ध करना पड़ा, फिर कुडहरि के गंगा ठाकुर से युद्ध किया, तब महोबे की ओर आगे बढ़े। सिंहा ठाकुर और गंगा ठाकुर को भी सेना सहित साथ ले लिया। जब महोबे के पास पहुँच गए, तब जगनिक रानी मल्हना को समाचार देने के लिए पहले आगे चल दिया। जगनिक जैसे ही महल में पहुँचा, तभी माहिल भी आ पहुँचा। जगनिक ने बताया कि आल्हा ने बात नहीं मानी। मल्हना माता रोने लगी। जगनिक ने पूछा, "अब बताओ कि चौहान पिथौरा राय क्या-क्या चीज दंड में माँग रहा है?" माहिल ने बताया कि वह ग्वालियर शहर माँग रहा है। पाँच उड़ने घोड़े और खजहागढ़ महल, मल्हना का नौलखा हार और चंद्रावलि का डोला, सबसे पहले वह सोना बनानेवाली पारसमणि माँगता है। जगनिक ने कहा कि पारसमणि तो पूजा की कोठरी में रखी है, इसे तो अभी ले लो। बाकी चीजें हम् गिनवा देंगे। माहिल तो पारसमणि उठाने कोठरी में गया। जगनिक ने बाहर से दरवाजा बंद कर दिया, क्योंकि सब झगड़े की जड़ माहिल ही तो है। यह ही इधर-उधर चुगली करता है। ऊदल की चिट्ठी तब जगनिक ने मल्हना को दी। रानी ने पत्र पढ़ा और तुरंत राजा परिमाल देव को बुलवाया। राजा ने भी पूरा पत्र पढ़ा तो दोनों बहुत खुश हुए। माहिल भी दरवाजे से कान लगाए सबकुछ सुन रहा था। भीतर से माहिल ने कहा, "बहन! तुम्हारे बिछुड़े बेटे मिल गए हैं। इस

खुशी में मुझे बाहर आने दो। अब मैं कोई परेशानी पैदा नहीं करूँगा।'' बहन तो बहन होती है। माहिल जैसे दुष्ट भाई पर भी बहन मल्हना को दया आ गई और उसे आजाद कर दिया, पर माहिल तो कुत्ते की पूँछ था, जो कभी सीधी होती नहीं। झटपट वहाँ से निकलकर वह पृथ्वीराज के पास पहुँचा और बोला, ''अब बनाफर बंधु महोबा पहुँचनेवाले हैं। बेतवा नदी के उस पार हैं। ऐसा करो कि नदी के सब घाटों पर सेना लगा दो। कोई इस पार आ ही न सके। आल्हा-ऊदल को नदी के इस पार आने से पहले ही मार दो। बस फिर तुम्हारा काम बन जाएगा। फिर तो लूट-ही-लूट होगी।'' पृथ्वीराज माहिल की सलाह को सर्वोपरि मानता था। अत: उसने सब घाटों पर अपनी सेना लगा दी। न कोई नदी के पार जाए, न कोई महोबे की ओर आए।

□

बेतवा नदी के आर-पार लड़ाई

पृथ्वीराज ने घाट रोक दिए हैं। यह खबर ऊदल को मिली तो आल्हा से कुछ उपाय करने को कहा। लड़ाई के अतिरिक्त और क्या उपाय था। आल्हा ने कलश पर पान का जोड़ा रखवाया और वीरों को चुनौती दी। लाखन राय ने बीड़ा उठा लिया और चुनौती स्वीकार कर ली। लाखन ने अपने नौ सौ हाथियों को बेतवा नदी पार करने को आगे कर दिया। उधर चौंडा घाट पर रक्षा के लिए तैयार खड़ा था। चौंडा ने उन्हें पार करवाकर अपने हाथियों के झुंड में मिला लिया। लाखन राने ने नौ सौ अपने और सात सौ चौंडा राय के, यानी सारे हाथी हाँक लिये। चौंडा राय अपने हाथी पर चढ़कर लाखन के सामने जा पहुँचे। चौंडा ने लाखन को समझाकर वापस जाने के लिए कहा, पर लाखन ने तो चुनौती स्वयं स्वीकार की थी। दोनों ओर से ललकार हुई और युद्ध शुरू हो गया। धनुआ तेली और मीरा सैयद ने वीरता दिखाई। तोप से लेकर तलवार तक से भारी युद्ध हुआ। लाखन ने चौंडा राय को हाथी से गिरा दिया। फिर कहा, "मैं पैदल पर वार नहीं करता, दूसरा हाथी ले आओ, तब लड़ना।"

चौंडा राय को हताश देखकर स्वयं पृथ्वीराज सामने आए। उन्होंने भी लाखन को प्राण खतरे में डालने से बचने के लिए कहा। पृथ्वीराज ने कहा, "कन्नौज के वीर तब कहाँ थे, जब हम संयोगिता को ले आए थे।" लाखन बोला, "तब तो मैं तीन वर्ष का था, अब उसका बदला लूँगा।" युद्ध की गति तेज हो गई। दोनों ओर से अलग-अलग मोरचे पर लड़ाई होने लगी। हाथी ऐसे गिरे हुए थे, मानो बीच-बीच में पहाड़ पड़े हों। आधी बेतवा में पानी बह रहा था तो आधी नदी में रक्त की धार बह रही थी। पृथ्वीराज ने भारी मार मचाई तो लाखन के साथी पीछे हटने लगे। मीरा सैयद और धनुआ तेली हट गए, यहाँ तक कि भुरूही हथिनी भी पीछे हटने लगी। तब लाखन ने याद दिलाया कि मेरी माँ ने तुम्हारा माथा पूजकर कहा

था कि कभी पीछे न हटना। चाहे प्राण चले जाएँ, पीछे नहीं हटना है ? लाखन को आस-पास कोई सहायक दिखाई नहीं पड़ रहा था। उसे लगा या तो घबराकर हट गए, या मारे गए। अब उसे जयचंद का इनकार, रानी कुसुमा की मनाही सब याद आए। एक बार तो पीलवान सुदना ने भी कन्नौज की ओर लौटने की बात कह दी। अपने मन में आई कमजोरी भी किसी और के कहने पर जिद को शक्ति देती है। लाखन ने अपनी हथिनी को भाँग पिलाई और भुरूही के सूँड़ में साँकल (जंजीर) बाँध दी। स्वयं पैदल ही नंगी तलवार लेकर शत्रु दल में ऐसे घुस गया, जैसे भेड़ों में भेड़िया। हथिनी ने जो जंजीर घुमाई, सबको गिराती चली गई। लाखों में एक लाखन की वीरता देख सब राजा दाँतों तले अंगुली दबा गए। पृथ्वीराज का लश्कर पीछे हटने लगा।

नदी की रक्तिम धार देखकर रूपन ने माँ दिवला से कहा कि लाखन अकेला पड़ गया है। आल्हा-ऊदल डेरे में बैठे हैं। माँ आल्हा के पास आई, पर लाखन की सहायता करने की उसने जरूरत नहीं समझी। ऊदल ने भी बिना आल्हा की इजाजत युद्ध में जाना ठीक नहीं समझा। तब आल्हा की पत्नी रानी सुनवां ने ऊदल को समझाकर तैयार किया। ऊदल आल्हा से अनुमति लेने गया, तब आल्हा भी युद्ध करने के लिए आ गया। ऊदल ने सब तरफ देखा, उसे कहीं लाखन दिखाई न पड़ा तो वह चिंतित हो गया। पृथ्वीराज ने अपना धनुष उठाया, तभी ऊदल पहुँच गया। बोला, "यहाँ तुम्हारी बराबरी का कौन है, बच्चों पर बाण चलाकर क्यों जग-हँसाई करवाना चाहते हो ? आप बड़े हैं। हमारे रिश्तेदार हैं। हम आपका अदब (सम्मान) करते हैं, आपसे मुकाबला करते हुए हमें संकोच होता है।" ऐसी बातें सुनकर पृथ्वीराज ने अपनी कमान वापस रख ली और पृथ्वीराज मोरचे से हट गया। तब रक्त से सना लाखन दिखाई पड़ा। ऊदल ने कहा, "जाओ आराम करो, अब मैं सामना करूँगा।" तब लाखन का स्वाभिमान जागा। "मैंने बीड़ा उठाया है, मैं अपना काम पूरा करूँगा।" तब ऊदल ने लाखन का खून से सना चेहरा कपड़े से पोंछा, फिर वैंदुल घोड़े पर सवार हो आगे बढ़ा। तब तक आल्हा की फौज भी पहुँच गई। युद्ध तेज गति से होने लगा। धनुआँ तेली ने धाँधू को हटने पर विवश कर दिया। मीरा सैयद ने भूरा मुगल को पीछे हटा दिया। रहमत-सहमत को हीर सिंह-वीर सिंह ने हरा दिया। लाखन ने दतिया के वंशगोपाल को मार भगाया। दिल्ली के तीन लाख पैदल, दो सौ हाथी और एक लाख घुड़सवार युद्ध में मारे गए। पृथ्वीराज का पुत्र ताहर लाखन के सामने पहुँचा और तलवार मारी। लाखन ने ढाल से वार रोक लिया। फिर लाखन ने गुर्ज चला दिया। घोड़े के गुर्ज की चोट लगी तो घोड़ा रुका

ही नहीं। ताहर का घोड़ा रण से भागा तो उनकी सेना भी भागने लगी। लाखन ने जीत का डंका बजवा दिया। महोबे की फौज आगे बढ़ गई। चंदन बाग में चौहान के तंबू लगे थे। जाकर उन तंबुओं को गिरवा दिया। लाखन के हुक्म से तंबुओं में लूट मच गई। कोई चावल, कोई घी, कोई शक्कर, तो कोई आटा लूटकर ले गया। पृथ्वीराज ने बची-खुची फौज लेकर दिल्ली से कूच कर दिया। खिसियाकर माहिल भी उरई को भाग गया। वैसे उसे तो बनाफरों के आने से ही अंदाजा हो गया था कि अब महोबा को नहीं लूटा जा सकता।

इधर राजा परिमाल ने महोबा को सजवाया तथा आल्हा, ऊदल, लाखन के स्वागत में तोपों की सलामी दी गई। शोभा यात्रा के रूप में उनके साथ आए सभी राजा महोबे की शोभा देखने निकले। बाद में राजमहल में राजा ने सबको एक दावत देकर स्वागत किया। आल्हा ने राजा परिमाल पर पहले क्रोध किया, फिर उनके गलती मान लेने पर आल्हा-ऊदल महोबे में रहने के लिए मान गए। दशपुरवा का महल फिर आबाद हो गया। पूरे शहर में निर्भयता की लहर लौट गई। सबको भरोसा हो गया कि अब आल्हा-ऊदल कहीं नहीं जाएँगे।

□

ऊदल का हरण

जेठ का दशहरा आने से पहले ही गंगाजी के हर घाट पर मेला जुड़ता है। बिठूर में भी मेला लगा। रानी सुनवां ने मेला जाते यात्रियों को देखा तो मेला जाने की सोची। ऊदल को बुलाकर गंगाजी में डुबकी मारने का विचार किया। ऊदल ने कहा, ''यदि आल्हा भैया आज्ञा देंगे तो अवश्य चलूँगा।'' आल्हा ने ऊदल को पहले तो मना ही किया, फिर किसी से झगड़ा न करने का भरोसा दिया तो अनुमति दे दी। सुनवां और फुलवा दोनों तैयार हो गईं। जगनिक और फौज को साथ लेकर बिठूर पहुँच गए। वहाँ रेती में अपना डेरा डाल दिया। पास ही सोभिय नाम की नटनी का भी डेरा था। वह तमाशा करती हुई ऊदल के डेरे तक आ गई। तमाशा देखकर सब प्रसन्न हुए। नटनी ने सुनवां को गहनों से लदा देखा था। सवेरे स्नान को गए तो सुनवां ने सारे गहने डिब्बे में सँभालकर रख दिए। स्नान करके अपना डेरा उठवाकर महोबे को वापस चल दिए। महोबा पहुँचने से पहले जमना तीर पहुँचकर सुनवां को पता लगा कि गहनों का डिब्बा नहीं है। ऊदल को बताया तो ऊदल ने कहा, ''मैं वापस जाकर मेले में तलाश करवाता हूँ।'' जगनिक को कहा, ''तुम सबको लेकर महोबे लौटो।'' जगनिक सुनवां और फुलवा को साथ लेकर महोबा चला मया।

इधर ऊदल अब बिठूर पहुँचा तो मेला उठ रहा था। केवल सोफिया नटनी का डेरा वहाँ बचा था। ऊदल ने नटनी से अपने आने का कारण बताया। वह क्यों बताती कि गहनों का डिब्बा उसी ने जादू से चुरा लिया है। उसने कहा, ''सारे नट गंगा में जाल डालकर पानी छान लें तो डिब्बा मिल जाएगा। तुम मेरे साथ चौसर खेलो।'' ऊदल चौसर खेलने लगा। डिब्बा तो न मिलना था, न मिला। ऊदल का साहस नहीं हुआ कि बिना डिब्बा तलाश किए महोबे कैसे जाए? नटनी तो जादूगरनी थी, उसने ऊदल को तोता बना लिया और अपने साथ ले गई। वह रात को उसे मर्द

बना लेती और सुबह फिर तोता बनाकर पेड़ पर टाँग देती। उसने विवाह का प्रस्ताव रखा तो ऊदल ने नहीं माना। क्षत्रिय चोरी से विवाह नहीं करते। तुम मुझे छोड़ दो तो मैं बरात लाकर तुम्हें ब्याहकर ले जाऊँगा। नटनी को यह मंजूर नहीं था। नटनी दिल्ली पहुँची। राजा पृथ्वीराज को अपना खेल दिखाया। खुश हो जाने पर राजा से धन नहीं, शरण माँगी—''महाराज! मैंने ऊदल को तोता बना लिया है। आप मुझे अपने राज्य में शरण दे दो तो मैं इससे विवाह कर लूँगी।'' पृथ्वीराज ने इससे साफ इनकार कर दिया। कहा, ''आल्हा से मैं वैर मोल नहीं ले सकता। तुम्हारे लिए मैं अपने राज्य को नष्ट नहीं करवा सकता।''

फिर वह और कई राजाओं के पास गई, परंतु किसी ने उसको शरण नहीं दी। बिना अपने लाभ के कोई जोखिम में जान डालें भी तो क्यों? अत: वह दूर झारखंड में चली गई। जंगल में ही डेरे लगा लिये। दिन में पेड़ पर तोते का पिंजरा टँगा रहता और रात को इनसान बन जाता ऊदल। जादू के कारण वह इतना अशक्त हो गया था कि रात को भी भाग नहीं सकता था। न उसे यह अंदाज था कि वह कहाँ है? महोबे में ऊदल के गायब होने की चर्चा होने लगी। शुरू में इसे छिपाया जा रहा था, क्योंकि ऊदल नहीं है, यह जानकर शत्रु आक्रमण भी कर सकते थे। सुनवां ने चारों ओर गुप्तचर भेजे, परंतु कोई सफलता नहीं मिली। तब सुनवा स्वयं जादू से चील बनकर खोजती फिरी। झारखंड के जंगल में इमली के पेड़ पर एक पिंजरे में तोता देखा तो सुनवां ने पहचान लिया। पेड़ की चोटी पर बैठकर सुनवां ने सारा माजरा देखा। नटनी ने उसे मनुष्य बनाया, चौसर खेली। बार-बार ब्याह करने का आग्रह किया। खुदा का नाम लेने को कहा, पर ऊदल ने साफ इनकार कर दिया। न इस तरह ब्याह करूँगा, न खुदा का नाम लूँगा। मैं राम का नाम लेता हूँ और वही मेरा बेड़ा पार करेंगे। सुनवां समझ गई कि ऊदल का कुछ भी नहीं बिगड़ा, पर वह जादू के आगे विवश है। सुबह होने से पहले ऊदल को फिर तोता बनाकर पिंजरे में डाल दिया और पिंजरा इमली के पेड़ पर टाँग दिया। नटनी सो गई तो सुनवां ने चोंच में पिंजरा उठाया और लेकर उड़ चली। एक अन्य वन में जाकर सुनवां ने उसे मनुष्य बनाया और पूछा, ''तुमने इतनी मार-पीट सही, पर न तो खुदा का नाम लिया और न उस नटनी पर हाथ उठाया।'' ऊदल ने कहा, ''स्त्री पर हाथ उठाने से क्षत्रिय धर्म नष्ट हो जाता और खुदा का नाम लेने से राम नाम का भरोसा मिट जाता।'' सुनवां बोली, ''तो ठीक है, अब मेरे साथ महोबे चलो।'' परंतु ऊदल को यह भी स्वीकार नहीं। वह बोला, ''मैं इस प्रकार चोरी से भागकर नहीं जा सकता। आप आल्हा को जाकर सारा हाल बताएँ। वह फौज लेकर आए और इस नटनी के

साथियों को मार भगाए। देवी के प्रभाव से इस नटनी का जादू भी समाप्त कर दे। तब मैं चलूँगा।'' सुनवां भरोसा देकर चली गई।

आल्हा को जब सारा हाल सुनाया गया तो वह जगनिक, इंदल को साथ लेकर सेना सहित चल पड़े। सुनवां आगे-आगे रास्ता दिखा रही थी। तब सुनवां फिर चील बनकर गई और इमली के पेड़ से पिंजरा उठाकर डेरे में ले आई। ऊदल को देखकर आल्हा प्रसन्न हुए। ऊदल ने चरण छूकर प्रणाम किया। आल्हा ने ऊदल के धर्म-पालन की प्रशंसा की।

उधर फौज आई देखकर सोफिया नटनी ने अपने भाई सहुआ को बुलवा लिया। नौ हजार नट हथियार लेकर मुकाबले को खड़े हो गए। तब ऊदल के संकेत पर आल्हा ने तोपें चलवा दीं। तोपों के गोलों से नटों के चीथड़े उड़ने लगे। गोलियाँ चलीं और बाण भी चले। एक हजार नट कुछ समय में ही मारे गए तो सहुआ घबरा गया। फिर तलवार चलने लगी। सोभिया ने जादू से आग बरसा दी। सिपाही जलने लगे। फिर सुनवां ने अपने जादू से पानी बरसा दिया। इस प्रकार जादू में भी अपनी हार देखकर सोफिया नटिनी घबराई। सोफिया के हर जादू की काट सुनवां के पास थी। सुनवां ने अब नरसिंह और भैरोंवाली चौकी बैठाई और नटों पर ऐसा जादू मारा कि नट भाग निकले। सोफिया तब सुनवां पर झपट पड़ी। दोनों गुत्थमगुत्था होने लगीं। तभी इंदल वहाँ पहुँच गया। इंदल ने घोड़े से उतरकर छुरी से नटिनी का जूड़ा काट लिया। जूड़ा कटते ही उसकी जादुई शक्ति बेकार हो गई। सोफिया छूटकर भागी तो झुन्नागढ़ अपने शहर की ओर गई। आल्हा भी फौजें लेकर झुन्नागढ़ पहुँचे। वहाँ के राजा ने लश्कर देखा तो अपना हरकारा भेजकर पता किया। लौटकर उसने बताया कि महोबे की फौज बाग में डेरा डाले पड़ी है। सेनापति हीरा-मोती भेंट लेकर आल्हा के पास पहुँचे। भेंट देकर पूछा, ''कहाँ की तैयारी है?'' तब आल्हा ने सोफिया नटनी की सारी घटना सुनाई। राजा ने उनका स्वागत किया। अगले दिन आल्हा लश्कर के साथ महोबे को चल दिए। महोबे में ऊदल के आने पर खुशियाँ मनाई गईं। ऊदल सबसे मिले और आनंद मनाया।

□

मलखान के पुत्र जलशूर का विवाह

रानी मल्हना बनाफरों की पालन करनेवाली माता थी। उसने इन्हें सदा प्रेम और अपनापन दिया। मलखान के निधन के पश्चात् उसका पुत्र जलशूर युवा हुआ। माता मल्हना को स्वप्न हुआ। गजमोतिन (मलखान की सती पत्नी) ने स्वप्न में कहा, "मैं होती तो अपने जवान बेटे के विवाह की चिंता करती। अब यह आपका कर्तव्य है। आपने इसके पिता को पाला, विवाह करवाया; अब जलशूर का विवाह भी आप करवाइए।" रानी ने स्वप्न की बात चंदेला राजा परिमाल से कही। राजा ने ऊदल को बुलवाया। आल्हा ने सारी बात ऊदल से सुनी। जलशूर का विवाह करने का निश्चय किया। सभी भाई-भतीजे और परिवारी तैयार हो गए। सेना सजाकर दिल्ली आ पहुँचे। पृथ्वीराज ने हरकारा भेजा, ताकि पता कर सके; कौन राजा चढ़ आया है, क्या चाहता है ? हरकारे से पत्र लेकर ऊदल ने पढ़ा। फिर पृथ्वीराज को उत्तर लिखा, "आपने कभी मलखे से उसके पुत्र के विवाह का वायदा किया था। अब वह जवान है, विवाह के योग्य है। मलखान नहीं है तो क्या हुआ। आल्हा-ऊदल अपने भतीजे की बरात लेकर आए हैं। जल्दी से भाँवर की तैयारी करो।"

हरकारे ने पृथ्वीराज से सारी बात कही। तब पृथ्वीराज के पुत्रों ने कहा, "आप चिंता मत करो। हम बनाफरों को दिन में तारे दिखा देंगे।" युद्ध की तैयारी फटाफट हो गई। पृथ्वीराज की तोपें चलने लगीं। हाथी, ऊँट, घोड़े तोपों के गोले लगते ही गिर पड़ते। आदमी के तो चीथड़े उड़ जाते। महोबावालों ने भी जवाब दिया। दिल्ली के निवासी दुःखी हो गए। महोबे की फौज भी गोलों से परेशान हो गई। पृथ्वीराज ने संदेश भेजा, "अब तोपों की लड़ाई बंद करो। पैदल की सेना को लड़ाकर फैसला कर लो।" संदेश पाकर ऊदल ने भी तोपें बंद करवा दीं। पैदल सिपाही आपस में भिड़ गए। तलवारें खटाखट बज उठीं। इंदल (आल्हा का पुत्र) ने कहा, "ऊदल चाचा! आपने बहुत युद्ध कर लिये। आज पृथ्वीराज के पुत्रों से मुझे

भिड़ने दो।'' उधर पृथ्वीराज का पुत्र सूरज रण में आ रहा था। इधर से इंदल आगे बढ़ा। आमने-सामने का युद्ध हुआ। अपने-पराए की सुधि नहीं रही। सैनिकों के शीश कट-कटकर गिरने लगे। फिर सूरज और इंदल भिड़ गए। सूरज ने पाँच सांग चलाईं और तलवार के वार किए, पर इंदल ने बचा लिये। इंदल के पहले ही वार में सूरज गिर पड़ा। इंदल ने फुरती से उसे बंदी बना लिया। बंदी सूरज को ऊदल के पास भिजवा दिया। मोती और चौंडा, दोनों ने इंदल को घेर लिया। जलशूर ने कहा कि मुझे भी युद्ध में दो-दो हाथ करने की अनुमति दीजिए। ऊदल की आज्ञा पाकर जलशूर भी रण में कूद पड़ा। प्राय: युद्ध में दूल्हे को नहीं जाने देते हैं। जलशूर की बहादुरी देखकर मोती तो भाग ही गया। चौंडा पंडित को जलशूर ने कैद कर लिया। पृथ्वीराज ने फिर नाहर सिंह को भेजा। ऊदल ने सुरंग बनाकर बारूद भर दिया। जैसे ही दिल्ली की फौज वहाँ आई, सुरंग को उड़ा दिया गया। कुछ जल गए, कुछ मर गए; बहुत से भाग गए। महोबे की फौजें किले में घुस गईं। पृथ्वीराज के बेटों को बाँध लिया। स्वयं पृथ्वीराज महल में छिप गया। रानी अगमा ने ऊदल को आश्वासन दिया कि कल प्रात: भाँवर डलवा दूँगी, अब युद्ध बंद कर दिया जाए।

अगले दिन प्रात: मंत्री ने भी यही सलाह दी कि बेटी मंदाकिनी की भाँवर डलवा दी जाएँ। पृथ्वीराज ने नेगी भेज दिया और दूल्हे सहित मंडप में आने का निमंत्रण दिया। दूल्हे को पालकी में बैठाकर बनाफर परिवार पृथ्वीराज के महल में पहुँच गया। सुंदर मंडप सजाया गया था। पंडित ने बेदी सजाई। मंदाकिनी को श्रृंगार करवाकर लाया गया। उसकी एक-एक लट में सौ-सौ मोती गुँथे हुए थे। पाँच मुहर से बनी नथ नाक में पहनी थी, होंठों पर बुलाक लटक रहा था। बाजुओं में भुजबंद, छन, कंगन और पछेली पहनी। अँगूठे में आरसी, जिसमें नगीनेदार शीशा था। पैरों में कड़े, छड़े, पाजेब और लच्छे। सब गहने बिटिया की सुंदरता में चार चाँद लगा रहे थे।

इधर पंडित ने गणेश पूजन करवाया, गौरी पूजन और नवग्रह पूजन के पश्चात् गठबंधन करवाकर हवन और फेरे की तैयारी कर ली। पहला फेरा शुरू हुआ तो सूरज ने तलवार का वार कर दिया, जिसे इंदल ने अपनी ढाल पर रोका। दूसरा फेरा शुरू हुआ तो नाहर सिंह ने तलवार खींच ली, तब ऊदल तलवार निकालकर खड़ा हो गया और ललकारा, ''अब अगर किसी ने वार किया तो अंजाम उसे ही नहीं, सबको भुगतना पड़ेगा।'' पृथ्वीराज ने फिर सबसे कहा कि कोई अब विवाह में बाधा न डाले। लड़के तो बैठ गए। फिर चौंडा राय ने कहा, ''मैं इनसे छल से बदला लूँगा।'' उसने महल में सात सौ शस्त्रधारी सैनिक छिपा रखे थे। पृथ्वीराज

ने चुपके से कहा, ''यदि हो सके तो इस ऊदल को मार डालो।'' चौंडा ने संकेत किया और हल्ला बोलते हुए सात सौ सैनिक मंडप में आ धमके। आल्हा ने आदेश दिया, ''अपनी तलवारें निकालकर रक्षा करो। जिसे देखो, मारा-मार मचा दो। बिल्कुल मत डरो।''

फिर इंदल, ढेवा, ऊदल, जगनिक जितने भी वीर थे, सबकी तलवारें ऐसी चलीं कि एक घंटे में पाँच सौ सिपाही मारे गए। खून की नदियाँ बहनें लगीं। चौंडा को इंदल ने बाँध लिया। बोला, ''ब्राह्मण है, इसलिए तुझे मारकर पाप सिर पर नहीं लेता।'' फिर पृथ्वीराज ने हाथ जोड़कर कहा, ''अब शांत होकर काम पूरा होने दें।'' अब शूर के बाकी फेरे डलवाए और ऊदल बोला, ''अब तुरंत विदा करो।'' रानी ने संदेश दिया, ''हमारे रिवाज से बेटी गौने को ही विदा की जाती है। आप लोग जाओ, गौने की जब खबर करें, तब आकर विदा करा ले जाना।''

ऊदल ने तब ललकारकर कहा, ''आपका रिवाज हम नहीं मानते। हम तो डोला विदा करवाए बिना जाएँगे ही नहीं।'' पृथ्वीराज समझ चुका था कि ऊदल ने कह दिया तो अब यह मानेगा नहीं। अतः अपने परिवार और रानी को समझाकर डोला विदा करवा दिया। बहुत सी कीमती वस्तुएँ और दासियाँ भी साथ भेजीं।

विदा होकर डोले सहित सब महोबा पहुँचे। रानी मल्हना ने स्वागत की सब तैयार कर रखी थी। डोले से पोते और पोतबहू मंदाकिनी को आरता करके उतारकर महल में ले गईं। सभी नेगियों, दासियों आदि को तरह-तरह के उपहार देकर विदा कर दिया। फिर सिरसा भेजने से पहले कुछ दिन अपने महल में ही लाढ़ लढ़ाए।

□

सागर पार की लड़ाई

सागर के एक द्वीप में राजा मदन महिपाल ने अपनी पुत्री के विवाह का टीका भेजा, जिसे किसी राजा ने स्वीकार नहीं किया। नेगी टीका लेकर महोबे पहुँचा। ऊदल ने आल्हा से कहा कि अपने छोटे पुत्र भयंकर राय के लिए टीका ले लो। टीका स्वीकार करके बरात के लिए न्योते भेज दिए। समय पर सब राजा तैयार होकर आ गए, परंतु जब पता चला कि समुद्र पार जाना है तो सब के सब वापस चले गए। ऊदल-आल्हा ने अपने परिवार के अतिरिक्त साठ वीर साथ ले लिये और महिपाल के राज्य को चल पड़े। अपने उड़नेवाले घोड़ों की सवारी करके पहुँच गए, फिर रूपन वारी को भेजकर सूचना भिजवाई। जादू की नगरी होने के कारण गुरु अमरा को भी साथ ले गए। रूपन ने नेग में तलवारबाजी माँगी तो राजा ने जादू से उसे बंदर बना दिया। लौटकर अपने खेमे में गया तो रूपन सबको बंदर दिखाई पड़ा। गुरु अमरा ने उसे फिर मनुष्य बना लिया। अब उधर से फौज लड़ने को आ गई। महोबे के वीरों ने सागर की फौज को मारकर भगा दिया। फिर राजा ने ऊदल को बुलवाया और कहा, "विवाह से पहले वीरता दिखा दो।" मदन राजा ने जादू से सबको मुर्गा बना दिया। गुरु अमरा ने उस जादू की भी काट कर दी। गुरु अमरा को लगा कि माता विंध्यवासिनी की सहायता लेनी जरूरी है। अत: उड़ने घोड़े पर सवार होकर माता के मंदिर पहुँचा। वहाँ उनके गुरु औढ़रनाथ मिले। सारी बात समझकर उन्होंने भस्म की दो पुड़िया दीं। गुरु अमरा ने पुड़िया की भस्म उन पर डाली तो सब ठीक हो अपने रूप में आकर खड़े हो गए। दूसरी चुटकी मदन राजा पर फेंकी तो वह सीधा हो गया। आल्हा ने कहा कि हमने ऐसा जाना होता तो हम जादूगरों का टीका कभी स्वीकार न करते। मदन महिपाल ने कहा, "बुरा मत मानो। आप वीर हैं। हमने सिर्फ अपनी विद्या दिखाई है। आपके पुत्र के साथ भाँवर डालने में हमें खुशी होगी। आप गहनों का डिब्बा भेजो, हम बेटी को तैयार

करवाते हैं।'' ऊदल ने फिर रूपन को भेजकर गहनों का डिब्बा वहाँ भिजवा दिया। दुलहन चंपाकली सज-सँवरकर तैयार हो गई। दूल्हा और दुलहन की विधिवत् भाँवर डाल दी गई। मदन महीपति ने बरात विदा करते हुए एक विमान भी दिया, जिसे महोबे पहुँचकर वापस भेजना था। विमान सबको लेकर महोबे के लिए उड़ चला।

शरारत के बिना कोई कार्य सरलता से हो जाए, यह माहिल को सहन नहीं। माहिल सागर राजा हीरासिंह के पास पहुँचा। उसने हीरा सिंह को समझाया। आल्हा-ऊदल के साथ केवल साठ जवान हैं। इनको घेरकर मार गिराओ। दुलहन और विमान छीन लो। सब राजाओं पर तुम्हारा रोब जम जाएगा। इतनी सुंदर बहू और कहीं नहीं मिलेगी। राजा हीरा सिंह ने माहिल की सलाह से एक हरकारा ऊदल के पास भेजा और संदेश दिया, ''आराम से चंपाकली को हमें दे दो, नहीं तो कोई जिंदा नहीं जाएगा।'' फिर तो युद्ध होना ही था। भारी युद्ध हुआ। डोला भी घेर लिया, तब डोले में से चंपाकली ने कहा, ''आप लोग डरें नहीं। अब मैं अपनी विद्या प्रयोग करती हूँ।'' चंपाकली ने जादू मारा तो सारी फौज अचेत हो गई। हीरा सिंह भाग गया। जादू का प्रभाव तीन दिन तक रहा, फिर सब ठीक हो गए। आल्हा-ऊदल अपने परिवार तथा डोले के साथ महोबा पहुँच गए। रानी मल्हना ने सबको बुलाकर स्वागत किया और मंगलगीत करवाए। इस प्रकार भयंकर राय का विवाह संपन्न हुआ।

देवपाल से युद्ध

इंदल को प्रेमकुँवरि ने बताया कि पीछे देवपाल की ओर से सूचना आई कि अब सागर से बनाफर जीवित नहीं लौटेंगे। इसलिए मेरे महल में चलो। मैं तुम्हें पटरानी बनाकर रखूँगा। इंदल को यह सुनकर क्रोध आना स्वाभाविक था। उसने चाचा उदयसिंह से कहा और दोनों अपनी फौज लेकर देवपाल पर जा चढ़े। देवपाल ने पत्र लिखकर संदेश भेजा कि फौजें क्यों कटवाते हो ? हम-तुम आपस में लड़कर फैसला कर लें। दोनों मैदान में आ डटे। तीन घंटे तक द्वंद्व चलता रहा। सबके देखते-देखते इंदल ने तलवार का जोरदार वार किया और देवपाल का सिर धड़ से अलग कर दिया। इस प्रकार प्रेमकुँवरि रानी के अपमान का बदला पूरा हुआ।

□

बेला का गौना

पृथ्वीराज चौहान की पुत्री बेला का विवाह परिमाल के पुत्र ब्रह्मानंद से भारी युद्ध के पश्चात् हुआ था, परंतु माँ अगमा ने डोला गौने में विदा करने को कहा था। एक दिन बेला ने ही ऊदल के नाम संदेश भेजा कि अब गौना कराकर ले जाओ। ऊदल तैयार हो गया, परंतु माहिल ने ब्रह्मा को उकसा दिया और ब्रह्मा अकेले जाने को तैयार हो गया। फौज लेकर गया। दिल्ली की सेना से भारी युद्ध हुआ। जब दिल्ली की सेना भागने लगी तो राजकुमार ताहर आगे आया। ब्रह्मा ने वार बचा लिया। ब्रह्मा के वार से ताहर का घोड़ा मोरचे से भाग गया। गोपी राजा और टोडरमल को ब्रह्मानंद ने मार गिराया। अब चौंडा और ताहर ने धोखा किया। चौंडा पंडित ने महिला का वेश बनाया और घूँघट करके पालकी में बैठा। ब्रह्मा को बेला का डोला बताकर भेज दिया। ब्रह्मानंद ने ज्योंही बेला जानकर घूँघट खोला, चौंडा ने जहर भरी छुरी छाती में मार दी। तभी ताहर का तीर आर-पार हो गया। ब्रह्मानंद को साथी सैनिक तंबू में ले गए। उसने भी जान लिया कि अब मैं बचूँगा नहीं। अतः महोबे को मृत्यु की सूचना भेज दी। दिल्ली में तो शोर मच ही गया। बेला और रानी अगमा रोने लगीं। युद्ध रुक गया। गौना नहीं हुआ।

बेला ने ऊदल को फिर से पत्र लिखा। इसके लिए भी खूब ताना दिया कि तुम लोगों ने मेरे स्वामी को अकेले भेज दिया। आप अपने घर में आराम से लेटे रहे और दिल्ली के जल्लादों ने उन्हें मार दिया। पत्र पढ़कर आल्हा-ऊदल बहुत दुःखी हुए। अब वे परिमाल राजा से अनुमति लेकर गौना करवाने दिल्ली जाने को तैयार हो गए। अपने साथ लाखन, ढेवा, जगनिक, इंदल, धनुआ तेली, लला तमोली, मन्ना गूजर आदि वीरों को लेकर दिल्ली जा पहुँचे। बाहर बगिया में ही ठहर गए। चौंडा राय ने पूछा, "किसका लश्कर है, कहाँ जा रहे हैं?" ऊदल और ढेवा ने अपना वेश बदल रखा था। चौंडा के पूछने पर उन्होंने बताया कि हम झांझर के

राजा हीर सिंह और वीर सिंह के लश्कर में थे। नौकरी करने दिल्ली में आए हैं। चौंडा ने कहा, "चलो, मैं तुम्हें राजा से मिलाता हूँ।" चौंडा राय ऊदल, ढेवा दोनों को राजा के पास ले गए, वह भी बदले रूप में पहचान नहीं सके। दोनों को महल की सुरक्षा का जिम्मा देने को तैयार हो गए। दोनों बेला के महल के द्वार पर बैठकर पासे खेलने लगे। ऊदल जब भी दाव लगाता, बेला का नाम लेकर लगाता। बेला ने बाँदी को भेजकर उनसे परिचय पुछवाया। उन्होंने सही परिचय नहीं दिया, पर बेला ने ऊदल के नाम संदेश भिजवाने की बात कही तो ऊदल ने अपना, लाखन तथा ढेवा का परिचय दे दिया। बेला ने गौना करवाकर घायल स्वामी से मिलवाने की योजना बनाई। ऊदल और लाखन डोला लेकर चले तो हल्ला मच गया। चौंडा और ताहर को भेजा गया। जमकर युद्ध हुआ। बेला का डोला कभी दिल्ली के हाथ आया तो कभी महोबेवालों ने अपने कब्जे में लिया। अंत में लाखन और ऊदल ब्रह्मानंद के तंबू में ले जाने में सफल हो गए। बेला ने प्रेम भरा स्पर्श किया और पंखा झला तो ब्रह्मानंद ने आँखें खोलीं। उसने पूछा, यह स्त्री कौन है? ऊदल के पहले ही बेला ने स्वयं अपना परिचय दिया तो ब्रह्मानंद ने मुँह फेर लिया। बेला ने कहा कि मुझे सेवा करने का अवसर दे दो। ब्रह्मा ने शर्त लगाई। ताहर का सिर काटकर लाओ, तभी मुझे शांति मिलेगी। बेला ने कहा, एक बार महोबे जाकर अपनी सासूजी के दर्शन कर आऊँ, फिर आपकी शर्त पूरी करूँगी।

बेला का डोला सैकड़ों बाधाओं को पार करके भी महोबे पहुँच गया। माता मल्हना, माता दिवला तथा अन्य सभी ने उनका भारी स्वागत किया। माता ने ब्रह्मानंद का महल दिखाया, मठ दिखाया, बाग आदि सब दिखाए। बेला को सबकुछ बहुत अच्छा लगा, परंतु पति के बिना रहने की बात सोचकर वह दुःखी हुई। जल्दी ही वह लौट गई। उसने ताहर का सिर काटने का वायदा किया था। ऊदल ने उसे ब्रह्मानंद की बैंगनी पगड़ी पहनाई। उसी का हरनागर घोड़ा दिया और पाँचों हथियार लेकर महोबे की सेना का नेतृत्व करते हुए दिल्ली पर आक्रमण करने पहुँची। कोई नहीं जान पाया कि यह बेला है, ऊदल को उसने ब्रह्मानंद के पास उसकी सुरक्षा के लिए छोड़ दिया। पृथ्वीराज को पत्र लिखा कि गौने के साथ जो देने योग्य सामान है, वह भेज दो। ताहर ने चुपचाप लौटने को कहा, परंतु बेला डटी रही। बेला की सेना ने दिल्ली की सेना के छक्के छुड़ा दिए। दिल्ली के सिपाही युद्ध से भागते दिखाई पड़े। ताहर ने यह देखकर अपना घोड़ा आगे बढ़ाया और तलवार का वार किया। बेला ने अपनी ढाल अड़ाई तो उसकी आस्तीन के ऊपर चढ़ जाने से चूड़ियाँ दिखाई पड़ गईं। चौंडा ने ताहर को आवाज देकर कहा, यह स्वयं बेला है, इस पर

हाथ मत उठाना। ताहर का ध्यान बँट गया। तभी बेला ने तलवार से ताहर का शीश काट लिया। वह तुरंत ब्रह्मानंद के डेरे की ओर चली गई। चौंडा ने जाकर दिल्ली दरबार में बेला के युद्ध का और ताहर के मारे जाने का समाचार सुनाया। महलों में समाचार पहुँचा तो अगमा रानी ने भारी विलाप शुरू कर दिया। रानी ही नहीं, दिल्ली की जनता भी रोने लगी। सब कह रहे थे कि इसी दिन को बेला पैदा हुई थी, जो इसने अपने ही भाई का गला काट दिया।

चंदन बगिया, चंदन खंभ

बेला ब्रह्मानंद के तंबू में आकर कहने लगी कि अब तो आँख खोल दो स्वामी। कई बार पुकारने पर ब्रह्मानंद ने आँखें खोलीं, 'कौन है?' कहा। बेला ने कहा, ''स्वामी! मैं आपकी धर्मपत्नी बेला हूँ। आपकी आज्ञा से ताहर का शीश काटकर लाई हूँ।'' ब्रह्मानंद ने शीश को देखकर कहा, ''बेला! अब मेरा बदला पूरा हो गया। मैं संतुष्ट हूँ। मेरी आत्मा अब भटकेगी नहीं। हरे कृष्ण! हरे राम!'' कहते हुए ब्रह्मानंद ने प्राण त्याग दिए। अब तो बेला का रुदन शुरू हुआ। वह दुर्भाग्य पर रोने लगी, ''जो मैं यह जानती तो ताहर को मारने की न ठानती। मैंने पीहर और ससुराल दोनों को खो दिया। हाय! मैं कहीं की न रही।'' ऊदल ने कहा, ''आप महोबे जाकर राज करो। वहाँ किसी प्रकार की कोई कमी नहीं है।'' इस पर बेला ने कहा, ''नहीं, अब मैं न राज करूँगी, न जीवित रहूँगी। मैं पति के साथ सती हो जाऊँगी।'' लाखन और ऊदल समझाकर हार गए, बेला का सती होने का निर्णय नहीं बदला।

बेला बोली, ''सती होने के लिए दिल्ली की चंदन बगिया काटकर चंदन ले आओ।'' दोनों ने कहा कि चंदन हम कन्नौज से ला देते हैं, पर बेला अडिग रही। बोली, प्रतीक्षा करने का समय नहीं है। दोनों अपनी फौज सहित दिल्ली पहुँच गए। चंदन बगिया से पेड़ कटवाकर छकड़ों में भर लिये। किसी ने पृथ्वीराज को सूचना दे दी। चौहान ने अपने सेनापति भेजे। चौंडा राय और धाँधू ने छकड़ा रोक लिया। लाखन ने वीर सिंह को भेजा, उधर से बीकानेर का विजय सिंह पहुँचा। हीर सिंह, वीर सिंह और विजय सिंह सब मारे गए। हीरामन भी मारा गया। भारी मार-काट के बाद ऊदल चंदन का छकड़ा लेकर बेला के पास पहुँचे तो वह बोली, ''यह तो चंदन गीला है। आग ही नहीं पकड़ेगा। सूखा चंदन चाहिए।'' ऊदल ने फिर आग्रह किया कि सती होने का विचार त्यागकर महोबा चलो। लाखन ने कहा, ''मैं कन्नौज जाकर चंदन लाता हूँ।'' बेला ने बताया, ''दिल्ली दरबार में ही चंदन के

बने बारह खंभे लगे हैं, उन्हें उखाड़ लाओ।'' ऊदल और लाखन दोनों को लगा कि अब मृत्यु सिर पर मँडरा रही है। दोनों दिल्ली दरबार में पहुँचे। चंदन के खंभे उखाड़ना आसान नहीं था। कुछ उखाड़ने लगे तो कुछ रक्षकों से युद्ध करने लगे। खंभे भी बेला तक पहुँचा ही दिए। लाखन और ऊदल ने हाथ जोड़कर फिर प्रार्थना की, पर विधिना की लिखी कौन मेट सकता है। सती ने शाप दिया, ''मैं अकेली विधवा नहीं हो रही हूँ। दिल्ली से महोबे तक सब राजपूत सुहागिन बीस दिन में विधवा हो जाएँगी। कहीं भी बिछुए और पायल की ध्वनि सुनाई नहीं पड़ेगी। बीस दिन में दिल्ली पर गाज गिर जाएगी।''

दोनों पक्ष ने इस लड़ाई में अनेक वीरों को खो दिया। हाथी-घोड़े सूँड़ तथा गरदन कटे पड़े थे। खून की नदियाँ बह रही थीं। इधर बेला सती होने को खड़ी थी।

□

रानी बेला के सती होने पर योद्धाओं का अंत

"चंदन के खंभे तोड़कर ले आए हैं, अब क्या आज्ञा है ?" ऊदल ने पूछा तो बेला ने कहा, "चार जगह चिता बनवाओ। महोबे के कोने पर, दिल्ली की सीमा पर, कन्नौज के धूटे पर और बलख बुखारे के किनारे पर। इन्हीं खंभों से चारों चिता तैयार करा दो।" ऊदल ने स्वीकार किया और लाखन से कहा, "अब मृत्यु का समय आ गया है। सती का शाप सत्य होगा।" और फिर चिताएँ बनवाने चल पड़ा।

दिल्ली से महोबे तक खबर आग की तरह फैल गई कि बेला सती होने जा रही है। बेला के दर्शन के लिए झुंड बनाकर नर-नारी आने लगे। रानी बेला ने अगहन मास की एकादशी को सती होना तय किया था। परिक्रमा करके जैसे ही बेला बैठी, तभी पृथ्वीराज वहाँ पहुँच गया। चिल्लाकर कहा कि चंदेलों का कोई बच्चा हो तो सती की चिता को अग्नि दे। बनाफर वंश के द्वारा अग्नि संस्कार न किया जाए। ऊदल ने आगे बढ़कर कहा, "तुम्हारा तो दखल देने का हक ही नहीं है। स्वयं बेला ने मुझे अग्नि देने की आज्ञा दी है।" पृथ्वीराज ने तभी तोपें चलवा दीं। गोले और गोलियाँ चलने लगीं। हाथी, घोड़ा, पैदल सबमें भगदड़ मच गई। फिर तलवारबाजी होने लगी, चौंडा ब्राह्मण के सामने ढेवा आ गया। भारी युद्ध हुआ और ढेवा शहीद हो गया। जगनिक ने आगे बढ़कर चौंडा को ललकारा। चौंडा के हाथों जगनिक भी मारा गया। पृथ्वीराज ने भूरा मुगल को ललकारकर महोबावालों को मारने के लिए कहा। इधर लाखन ने मीरा सैयद को भूरा से मुकाबला करने भेजा। भूरा मुगल मारा गया। तब वीर भुगता आगे आया और सैयद से भिड़ गया। अब की बार सैयद मारा गया। लाखन ने अब गंगा ठाकुर को आगे किया। गंगा

ठाकुर पर धाँधू ने वार किया। भाले की मार से गंगा ठाकुर गिर गए। फिर लाखन स्वयं धाँधू से लड़ने आए। धाँधू ने भाले से वार किया। लाखन ने वार बचा लिया। फिर उसने तलवार का वार किया। लाखन ने ढाल अड़ाई तो धाँधू की तलवार टूट गई। लाखन ने गुर्ज चलाया तो धाँधू मारा गया। पृथ्वीराज घबरा गया। उसे आगे बढ़नेवाला कोई वीर दिखाई न पड़ा। पृथ्वीराज स्वयं आगे बढ़ा। तब लाखन ने भुरूही हथिनी को फूलों का रस और भाँग पिलाई। भुरूही जंजीर घुमाने लगी।

उधर बेला ने अपने केश बिखरा दिए। ऊदल को आग नहीं लगानी पड़ी। बालों में से ही आग की लपटें उठने लगीं। पृथ्वीराज ने लाखन को हट जाने को कहा। लाखन ने कहा, "पीछे कदम नहीं रखूँगा। अमर तो कोई नहीं है। मैं भी मरूँगा, पर तुमसे बदला लेकर मरूँगा।" पृथ्वीराज ने एक साथ कमान से बाईस तीर छोड़े; छाती से तीर पार निकल गए। थोड़ी देर तक लाखन यों ही खड़ा रहा। पृथ्वीराज हैरान था, पर जैसे ही वह मुड़ा, लाखन हौदे से गिर पड़ा। ढाल हाथ से गिर गई, उसे पंडित चौंडा राय ने उठा लिया। चौंडा आगे बढ़ा तो सामने ऊदल मिला। चौंडा ने लाखन के निधन का समाचार दिया। हाल बताकर विश्वास दिलाया। लाखन के प्राण छोड़ने से ऊदल के दु:ख का ठिकाना न रहा। जयचंद को, माता तिलका को और रानी कुसुमा को क्या जवाब दूँगा। वह नहीं रहा और मैं जिंदा हूँ। यह कैसे हो गया? कन्नौज का दीया बुझ गया। मलखान सा भाई गया और लाखन सा मित्र नहीं रहा। ऊदल बेला को कोसते हुए रोने लगा। "बेला ने दिल्ली, महोबा और कन्नौज तीन राज्यों के दीपक बुझा दिए। क्या इसीलिए तुमने जन्म लिया था?"

बेला की आभा ने कहा, "विधाता की लिखी किसी से नहीं मिट सकती। दिल्ली से महोबे तक सब सुहागिन अब विधवा होंगी।" अब ऊदल को अपना काल भी दिखाई देने लगा। ऊदल को यह तो पता था कि उसकी मृत्यु ब्राह्मण के हाथ से होगी। अब तो वह स्वयं चाहने लगा कि चौंडा पंडित ही मुझे मार दे। यह सोचकर वह स्वयं चौंडा को ललकारता हुआ आगे बढ़ा। दोनों भिड़ गए। लाल कमान उठाकर चौंडा ने बाण चला दिया। घोड़ा वैंदुल हट गया। तीर बचकर निकल गया। फिर चौंडा राय ने सांग उठाकर मारी। ऊदल ने दाएँ हटकर निशाना बेकार कर दिया। भाला मारा, उसे भी ऊदल ने बचा दिया। तब ऊदल सोचने लगा, जब चौंडा के हाथों मरने की ही सोचकर आया तो बचने का प्रयास क्यों कर रहा हूँ? सोचते हुए ऊदल ने घोड़े को चौंडा के हाथी पर चढ़ा दिया। हौदा उड़ गया, कलश गिर गए। फिर चौंडा ने तलवार का जोरदार वार किया। ऊदल ने ढाल अड़ाई, पर ढाल कट गई और ऊदल का सिर भी कट गया। इंदल ने अपनी आँखों से ऊदल

को मरते देखा और आल्हा को जाकर शोक समाचार सुनाया। आल्हा चौंडा से लड़ने आगे पहुँच गए। तीन वार आल्हा ने बचा दिए। आल्हा ने सोचा, यह ब्राह्मण है। उसे हौदे से नीचे खींच लिया और पटककर मार दिया। ऊदल का बदला ले लिया। पृथ्वीराज ने चौंडा राय के मरने का समाचार सुना तो स्वयं लड़ने के लिए आगे बढ़ा। पृथ्वीराज ने धनुष से बाण मारा तो आल्हा के बाजू को चीरता चला गया। पृथ्वीराज और सबको आश्चर्य हुआ कि आल्हा की बाँह से लहू नहीं, दूध की धार निकली।

आल्हा ने कहा, ''मैं सोचता था, ऊदल अमर रहेगा।'' फिर पंचशावद हाथी को जंजीर पकड़ा दी। पंचशावद ने मारामार मचा दी। रणभूमि में केवल पृथ्वीराज, चंदवरदाई और आल्हा ही बचे। वृक्ष की ओट में छिपे थे, अतः पंचशावद की मार से दोनों बच गए। आल्हा उन पर वार करते, तभी वहाँ गुरु गोरखनाथजी पहुँच गए। आल्हा ने गुरुजी को प्रणाम किया। पृथ्वीराज को देखकर आल्हा का हाथ तलवार पर गया तो गुरु गोरखनाथ ने हाथ पकड़ लिया। गुरुजी बोले, ''पृथ्वीराज को छोड़ दो और मेरे साथ वन को चलो।'' इंदल ने महोबा में समाचार दिया कि तीनों राज्यों के वंश नष्ट हो गए। इंदल भी आल्हा के साथ वन को चल दिए। सुनवां हाथी के पीछे दूर तक लटकी, पर आल्हा ने हाथी की पूँछ काट दी तो वह कुंड में जा गिरी। आल्हा इंदल गुरुजी के साथ वन में चले गए। सभी रानियों ने भी अपने प्राण गँवा दिए। सती का शाप तो पूरा होना ही था। पारसमणि रानी मल्हना के पास थी। उसने पारस की पूजा की, हवन किया और कहा कि फिर कोई चंद्रवंश में अवतार ले और महोबे में आए तो तुम लौट आना अन्यथा मैं तुम्हें सागर में विसर्जित करती हूँ। राजा परिमाल ने भी प्राण दे दिए और रानी मल्हना भी सती हो गई। महोबे का दीपक सदा के लिए बुझ गया। दिल्ली बरबाद हो गई। कन्नौज का भविष्य समाप्त हो गया। इस प्रकार आल्हा-ऊदल से संबंधित कहानी पूर्ण हुई। इतनी कहानियाँ पढ़ी हैं तो लेखक की निजी सलाह पढ़ने की कृपा करना।

सच्ची सलाह

आप सभी प्रबुद्ध पाठक हैं। कुछ पुस्तकें ज्ञानवर्धन करती हैं तो कुछ मनोरंजन। साहित्य न तो इतिहास और न ही कोरी गप्प। इतिहास के पात्रों में भी मूल तथ्यों एवं घटनाओं में कुछ रोचकता का मिश्रण कर लिया जाता है। यह सत्य ऐतिहासिक है कि बारहवीं से चौदहवीं शताब्दी में देश में छोटे-छोटे अनेक राजा थे। ये राजा छोटी-छोटी बातों पर बड़े-बड़े युद्धों को अंजाम देते थे। विवाह के लिए युद्ध करना तो अनिवार्य बुराई थी। आल्हा की कहानियों में जादू के प्रयोग की घटनाएँ संभवतः रोचकता के लिए जोड़ी गई होंगी, परंतु उस काल में चमत्कारी साधुओं तथा जादूगरी के किस्सों पर जनसाधारण का विश्वास था। युद्ध में सभी जातियों के लोग भाग लेते थे। इस कथानक में भी चौंडा राय ब्राह्मण, धनुआ तेली, लला तमोली, मन्ना गूजर, रूपन वारी, मंगल नेगी आदि अनेक नाम इसके प्रमाण हैं।

प्रमुख समस्या, जिसके प्रति मैं ध्यान दिलाना चाहता हूँ, वह है राष्ट्रीयता की भावना का अभाव। सभी को अपनी जाति के गौरव का अभिमान था। अपने राज्य की प्रतिष्ठा के लिए भी लोग अपने जीवन बलिदान करने को तैयार थे। तोप से लेकर तीर-कमान और भाला, बरछी, तलवार तक के अभ्यासी बहुत लोग होते थे। शारीरिक बल आजकल से बीस गुणा ज्यादा था, पर सहनशक्ति नहीं थी। राष्ट्र का क्या होगा? संस्कृति की सुरक्षा का स्पष्ट रूप नहीं था, परंतु रिवाजों के लिए जीवन में खतरे उठाने में कोई संकोच नहीं था।

बौद्धिक स्तर पर व्यावहारिक समझ बहुत निम्न स्तर की थी। दिल्लीपति पृथ्वीराज को माहिल ने धोखेबाजी की सलाहें दीं। हर बार हारे, असफल रहे, परंतु कभी सलाह न मानने की बात तक नहीं सोची। उन्हें स्वार्थपूर्ण सलाह और सलाह देनेवाले के चरित्र के बारे में भी सोचना चाहिए था, किंतु एक बार भी नहीं सोचा। बेटी बेला का ब्याह, गौना, युद्ध करके होना रिवाज था, परंतु अपने होनेवाले दामाद को या रिश्तेदार को मार देना क्या मूर्खतापूर्ण कर्म नहीं था?

आल्हा-ऊदल के किस्से-कहानियाँ पढ़कर उन पर गर्व न करके उनकी गलतियों से शिक्षा लेनी चाहिए। रिवाजों को अनुकरण के योग्य न समझकर उनकी कमियों तथा बुराइयों से समाज को बचाना चाहिए। अब भी विवाह में बरात चढ़ाते समय बम, पटाखे और गोली चलाकर लोग अपने को गौरवान्वित समझते हैं। ऐसी घटनाएँ हर वर्ष चार-छह हो ही जाती हैं, जब गोली से बराती, घराती, दर्शक मर जाते हैं, यहाँ तक कि दूल्हा-दुलहन, दूल्हे का भाई भी ऐसी घटना में मारे गए हैं। अत: अब विवाह में गोली और आतिशबाजी को बंद कर देना चाहिए। झूठी शान के लिए मूल्यवान जीवन नष्ट नहीं करने चाहिए। बार-बार बनाफरों (आल्हा-ऊदल बंधुओं) को 'ओछी जाति' कहना बुरी बात है, फिर हर बार हर युद्ध में ऊँची जाति के क्षत्रिय उनसे हार जाते हैं। स्पष्ट है कि जाति से ऊँचा-नीचा या वीर-कायर नहीं होते; वास्तविक बल और व्यावहारिक ज्ञान से ही सफलता मिलती है। सबसे बड़ी कमी हमारी आपसी फूट थी। इतने बलवान और शूरवीर होते हुए भी देश इसीलिए परतंत्र हुआ। यदि एकता और राष्ट्रीयता की भावना होती तो इतना समाज गुलाम कभी न होता। पृथ्वीराज ने हर पड़ोसी राजा से शत्रुता बरती। घर में पत्नी होते हुए, मात्र पंगा लेने के लिए संयोगिता हरण कर लिया। आल्हा-ऊदल जैसे वीर, ब्रह्मानंद जैसे बली दामाद को पाकर भी उनको सम्मान नहीं दिया। उनका सहयोग लेकर देश के शत्रुओं से लड़ने की जगह उनसे ही शत्रुता का कोई अवसर नहीं छोड़ा। माहिल जैसे चुगलखोर का हर बार सम्मान किया और आल्हा जैसे सच्चे, संयमी; ऊदल जैसे महाबली को बार-बार अपमानित किया। शब्दभेदी बाण चलाने की योग्यता का राष्ट्र रक्षा के लिए उपयोग नहीं किया। अंतिम समय इज्जत बचाने के लिए प्रयोग किया।

मेरी सीधी-सच्ची सलाह यही है कि सदा राष्ट्र को सर्वोपरि स्थान पर रखकर सोचें। जातीय, दलीय तथा व्यक्तिगत स्वार्थों को त्यागकर देशप्रेम को प्राथमिकता प्रदान करें। राष्ट्रीय हित के लिए निजी हित को तिलांजलि देने का अभ्यास करें। सामाजिक समरसता में जीना सीखें। किसी को कभी अपने से नीचा समझने की गलती न करें। राष्ट्रीय समस्याओं को व्यक्तिगत से अधिक प्रमुख मानकर चलें। माहिल जैसे चुगलखोरों की साजिश से बचें। कभी धोखा खा जाएँ तो भविष्य के लिए पिछली गलती से शिक्षा लें।

आशा है, मेरे परामर्श पर निष्पक्ष होकर विचार करेंगे तथा मन से मानेंगे।

□□□